Mãe ausente, filho carente

Jasmin Lee Cori, MS, LPG

Mãe ausente, filho carente

Como reconhecer e curar
os efeitos invisíveis da negligência
emocional na infância

Título original em inglês: *The emotionally absent mother: how to recognize and heal the invisible effects of childhood emotional neglect.*
Copyright © Jasmin Lee Cori, 2010, 2017.
Todos os direitos reservados.
Tradução em língua portuguesa – Copyright © 2018, Editora Manole.

Editora-gestora: Sônia Midori Fujiyoshi
Editora de traduções: Denise Yumi Chinem
Produção editorial: Pamela Juliana de Oliveira Silva

Tradução: Sônia Augusto Frederico
Projeto gráfico: TKD Editoração Ltda.
Diagramação: Vivian Valli
Capa: Rubens Lima

Dados Internacionais de Catalogação na Publicação (CIP)
(Câmara Brasileira do Livro, SP, Brasil)

Cori, Jasmin Lee
    Mãe ausente, filho carente: como reconhecer e curar os efeitos invisíveis da negligência emocional na infância/ Jasmin Lee Cori ; [tradução Sônia Augusto Frederico]. – Barueri, SP : Manole, 2018.

    Título original: The emotionally absent mother: how to recognize and heal the invisible effects of childhood emotional neglect.
    Bibliografia.
    ISBN 978-85-204-5600-2

    1. Autoajuda – Técnicas 2. Mães – Psicologia 3. Mães ausentes 4. Mães e filhos 5. Mães e filhos – Relacionamento 6. Negligência emocional I. Título.

17-10649   CDD-155.924

Índices para catálogo sistemático:
1. Mães e filhos : Psicologia familiar 155.924

Nenhuma parte deste livro poderá ser reproduzida, por qualquer processo, sem a permissão expressa dos editores.
É proibida a reprodução por xerox.
A Editora Manole é filiada à ABDR – Associação Brasileira de Direitos Reprográficos.

Edição brasileira: 2018

Editora Manole Ltda.
Av. Ceci, 672 – Tamboré
06460-120 – Barueri – SP – Brasil
Tel.: (11)4196-6000
www.manole.com.br
info@manole.com.br

Impresso no Brasil
Printed in Brazil

Para a criança sem mãe que, de algum modo,
sobreviveu a tudo o que faltava,
mesmo quando a mãe estava lá.
Este livro é para você.

Mamãe, onde você estava?
Meus primeiros passos
Eu fiquei em pé ali, hesitando, tão orgulhosa,
cheia de êxtase como um passarinho aprendendo que podia voar.
Quando olhei para trás, meu sorriso travou no rosto,
eu não conseguia ver você.
Mamãe, onde você estava?
Meu primeiro dia de aula
subi naquele ônibus barulhento e que rangia
para ir a um lugar estranho,
cheio de crianças e adultos espiando,
o mundo inteiramente novo para mim.
Mamãe, onde você estava?
A primeira vez que cheguei em casa chorando,
perseguida pelos risos das crianças,
com as palavras delas ainda soando na minha cabeça,
eu gostaria de algum consolo,
mas você ficou em silêncio.
Você está ali nas fotos antigas,
mas nas minhas lembranças, você não está.
Não me lembro de colo nem conforto,
nem de momentos especiais, só com nós duas.
Não me lembro de seu cheiro nem da sensação de seu toque.
Lembro da cor dos seus olhos
e da dor profunda dentro deles —
a dor que era escondida, como tantas coisas mais,
por baixo da máscara que eu não conseguia penetrar.
Você olhava, mas não me via.
Seu calor nunca chegou ao meu coração de menininha.
Por que nos perdemos uma da outra, mamãe?
Onde você estava?
Foi alguma coisa que eu fiz?

–JC

Sumário

Introdução à segunda edição XIII

PARTE I. O QUE PRECISAMOS DA MÃE

1. Maternagem **3**

Mãe como a árvore da vida 3

Mamãe é o material de que somos feitos 4

Quem pode ser mãe? 5

A mãe suficientemente boa 6

Mensagens da Boa Mãe 8

O que acontece quando as mensagens da Boa Mãe
estão ausentes? 12

O que significa ter maternagem inadequada? 15

2. As muitas faces da Boa Mãe **17**

Mãe como fonte... 18

Mãe como um lugar de apego 20

Mãe como a primeira pessoa a responder 21

Mãe como moduladora 23

Mãe como nutridora.. 25

Mãe como espelho... 26

Mãe como líder de torcida 29

Mãe como mentora 31

Mãe como protetora.. 34

Mãe como porto seguro 35

3. **Apego: nossa primeira base** 37

Como nos tornamos apegados, e o que é apego seguro?.................37

Por que o apego é tão importante?...40

Como você pode saber se era apegado de modo

seguro a sua mãe? 42

E se você não era apegado de modo seguro? Como seria isso? 43

O que é trauma relacionado ao apego? 50

Talvez você não fosse apegado de modo seguro a sua mãe,

mas é mesmo justo responsabilizá-la? 50

Você ainda pode desenvolver apegos seguros se só fez isso

parcialmente no passado? Como isso o ajudaria?......................51

Identificar figuras de apego 52

Qual é o seu estilo de apego? 53

Você pode ter mais de um estilo? 55

O relacionamento com sua mãe realmente afeta os

outros relacionamentos? 56

É difícil mudar os padrões de apego? 57

4. **Mais peças do quebra-cabeças** 59

Sentir-se seguro e protegido 59

Um lar feliz... 61

Quando as coisas dão errado, elas podem ser consertadas! 62

Um senso de pertencimento... 63

O eu em botão 63

Um lugar para crescer.. 64

Apoio para ser uma criança 66

Toque 67

Amor é o meio, amor é a mensagem.. 69

PARTE 2. QUANDO A MATERNAGEM DÁ ERRADO

5. **Mamãe, onde você estava?** 73

O buraco onde a Mãe deveria estar 73

A necessidade da presença física da Mãe 75

O que acontece quando a Mãe não está emocionalmente

presente? 77

Por que a Mãe era tão ausente emocionalmente?......................80

Como uma criança interpreta a ausência da Mamãe 81

Quando a Mãe é a única ali.. 82

Por que algumas crianças sofrem mais?... 83

Rejeição mútua 84

6. **Viver com uma Mãe emocionalmente ausente** **87**

Quem era aquela mulher mascarada? 87

Receber migalhas da Mãe 88

Falta de mentoria 89

Conexões perdidas 91

A mãe mecânica... 92

Alguém está observando? Alguém se importa?............................... 94

Desatenta 95

Nenhum lugar para pedir ajuda 96

Sentir-se como uma criança órfã 98

Sem âncora 99

Sem mãe, sem eu 100

7. **Negligência emocional e abuso na infância** **101**

O que é negligência emocional? 101

Como o abuso emocional é diferente? Os dois podem

estar presentes? 102

Quão ruins eles são? 104

Efeitos da negligência emocional na infância 106

Efeitos adicionais do abuso emocional 111

8. **O que está errado com a Mãe?** **121**

Ela não sabe fazer melhor... 121

Ela é emocionalmente travada 122

Ela nunca cresceu 123

Por que a Mãe não pode doar? 124

Será que ela tem uma doença mental? 125

Cuidado com a raiva da Mãe! 129

A mãe maldosa 130

Mães que são "loucas" 131

A face mutável da Mãe 132

Mães cegas nos relacionamentos... 133

O que a Mãe não pode se permitir ver 134

PARTE 3. CURAR AS FERIDAS DA MÃE

9 O processo de cura 139

O encobrimento..139

Descobrir a ferida...140

Recontextualizar "defeitos" como déficits................................141

Trabalhar com os sentimentos 142

Escrever um diário 144

O poder curativo da raiva 146

Luto..149

Deixar o passado 152

10 Conectar-se com a energia da Boa Mãe 155

Abrir-se para a Boa Mãe..155

Arquétipos..156

Trabalho com imagens e símbolos 157

Ajuda da Mãe Divina 158

Aceitando o "bom" da Boa Mãe 159

Uma segunda chance para encontrar uma Boa Mãe................160

Satisfazer necessidades de maternagem com parceiros 161

Repetir o passado 164

O poder curativo de apegos românticos seguros 165

Sua Boa Mãe portátil 168

11 Trabalho com a criança interior...171

Uma introdução ao trabalho com a criança interior......................171

A criança como mãe para o eu 174

"Trabalho com partes" 175

Dons e fardos 178

Quando o trabalho com a criança interior fica complicado...........179

Problemas de agora vêm de problemas anteriores...................182

Soltar-se da Mãe...183

Tornar-se sua própria melhor mãe 187

Criar um lugar seguro para a criança 190

Tempo juntos...191

Trabalhando com as mensagens da Boa Mãe 192

Cura da criança não amada 194

Mudar de ideia		195

12 Psicoterapia: questões da mãe e necessidades de maternagem **197**

Paralelos com a Boa Mãe 198

Considerações especiais no trabalho orientado de apego 201

Toque em terapia 203

Rematernagem 204

Do isolamento ao apego seguro 207

Da frustração à satisfação 210

Terapeuta como "Mamãe que ensina" 210

Conselho aos terapeutas 211

13 Mais passos de cura e estratégias práticas **215**

Identificar "buracos" específicos.. 215

Assumir uma atitude proativa 217

O buraco do apoio 219

Conseguir apoio agora...221

Um senso de confiança 223

Encontrar o seu poder 225

Proteger o que é precioso 226

Aparecer e ser visto...227

Um lugar na teia 228

Navegar no mundo das emoções......................................230

Acolher suas necessidades 233

Cultivar uma capacidade de intimidade 235

Receber bom toque...236

Sair da consciência de privação..237

Aceitar o bom 238

Praticar bom autocuidado 241

Tônicos gerais 244

14 Mudar a história **245**

A história da sua mãe...245

Sua história 250

A dança entre vocês 250

Avaliar o que é possível...251

Manter um relacionamento civilizado, mas distante 253

Fortalecer limites 253

Falar sua verdade 255

Deixar a Mãe... 256

Sentir-se internamente separada 258

Em direção a um relacionamento mais curado............................. 258

Devo perdoar? 260

Posso ser um bom pai se não tive bons pais? 263

Manter seu processo / manter seu eu 264

Será que a cura um dia termina? 265

APÊNDICE
Três mães, três mensagens: uma visualização guiada.................. 269

Referências 273

Agradecimentos... 279

Sobre a autora... 281

Índice remissivo... 283

Introdução à segunda edição

Poucas experiências na vida são tão profundas quanto os sentimentos que temos a respeito de nossas mães. As raízes de alguns desses sentimentos estão perdidas nos recessos escuros da experiência pré-verbal. Os ramos vão para todos os lados, alguns sustentando momentos gloriosos e ensolarados, enquanto outros estão quebrados, deixando pontas agudas e denteadas em que podemos ficar presos. Mãe não é um assunto simples.

Tanto em nível cultural quanto psicológico, nossos sentimentos sobre as mães são muitas vezes incoerentes e emaranhados. Mãe e torta de maçã são símbolos poderosos, venerados em nossa psique nacional, mas negligenciados na política nacional, conforme refletido, por exemplo, em nossas parcas políticas de apoio à família em comparação com outros países desenvolvidos. Se levássemos realmente a sério a maternagem, nós forneceríamos mais ajuda financeira e doméstica, além de educação para as mães. Da forma que é hoje, as mães são colocadas em um pedestal com pouco apoio abaixo delas.

Sabemos disso quando somos adultos. Poucos de nós escapam da sensação de que as mães têm de ser respeitadas, ou da consciência de que as mães são, com muita frequência, desconsideradas e que seus sacrifícios não são apreciados. No entanto, muitos de nós, secretamente (ou nem tão secretamente) nos sentimos insatisfeitos com o que recebemos de nossas mães, e nos ressentimos de que – por culpa delas ou não – elas tenham deixado de oferecer aspectos importantes do que precisávamos. E estamos pagando o preço.

Essas são questões sensíveis – sensíveis para as mães e sensíveis para todos nós. Alguns, por uma necessidade de colocar as mães fora dos limites de crítica, passam a criticar aqueles que estão insatisfeitos, culpando-nos por culparmos nossas mães, como se estivéssemos injustamente passando a elas a responsabilidade por nosso sofrimento. Embora eu não negue que alguns usem a culpa como uma distração e deixem de assumir a responsabilidade pela árdua tarefa da cura, o que vejo com mais frequência como terapeuta é a enorme culpa e resistência que as pessoas têm de parar de proteger suas mães. É como se, mesmo na privacidade de nossa mente, tivéssemos medo de criticá-las. Estamos protegendo a imagem interna da mãe, protegendo nosso frágil relacionamento com ela, negando qualquer coisa que possa perturbá-lo e nos protegendo do desapontamento, raiva e dor que mantemos fora da consciência. Como vou explicar nos capítulos seguintes, muitos não ousam revelar a verdade dolorosa do que faltava em suas mães porque não estão preparados para lidar com o que isso significaria.

Qualquer relacionamento tão complexo como o que existe entre mãe e filho incluirá ambos, amor e ódio. Quase todas as crianças pequenas sentem ódio em algum momento quando suas necessidades ou desejos são frustrados, embora muitas crianças nem ousem expressar isso, pois seu vínculo com a Mamãe é frágil demais. E praticamente todas as crianças sentem amor pela Mãe, mesmo quando esse amor está enterrado ou murado. Como Robert Karen relatou de modo eloquente em sua compilação de pesquisas sobre apego:

> Praticamente todas as crianças, mesmo as que sofrem abuso, amam os pais. Isso faz parte da natureza de ser uma criança. Elas podem estar magoadas, desapontadas, presas nos modos destrutivos de ser que impedem qualquer possibilidade de conseguir o amor pelo qual anseiam, mas estar apegado, mesmo que ansiosamente apegado, é amar. A cada ano, o amor pode se tornar um pouco mais difícil de acessar; a cada ano a criança pode renegar seu desejo de se conectar com mais firmeza; ela pode até mesmo abandonar seus pais e negar que sinta qualquer amor por eles; mas o amor está lá, ocul-

to como um sol ardente, assim como o anseio por expressá-lo de modo ativo e de que ele seja retribuído.*

As palavras de Karen mostram parte da complexidade desse relacionamento. Ninguém escapa de desejar o amor de uma mãe.

A maternagem também é um assunto delicado para aquelas que são mães. Quando comecei a trabalhar neste livro, notei alguma culpa e defensividade quando eu contava a mulheres que eram mães sobre o que estava escrevendo. Todas queriam dizer: "Não me dê tanto poder. Existem muitas outras influências na vida de uma criança. Nem tudo que acontece na vida dela é minha culpa". Isso é bem verdade. Nascemos com diferenças individuais surpreendentes. E também existem outras influências na infância, entre elas a ordem do nascimento, o vínculo com o Pai e a adequação dele como pai, influências ambientais e genéticas sobre a fisiologia básica da criança, dinâmica familiar e acontecimentos importantes na família, como uma doença grave e os estresses na cultura mais ampla.

Apesar desses numerosos fatores, o impacto da Mãe não tem paralelo. Uma mãe atenta, capacitada e amorosa pode ajudar a superar muitas desvantagens, e a ausência dessa maternagem talvez seja a maior desvantagem de todas porque, quando a Mãe não está cumprindo sua importantíssima função do modo como precisa ser feito, as crianças têm déficits significativos em suas bases.

Não estou focada na mãe porque elas precisem de mais culpa ou responsabilidade nas costas, mas porque a qualidade da maternagem que recebemos molda o nosso desenvolvimento. Tenho esperança de que a compreensão dessas influências nos leve a entender melhor a nós mesmos e, o mais importante, a concluir as tarefas de desenvolvimento e a curar as feridas que resultaram da maternagem insuficiente.

Minha esperança para aquelas leitoras que são mães ou que estão se tornando mães é que destrinchar as funções da maternagem, como faço

---

* Robert Karen, PhD. *Becoming Attached: First Relationships and How They Shape our Capacity to Love*. New York: Oxford University Press: 1998, p. 230.

aqui, e destacar a importância central de cuidar, as ajude a treinar o foco delas. Embora existam aspectos da maternagem que são instintivos e que são passados de geração a geração pelas mulheres que tiveram uma boa experiência de serem filhas, para muitas mulheres a maternagem precisa ser aprendida conscientemente. Se você teve uma experiência inadequada como filha, sua tarefa será dupla: curar suas próprias feridas e se abrir para um modo de ser com seus filhos diferente do que sua mãe foi com você.

Quando comecei a trabalhar, queria suplementar minha compreensão dos adultos que tiveram maternagem inadequada que tinha experimentado dentro de meu próprio círculo pessoal e em minha prática de psicoterapia, então divulguei uma chamada para adultos "com maternagem inadequada" que concordassem em ser entrevistados. Houve uma inundação imediata de respostas. Como se poderia esperar, descobri mais mulheres do que homens dispostos a conversar com uma estranha sobre suas experiências, embora eu também tenha tido mais acesso a mulheres. Não houve nada de científico em minha amostragem, então não posso afirmar ter captado adultos que tiveram maternagem inadequada de uma perspectiva demográfica ou sociológica, mas creio que suas revelações corajosas e, muitas vezes, cheias de *insights* têm algum valor para todos nós. Algumas das minhas descobertas estão esparsas em todos os capítulos, mas a maioria delas se concentra no capítulo 6, "Viver com uma Mãe emocionalmente ausente", no qual descrevo tanto os ambientes da infância que meus entrevistados experimentaram quanto os desafios que enfrentaram como adultos.

Na primeira edição deste livro, meu foco esteve nos efeitos de ter sido criado por uma mãe emocionalmente desapegada. Nos anos transcorridos desde então, aprendi mais sobre a diversidade de mães emocionalmente ausentes e sobre como a negligência e o abuso emocionais muitas vezes surgem entrelaçados. Nesta edição ampliada, exploro mais profundamente os aspectos do abuso e do que está errado com a Mãe que a faz agir desse modo.

Agora o livro tem três partes: a Parte 1 examina o que as crianças precisam da Mãe, os elementos da boa maternagem e a importância desse primeiro apego. Na Parte 2, vemos o que acontece quando a maternagem dá errado, quais são os efeitos da negligência e do abuso emocionais, e o que leva as mães a fracassarem com seus filhos dessa maneira. A Parte 3 lida com a questão da cura. Depois de uma visão geral do processo de cura, os capítulos abordam a psicoterapia, como recriar sua criança interior e compensar as necessidades não satisfeitas, e negociar o relacionamento com a Mãe como adulto.

Existem diversos exercícios neste livro, e você é livre para fazê-los ou não. Também proponho algumas pausas que o convidam a digerir o conteúdo e a refletir sobre sua própria situação. Eu o incentivo a parar por um momento para pensar a respeito, ouvindo o que surge em sua mente enquanto lê, mesmo que prefira não responder formalmente cada pergunta.

Como o que você leva para si mesmo em termos de sua própria compreensão e cura é um benefício importante ao ler este livro, eu o convido a levar o tempo de que precisar. Você tem de ser seu próprio guia aqui, então, se for perturbador trabalhar com um material específico, pense em que tipo de apoio você pode precisar. Pratique ser uma boa mãe para si mesmo absorvendo apenas aquilo com que você possa lidar a cada momento. Você sempre pode retomar a leitura em outro momento. Alguns leitores acharam que a primeira parte, sobre boa maternagem, é evocativa demais para eles no início e preferiram voltar a ela depois. Então, embora cada capítulo seja construído sobre o que veio antes, o livro pode ser lido da forma que melhor se adapte a você.

Meus quatro objetivos neste livro são:

1. Ajudar a enxergar uma imagem mais clara do tipo de maternagem que você recebeu.
2. Ajudar a ver a conexão entre o tipo de maternagem que você vivenciou e as dificuldades em sua vida. O que foi considerado como *defeitos* pessoais pode então ser ligado a *déficits* de maternagem, aliviando a autoculpabilização.
3. Fornecer sugestões sobre como esses elementos que faltaram podem ser recuperados agora – em terapia, por meio de relacionamentos próximos ou fornecendo-os para si mesmo.

4. Ajudar você a decidir como proceder em seu relacionamento com a Mãe como um adulto, dando-lhe mais ferramentas e opções do que você tinha ao começar.

A boa notícia é que os déficits de uma maternagem inadequada podem ser recuperados mais tarde – talvez não completamente, mas de modo mais significativo do que geralmente ousamos esperar. Podemos curar a criança interior não amada e nos tornarmos adultos amorosos e capacitados. Esta é uma jornada que vale a pena.

Parte 1

O que precisamos da Mãe

1

Maternagem

Mãe como a árvore da vida

Sempre vou me lembrar de uma imagem em *The Family of Man* (A Família do Homem), uma exposição de fotos que percorreu o mundo e foi publicada em forma de livro. Uma mulher negra, alta e magra, estava em pé com duas crianças pequenas, cujos rostos estavam escuros, encobertos pela sombra. Na página ao lado, citando os Provérbios, estavam estas palavras: *Ela é uma árvore da vida para eles.*

Uma árvore da vida. Uma árvore que dá abrigo, lar, proteção. Uma árvore que você pode escalar e que o alimenta. Uma árvore que parece grande quando você é muito menor. Uma árvore que é a *sua* árvore.

No mundo das tradições místicas, a árvore da vida é o eixo vertical ao redor do qual a vida gira. De um modo similar, a Mãe é o eixo ao redor do qual a família e a vida emocional da criança giram. Na vasta extensão histórica antes da era cristã, a árvore da vida era frequentemente representada como uma mãe, e a Grande Deusa Mãe era muitas vezes retratada como uma árvore.

Assim, a árvore é um símbolo natural para a maternagem. Com seus frutos e flores, com pássaros e animais nela e em volta dela, ela fornece ao mesmo tempo abrigo e alimento. Crescendo em muitas direções, mas, em especial, com seu arco de expansão externa, ela é como uma fonte de abundância. Parte do arquétipo da árvore da vida é este sentido de abundância e de dar.

Esse arquétipo é captado no livro infantil *The Giving Tree* (A Árvore Generosa, em português) de Shel Silverstein. Publicado originalmente em 1964, ele é considerado uma parábola clássica de amor e devoção. Fala de um menino e de uma árvore que o ama muito e lhe dá tudo o que tem. Ela deixa que ele balance em seus galhos, fornece sombra para que ele repouse, maçãs para comer e ramos para construir uma casa. Ela até deixa que ele corte seu tronco para fazer um barco. No final, a árvore é só um toco, e o menino é um velho, e ela lhe dá um lugar para descansar.

Como muitos observaram claramente, o relacionamento entre o menino e a árvore é muito parecido com o relacionamento entre uma criança e uma mãe. A árvore coloca as necessidades do menino em primeiro lugar. Ela dá e dá sem parar. Isso é parte do papel de uma mãe, que às vezes entra em conflito com suas próprias necessidades de mulher para se desenvolver como pessoa separada de seu papel de maternagem e de seu relacionamento com outras pessoas. Muitas mulheres têm lamentado por se perderem ao serem mães e esposas. No entanto, se uma mulher não estiver pronta, pelo menos por um período de sua vida, a atender às necessidades dos outros, ela realmente não está pronta para a tarefa da maternagem.

Existem muitas razões legítimas pelas quais uma mulher pode ser incapaz de assumir plenamente a enorme tarefa da maternagem, mas infelizmente é frequente que as mulheres não tenham (ou não sintam que têm) uma escolha sobre isso. Por causa de uma gravidez não planejada ou de expectativas sociais, as mulheres podem escorregar para a maternidade sem tê-la escolhido. Muitas vezes, essas mulheres ainda não se tornaram adultos plenos. Elas não estão preparadas para o que se encontra à sua frente.

Não é fácil se dar se você ainda tiver necessidades insatisfeitas. Entretanto, a maternagem requer uma doação constante. Uma boa mãe compartilha o calor de seu corpo quando a criança tem frio, o leite de seu seio quando seu filho precisa de alimento. Ela dá cálcio de seus ossos ao feto, antes do nascimento, e também ao lactente. Esse é um nível muito básico de se doar. Não é de surpreender que "Mãe" seja símbolo de sacrifício!

Mamãe é o material de que somos feitos

Existem dois níveis importantes na afirmação de que nós somos feitos de nossa mãe. O primeiro é o fato biológico óbvio: somos feitos dentro do corpo dela e somos feitos do material do corpo dela. Depois, existe o nível psicológico no qual a Mãe é parte de nossa personalidade, psique e estrutura. É como se ela fosse literalmente uma camada de nosso ser. Você entenderá melhor nos próximos capítulos.

Como somos formados, como nos vemos, nosso senso de autoestima, nossas crenças inconscientes sobre relacionamentos – tudo isso é fortemente impactado por nossa mãe. Ela não é a única influência, mas ela e nossas interações com ela criam os materiais básicos para todas essas situações.

O fato de sentirmos esse material básico como nutridor ou tóxico é determinado em grande medida pela qualidade das interações com nossa mãe. Não é que aquilo que a Mãe *faz* seja tão crucial, mas sim que sua presença energética e seu amor são muito importantes. Ela está com raiva ou distante enquanto alimenta seu bebê? Quando a Mãe está realmente presente de uma forma amorosa, então o leite da Mamãe e o coração da Mamãe não parecem separados. Quando ela está distante, seu leite não sustenta tanto. O bebê pode sentir que não tem o direito de tomá-lo, talvez porque não é dado tão livremente ou porque existe algo de indesejado na interação que vem com o leite.

Como se diz em uma canção infantil, quando essa interação é boa, ela parece muito, muito boa, e quando ela é ruim, ela parece horrível. É claro que na realidade as coisas não são tão explícitas, mas as crianças pequenas vivenciam o mundo com grande intensidade. Você pode sentir a Mãe como uma camada interna de suporte, uma camada de amor que está sempre com você, ou você pode sentir como se houvesse algo morto ou tóxico em você. Essa substância tóxica é aquilo que você absorveu de suas interações com ela e talvez daquilo que era tóxico dentro dela.

Quem pode ser mãe?

Uso a palavra *mãe* por todo o livro, mas não a limito necessariamente à mulher que deu à luz uma criança específica – embora esse relacionamento, mesmo que nunca se estenda além do parto (porque a mãe morreu ou colocou o bebê para adoção), marque toda a vida de uma pessoa. Quando pergunto sobre sua mãe neste livro, estou perguntando sobre a pessoa que assumiu esse papel primário, e a expressão *Boa Mãe* pode se referir a qualquer adulto que assuma um papel de cuidado, nutrição e proteção em sua vida, cumprindo as funções descritas no próximo capítulo.

Isso pode incluir uma mãe adotiva, avó ou madrasta; até mesmo o pai certo pode cumprir esse papel. Outras pessoas fora do círculo familiar interno podem ajudar a satisfazer algumas das necessidades da criança (mesmo na idade adulta): professores, tias, mães de amigos, terapeutas, companheiros. Podemos até mesmo suprir algumas dessas necessidades para nós mesmos conforme amadurecemos, compreendendo que a criança que teve maternagem inadequada geralmente ainda está viva em um adulto, ainda carente do que precisava quando criança.

Embora nem todas as mulheres se adaptem ao papel de mãe, a natureza fez o melhor para dar todas as vantagens às mães biológicas. A pesquisa apoia a ideia de que as mães, como um grupo, empregam instintivamente os comportamentos que seus bebês preferem. Estudos realizados na Suécia descobriram que, mesmo que a mãe trabalhe fora e o pai seja o cuidador habitual, os bebês ainda preferem intensamente estar com a mãe.[1]

A natureza também apoia as mães biológicas por meio dos hormônios (em especial, a oxitocina), que parecem colocá-las no estado de espírito para estabelecer vínculo e que estão diretamente correlacionados com os comportamentos de vínculo. A amamentação coloca o bebê na distância perfeita em que ele pode focalizar os olhos da mãe. É claro que o feto em formação já estava criando um relacionamento com a mãe no útero, respondendo aos batimentos cardíacos dela, à sua voz, ao seu toque através da parede abdominal e à sua presença energética.

Infelizmente, essas vantagens biológicas não são o bastante para que algumas mulheres superem a falta de prontidão que demonstram para assumir as tarefas da maternagem. Então, é algo bom que outras pessoas além das mães biológicas possam ser "mães".

A mãe suficientemente boa

As mães não precisam ser perfeitas, nem podem ser assim. A perfeição, quando existe, é vista pelos olhos da criança, quando a mãe faz um trabalho suficientemente bom ao satisfazer suas necessidades básicas, como um

---

1 David J. Wallin. *Attachment in Psychotherapy*. New York: Guilford Press, 2007. n. 1, p. 24.

sentimento de adoração total. Isso é útil porque, quando você é totalmente dependente de alguém, precisa acreditar que essa pessoa pode fazer seu trabalho. Deixar de lado as falhas e a falta de sintonia perfeita, e acentuar os aspectos positivos, é uma boa estratégia psicológica e também uma boa estratégia evolutiva, pois os bons sentimentos da criança também ajudam a mãe a estabelecer um vínculo com ela.

A expressão *mãe suficientemente boa* foi cunhada pelo famoso pediatra e psicanalista D. W. Winnicott para descrever a mãe que fornece o suficiente para que uma criança tenha um bom começo de vida. Winnicott vê o principal trabalho da mãe suficientemente boa como se adaptar ao bebê. Ele descreve como a mãe suficientemente boa começa com uma adaptação quase completa às necessidades de seu bebê e, subsequentemente, adapta-se cada vez menos conforme o bebê pode tolerar mais frustração. Uma mãe que continue a satisfazer todas as necessidades do bebê de modo perfeito e imediato tiraria do bebê a necessidade de aprender novos comportamentos, desenvolver novas habilidades e ser capaz de lidar com atraso e frustração.

A pesquisa recente reforça essa ideia de que a mãe não tem de estar 100% sintonizada e disponível para seu filho a fim de oferecer uma maternagem suficientemente boa. A pesquisa sugere que o necessário é estar em sincronia (definida como estar em um estado harmonioso juntos, com a mãe sintonizada à criança) durante 30% do tempo.[2] Isso é pedir demais?

Segundo a psicoterapeuta e autora Diana Fosha, "o que importa tanto quanto a capacidade natural de estar em sincronia (se não mais) é a capacidade de reparar a falta de sincronia, de modo a restabelecer uma conexão ótima".[3] A mãe suficientemente boa precisa reparar as rupturas inevitáveis que acontecem em todos os relacionamentos. Ela não vai se comportar sempre do modo certo, mas tem de saber como consertar quando erra.

A pesquisa sugere que a criança ajuda a mãe nessa tarefa. Os bebês vêm ao mundo com um impulso para criar e com capacidade para manter um vínculo forte com sua mãe. Eles também vêm com a capacidade de extrair

---

2 Diana Fosha. *The Transforming Power of Affect: a Model for Accelerated Change*. New York: Basic Books/Perseus Book Group; 2000. p. 64.

3 Ibid., p. 65.

o máximo dos esforços de reparação da mãe.[4] O modo como a criança é capaz de retificar as perturbações inevitáveis nesse relacionamento é empoderador. Por outro lado, não conseguir chamar a atenção da Mãe, não poder se reconectar depois de haver uma desconexão, pode fazer com que o bebê se sinta profundamente impotente e desanimado sobre os relacionamentos e sobre conseguir suprir suas necessidades.

Quando uma mãe não está sintonizada o bastante para responder às necessidades de uma criança, esta acaba se adaptando à mãe em vez de acontecer o contrário. Perdendo contato com sua experiência nuclear, a criança então desenvolve o que Winnicott chama de falso *self*.

Mensagens da Boa Mãe

O modo como a Mãe responde às nossas necessidades básicas revela nossa importância para ela. Ela é generosa ao se doar para nós (até mesmo alegre!), ou satisfaz nossas necessidades com um senso de peso e uma atitude que diz "você está me incomodando"? Quando troca uma fralda ou nos veste, o toque dela é gentil e amoroso, ou é eficiente e levemente brusco? Talvez ele pareça mecânico. O que os olhos dela dizem? Como são as expressões do rosto dela? O que as ações e escolhas dela expressam? Tudo isso faz parte da comunicação de uma mãe e molda nosso relacionamento com ela. Juntos, eles formam a base das mensagens que recebemos.

Vamos começar olhando para as "mensagens da Boa Mãe"[5] e, depois, veremos o que aqueles de nós que tiveram maternagem inadequada entenderam.

Existem dez mensagens básicas da Boa Mãe:

---

4 Ibid.

5 A maior parte dessa lista foi criada por mim, embora alguns itens também sejam encontrados no livro de Jack Lee Rosenburg com Marjorie L. Rand e Diane Asay, *Body, Self & Soul: Sustaining Integration* (Atlanta: Humanics, 1985, pp. 207-14). Pamela Levin também tem afirmações similares a essas para cada estágio de desenvolvimento em seu livro *Cycles of Power: a User's Guide to the Seven Seasons of Life* (Deerfield Beach, FL: Health Communications Inc., 1988, e mais tarde publicado pelo autor pela Nourishing Company). As afirmações dela foram publicadas pela primeira vez em um trabalho anterior, *Becoming the Way We Are: an Introduction to Personal Development in Recovery and in Life* (Berkeley, CA: autopublicação, 1974).

- Estou feliz por você estar aqui.
- Eu vejo você.
- Você é especial para mim.
- Eu respeito você.
- Eu amo você.
- Suas necessidades são importantes para mim. Você pode buscar ajuda em mim.
- Estou aqui para você. Eu consigo tempo para você.
- Vou manter você em segurança.
- Você pode descansar comigo.
- Gosto de estar com você.

Vamos examinar essas mensagens em mais detalhes:

Estou feliz por você estar aqui

"Estou feliz por você estar aqui" é uma primeira mensagem importante a ser ouvida por uma criança. Essa mensagem é comunicada por comportamentos que dizem à criança que ela é valorizada e querida.

Muitos acreditam que esse senso fundamental de ser querido começa no útero. Certamente, existem muitos momentos na vida das crianças em que elas se sentem queridas ou não. Eu entendo que esta não seja uma experiência de tudo ou nada, mas sim uma questão de grau, e que momentos isolados de se sentir não desejado podem ser contrabalançados, em grande medida, por uma corrente mais ampla de experiências em que a criança se sente valorizada.

A mensagem "Estou feliz por você estar aqui" *nos* ajuda a ficarmos felizes por estarmos aqui. Ela nos ajuda a nos sentirmos à vontade ocupando nosso espaço e existindo em nosso corpo.

Eu vejo você

Uma mãe expressa "eu vejo você" basicamente ao espelhar-se com exatidão (ver Mãe como espelho, p. 26) e por uma responsividade sintonizada. Ela sabe, por exemplo, do que gostamos e do que não gostamos. Ela sabe quais são nossos interesses e como nos sentimos a respeito das coisas. Ser visto é ser conhecido.

Você é especial para mim

A mensagem "você é especial para mim" (em geral não dita com palavras) nos diz que somos valorizados. Como ocorre no caso das outras mensagens, esta precisa ser acompanhada pelo senso de ser visto como somos para que não associemos o ser especial com alguma qualidade ou imagem externa e superficial.

Eu respeito você

Uma mãe comunica "eu respeito você" quando apoia a singularidade de uma criança, não tenta controlá-la quando não há necessidade, aceita suas preferências e suas decisões, e transmite que valoriza aquilo que vê na criança. Crianças que se sentem respeitadas e amadas de uma maneira genuína têm permissão para descobrir e expressar seu eu único em vez de espelhar o dos pais ou se conformar com um modelo paterno.

Eu amo você

"Eu amo você" é muitas vezes simplificado com essas palavras, mas precisa ser sincera e autenticamente vivenciado a fim de ter significado. Muitas crianças ouvem essas palavras várias vezes por dia; outras passam a vida inteira sem ouvi-las. É importante que não sejam percebidas como manipulação e que não sejam acompanhadas pela exigência de algo a ser feito pela criança.

O amor é provavelmente mais bem comunicado por meios não verbais, incluindo toque, tom de voz, olhos e expressão facial, linguagem corporal e atenção. Quando o ambiente fornece um senso seguro de manutenção e contenção (como o oferecido por meio de limites e regras), isto também é sentido como amor.

Suas necessidades são importantes para mim. Você pode buscar ajuda em mim

"Suas necessidades são importantes para mim" expressa um senso de prioridade. Não é só que a Mãe diga: "eu vou cuidar de você porque é minha obrigação", nem "quando eu tiver tempo", mas "porque isso é realmente importante". Com essa mensagem, temos a sensação de que a atenção da Mãe se origina no amor e no cuidado genuíno. "Você pode buscar ajuda em mim" dá permissão; diz que você não tem de ocultar suas necessidades nem tentar cuidar delas sozinho.

Estou aqui para você. Eu consigo tempo para você

"Estou aqui para você" é um modo de dizer "você pode contar comigo. Eu não vou deixar você na mão". Muitas vezes, isso se relaciona com necessidades específicas, mas além disso, significa "Estou aqui como uma presença confiável na sua vida". Isso sustenta um senso de relaxamento e confiança.

Uma mensagem relacionada é "eu consigo tempo para você". Ela expressa disponibilidade, prioridade e valorização. Infelizmente, muitas crianças sentem que seus pais não têm tempo para elas.

Vou manter você em segurança

"Vou manter você em segurança" também pode ser expresso como "Vou proteger você. Não vou deixar que você seja ferido ou sobrecarregado (desnecessariamente)".

O senso de segurança é essencial para que uma criança seja capaz de relaxar e explorar. Sem segurança, podemos nunca nos sentir prontos para sair no mundo. Sem a proteção de nosso cuidador, nossa única proteção é permanecer pequeno e construir estruturas defensivas em nossa personalidade.

Você pode descansar comigo

"Você pode descansar comigo" é uma maneira de dizer várias coisas. Primeiro, implica um espaço protegido; se você tiver de estar em guarda, não poderá descansar de verdade. Também implica disponibilidade (a Mãe precisa estar aqui para descansarmos nela) e aceitação. É um modo de dizer: "comigo, você pode estar em casa". Nós todos queremos um lugar onde possamos ser totalmente nós mesmos, onde não seja preciso representar e onde nos sentimos calmos e confortados na companhia da outra pessoa.

Gosto de estar com você

"Gosto de estar com você" dá uma afirmação de como a criança é preciosa. Isso diz para a criança: "você é um deleite", "é uma alegria estar com você". Vemos isso quando os olhos da Mãe se iluminam quando ela nos vê, no sorriso dela, quando ela ri.

O que acontece quando as mensagens da Boa Mãe estão ausentes?

Quando essas mensagens da Boa Mãe estão ausentes, elas deixam "buracos" específicos ou sentimentos de deficiência. A lista então seria entendida do seguinte modo:

Estou feliz por você estar aqui

Quando não nos sentimos bem-vindos nem desejados, podemos concluir que *talvez fosse melhor se eu não estivesse aqui*. Isso também pode levar a um grande medo de abandono. Uma mulher que nunca se sentiu querida como criança sentia-se aterrorizada todas as vezes em que ia a um restaurante ou lavanderia com a mãe, com medo de que a mãe a deixasse e nunca voltasse. Para uma criança pequena, não se sentir querida é não pisar em terreno sólido.

Eu vejo você

Se a Mãe não nos vê nem nos conhece, então as respostas dela não vão parecer certas. Ela pode tentar guiar, por exemplo, mas começa no lugar errado.

Quando não somos vistos consistentemente, pode levar à sensação de invisibilidade e a uma incerteza de ser real. A sensação de irrealidade pode ser sutil e, geralmente, inconsciente, ou pode permear tudo e ser desorientadora.

Você é especial para mim

Quando não nos sentimos especiais para nossos pais, não nos sentimos apreciados por quem somos. Podemos até pensar: *Mamãe gostaria mais se eu fosse outra pessoa.*

Eu respeito você

Quando não sentimos que nossas capacidades, limites e preferências são respeitados, não aprendemos a respeitá-los em nós mesmos. Podemos desenvolver um senso de desmerecimento e vergonha, ou deixar de atingir nosso verdadeiro potencial. Isso também pode fazer com que cedamos demais às outras pessoas em vez de nos afirmarmos.

Eu amo você

Com a falta de amor suficiente, podemos concluir que *sou indigno de amor do jeito que sou.* Consequentemente, podemos nos contorcer na esperança de que *se eu me conformar ao que os outros desejam, talvez eles me amem.*

Suas necessidades são importantes para mim

Quando não temos a sensação de que a Mãe quer satisfazer nossas necessidades, podemos acreditar que *minhas necessidades são vergonhosas ou um peso. Eu não devia ter necessidades.*

Estou aqui para você

Sem a sensação de que a Mãe está presente, nós nos sentimos sozinhos. Isso leva à sensação de que *eu preciso cuidar de mim mesmo.*

Vou manter você em segurança

Sem o senso de proteção, podemos nos sentir sobrecarregados pela vida e concluir que o mundo é perigoso.

Você pode descansar comigo

Quando estar com a Mãe não é um lugar seguro para sermos nós mesmos, perdemos um aspecto importante da conexão. Estar com a Mãe então se torna um momento em que precisamos estar alertas ou representar e nunca nos sentimos realmente em casa com ela.

Gosto de estar com você

Sem um senso de que a Mãe gosta de nós, podemos concluir *eu sou um fardo que ninguém quer. Eu queria desaparecer. Eu não devia ocupar tanto espaço.* Nós nos encolhemos e aprendemos a esconder nossa luz.

As mensagens que você recebeu

- Leia cada uma das dez mensagens da Boa Mãe e observe sua reação emocional. Essa mensagem parece familiar? (lembre-se de que as mensagens são comunicadas por comportamentos mais do que por palavras). Essa foi uma mensagem que você acha que recebeu? Qual é a sensação no seu corpo?
- Você pode comparar cada mensagem na primeira lista com a mensagem correspondente na segunda e ver o que lhe parece mais verdadeiro, prestando muita atenção aos pensamentos, emoções e sensações em seu corpo.

Como em todos os exercícios propostos neste livro, sentimentos desconfortáveis podem aparecer, então respeite seu próprio ritmo. Se você sentir que é demais, faça uma pausa e volte ao exercício quando se sentir pronto, ou faça-o quando tiver uma pessoa de apoio a seu lado.

O que significa ter maternagem inadequada?

Quando você não recebe boa maternagem suficiente, em termos dessas mensagens da Boa Mãe, as funções descritas no capítulo 2, o apego seguro do capítulo 3 ou o toque nutritivo e o amor e as outras peças do quebra-cabeças no capítulo 4, você teve maternagem inadequada. Sim, você teve uma mãe boa o bastante para sobreviver, mas não suficiente para o tipo de base que sustenta a autoconfiança saudável, iniciativa, resiliência, confiança, direito saudável, autoestima e as muitas outras qualidades de que precisamos para prosperar neste mundo desafiador.

Quanto mais claramente você vir os modos em que teve uma maternagem insuficiente, mais proativamente você poderá superá-los. Vamos saber mais sobre o que estava faltando.

2

As muitas faces da Boa Mãe

O mundo perceptivo (e, especificamente, o mundo visual) do bebê contém muitas experiências dos mesmos poucos objetos, no entanto, cada experiência é muito distinta – tanto que, do ponto de vista do bebê, eles parecem ser objetos diferentes. De uma maneira semelhante, podemos pegar a imagem da Boa Mãe e separá-la em experiências variadas, que eu chamo de as muitas faces da Boa Mãe. Cada "face" representa um papel que ela desempenha ou uma função psicológica importante para o desenvolvimento da criança.

Depois de ler este capítulo, você pode ficar pensando como uma pessoa pode desempenhar tantas tarefas importantes e aparentemente infindáveis. É claro que ninguém pode fazer isso perfeitamente, o que transforma nossa imagem da Boa Mãe em um ideal ou modelo. Ao refletir sobre como nossa mãe desempenhou cada uma dessas funções psicológicas, você entenderá mais sobre a marca dela em sua psique e isso trará mais *insight* sobre seus sentimentos, crenças e comportamentos. Você entenderá por que algumas partes suas precisam de mais apoio do que outras.

Você também notará que muitas dessas funções se sobrepõem e que, em alguns momentos, pode parecer arbitrário separá-las. Elas trabalham juntas para fazer sua magia e criar um arquétipo monumental da Boa Mãe. Ao dissecar a Boa Mãe desse modo, podemos tirar um pouco de seu mistério, mas talvez o custo valha a pena se nos ajudar a enxergar nossas necessidades com mais clareza e a buscar satisfazê-las com mais seriedade.

Tenha em mente que embora eu esteja falando sobre essas funções da mãe, elas podem ser realizadas por qualquer cuidador e não estão estritamente limitadas às mães biológicas. Pais, avós, babás, funcionários de creches, parentes afastados e até figuras maternas encontradas mais tarde na vida podem fornecer alguns desses importantes nutrientes.

As dez faces são as seguintes:

- Mãe como *fonte.*
- Mãe como *um lugar de apego.*
- Mãe como *a primeira pessoa a responder.*
- Mãe como *moduladora.*
- Mãe como *nutridora.*
- Mãe como *espelho.*
- Mãe como *líder de torcida.*
- Mãe como *mentora.*
- Mãe como *protetora.*
- Mãe como *porto seguro.*

Mãe como fonte

"Mãe" é de onde viemos e do que somos feitos. Em mitologia e religião, essa fonte é muitas vezes retratada como algum tipo de deusa mãe, frequentemente uma deusa oceânica. Do mesmo modo que a vida evoluiu a partir do oceano, a vida humana evolui a partir da mãe e, mais especificamente, do útero. Portanto, tanto no nível mitológico como no mais mundano, a fonte da vida é a Mãe.

Quando a criança tem uma experiência positiva da Mãe, ela tem a sensação de *eu sou da Mamãe. Eu venho dela. Sou parte dela. Sou como ela.* Isso se torna uma peça do quebra-cabeças da identidade.

Infelizmente, nem todos têm uma experiência da Mãe como fonte de uma maneira positiva. Alguns adultos, por meio de uma experiência de regressão em hipnose ou qualquer tipo de trabalho profundo, recuperam lembranças do útero como um ambiente tóxico em que estão presos. Elas têm um forte senso de ser "de", mas esse é um *"de" desagradável do qual elas preferiram se separar.* Isso também acontece com mães sufocantes, que não são vivenciadas de um modo positivo.

E, depois, há a experiência das crianças colocadas para adoção, cuja fonte as rejeitou, pelo menos em um nível subjetivo. Elas estão na situação complexa de ser *"da"* primeira mãe, pois ela as deu à luz, e também *"não ser dela"*, porque não continuam a pertencer a ela. Algumas vezes, é difícil desenvolverem um firme senso de pertencimento à sua mãe adotiva.

Ter um senso de pertencer a algum lugar é essencial e o senso da Mãe como fonte é só uma parte disso. Como veremos, ele também entra em jogo quando vivenciamos a Mãe como um lugar de apego.

Embora parte disso possa estar além do controle da Mãe, existem coisas que a Mãe pode fazer para ser vivenciada como fonte de um modo positivo. Ela pode criar um ambiente acolhedor, desde os primeiros momentos de vida. Ela pode ser uma energia positiva da qual seus filhos queiram estar perto e pela qual sejam nutridos. Ela pode traçar similaridades entre si mesma e seu filho, com cuidado para dar à criança muito espaço para também ser diferente. E ela pode ser um modelo positivo do qual seus filhos vão se orgulhar durante toda a vida.

Sua mãe como fonte

- Quando você pensa no útero de sua mãe, ele lhe dá a sensação de ser um lugar acolhedor? Se não conseguir imaginar isso, pergunte-se como seria estar envolvido na energia da sua mãe. Isso é algo de que você gostaria?
- Você gostaria de ser como sua mãe ou desejaria ser tão diferente quanto possível (ou alguma coisa entre esses extremos)? Se alguém dissesse "Você é tão parecido com sua mãe!", como você se sentiria?
- Você consegue se imaginar orgulhoso de ser filho de sua mãe? Você se identifica com a sua mãe?

Mãe como um lugar de apego

Mãe é a nossa primeira conexão com o mundo. Aqui não focalizamos a Mãe como o oceano de onde viemos, mas como o lugar mais próximo ao qual nos apegamos, como o fundo de um barco ao qual uma craca se prende. Mãe é a parte inferior do barco ao qual uma criança apegada com segurança se prende.

Quando você observa crianças pequenas apegadas com segurança às mães, elas estão em constante contato físico, subindo na mãe, puxando, sugando e abraçando o corpo da mãe. Mesmo uma criança mais velha vai segurar a mão da Mãe quando estiver assustada. Como veremos adiante, o apego não é criado apenas pelo contato corporal, mas também pela sintonia e responsividade da mãe às necessidades. O apego é tão importante que todo o próximo capítulo é dedicado a ele.

Para a criança pequena, o apego traz a sensação de *eu pertenço a você. E como eu pertenço a você, tenho um lugar.* Sem isso, estamos sem amarras, à deriva quando já somos adultos. Uma mulher se sentia como um pedaço de madeira à deriva no mar; outra se sentia tão desligada da mãe que sentia como se tivesse sido trazida pela cegonha – o que bem poderia ter acontecido. Isso pode resultar em um profundo senso de solidão, alienação e de não pertencimento.

Com apego seguro, uma criança se sente em segurança. Essa função se sobrepõe com a Mãe como a primeira pessoa a responder porque é em grande parte por meio dessa função de ser responsiva às necessidades que o apego é formado.

Sua mãe como um lugar de apego

- Em uma escala de 1 a 10 (com 10 sendo extremamente conectado), o quão conectado a sua mãe você se sente?
- Como isso mudou durante a sua vida?

(continua)

> ### Sua mãe como um lugar de apego (continuação)
>
> - Quais são suas primeiras lembranças em relação ao contato físico com a sua mãe? Ela era o seu trepa-trepa ou havia mais um senso de "Mantenha distância"?
> - Quando criança, você se sentia claramente parte da família? Você se sentia conectado ou à deriva?
> - Você tinha a sensação de ser órfão ou uma criança sem mãe?

Mãe como a primeira pessoa a responder

Um papel muito importante que mantém a Mãe em sua função como um lugar de apego é o que eu chamo de Mãe como a primeira pessoa a responder. Os "primeiros a responder" em nosso mundo moderno são os bombeiros e policiais, as pessoas que você chama quando há uma emergência. Imagine que sua casa está pegando fogo e ninguém vem. Como isso o afetaria em termos de acreditar que a ajuda estará ali quando você precisar?

Como muitos autores revelaram de modo convincente, todas as necessidades parecem urgentes para um bebê e, portanto, são uma emergência. Como bebês, não tínhamos como suprir nossas necessidades básicas e dependíamos totalmente de que os outros fossem responsivos a nossos pedidos de ajuda. Quando nossas necessidades são consistentemente satisfeitas, nós nos sentimos seguros e confiantes de que a ajuda estará ali. Sem isso, aprendemos que o cuidado não está disponível, o mundo não parece amigável e apoiador, e nos sentimos mais inseguros e desconfiados. Nós não sabemos se teremos aquilo de que precisamos, o que põe em perigo o nosso senso básico de confiança.

As mensagens da Boa Mãe relacionadas a isso são: "Eu vou cuidar de você. Suas necessidades são importantes para mim. Estou aqui para você. Você pode descansar comigo".

É claro que, para fazer isso, a mãe deve estar sintonizada com o filho de um modo preciso. Não é uma ajuda se o primeiro a responder for para o endereço errado, oferecer abrigo quando o necessário é comida, nem se insistir em lhe dar aquilo que você não quer. Em linguagem de psicologia, chamamos isso de "sintonia" de precisão. A Mãe como primeira a responder será útil à medida que estiver sintonizada com as necessidades de seu filho. Isso é especialmente verdade nos primeiros anos, antes da linguagem.

Essa sintonia e responsividade às necessidades oferece o que se chama um ambiente de sustentação. Com isso, nos sentimos sustentados. Essa função é também o que leva à *autorregulação* (descrita a seguir em Mãe como moduladora).

Sua mãe como a primeira a responder

- Pode ser difícil lembrar de como sua mãe respondia a você quando era bebê, mas muitas vezes uma pista reveladora é como você se sente em relação às suas necessidades agora. Você respeita e dá atenção às suas necessidades ou fica tão envergonhado de ter necessidades que tenta escondê-las? Ou talvez você seja exigente. O modo como você responde às suas próprias necessidades muitas vezes tem um paralelo no modo como sua mãe respondia a elas, a menos que tenha havido um número significativo de experiências marcantes que lhe deram um ponto de referência diferente.
- Que informações você tem a respeito de como sua mãe respondia às suas necessidades? Que histórias você ouviu? O que as fotos mostram?
- Além de sua primeira infância, o que você sabe sobre o modo como sua mãe tendia a responder às necessidades das outras pessoas? Ela estava sempre pronta para agir? Ressentia-se? Não era tão competente? Era elegante? As pessoas precisavam pedir várias vezes? Ela supria o que supunha que fossem as necessidades dos outros em vez de descobrir quais eram as verdadeiras necessidades deles?

Mãe como moduladora

Mãe como moduladora está muito relacionada com a Mãe como a primeira pessoa a responder, mas mudando um pouco a direção da imagem e dando-lhe outro nome, nós a vemos de uma forma diferente.

Quando a Mãe está presente como a primeira a responder, o incêndio não foge ao controle. Para dar um só exemplo, a fome do bebê é satisfeita e ele pode retornar a um estado de homeostase e descanso. Imagine o desconforto intolerável quando isso não acontece.

Modular algo é garantir que não seja forte demais nem fraco demais, mas permaneça em um nível próximo ao ótimo. A mãe ajuda a lidar com os estados fisiológicos da criança, como estar com fome ou com frio, satisfazendo essas necessidades específicas. Mais frequentemente, quando terapeutas falam sobre a regulação, eles se referem às nossas emoções. Sem a Mãe como um modulador efetivo, não aprendemos a lidar efetivamente com nossas emoções. Ou abafamos nossos sentimentos ou nossos estados emocionais tendem a sair do controle. A raiva se transforma em fúria, o choro em histeria; não conseguimos conter nossa empolgação, frustração, impulsos sexuais ou mais nada.

Aprender a modular nossos estados internos chama-se *autorregulação* ou *automodulação*. O sistema nervoso controla esses impulsos, na maior parte, mas aprendemos inicialmente com a mãe, que substitui o sistema nervoso em desenvolvimento e satisfaz as necessidades da criança antes que ela fique totalmente sobrecarregada. A Mãe, como moduladora, serve como um amortecedor para o frágil sistema nervoso da criança enquanto ele se desenvolve.

Existem várias maneiras que permitem a uma mãe realizar isso. Ela pode acalmar a criança perturbada (por meio de toque, palavras ou simplesmente sua presença amorosa), ajudar a criança a identificar suas necessidades e emoções, ajudar a afastar a atenção da criança da fonte da perturbação, modulando-a e dando tranquilidade. Uma mulher que sofreu com ansiedade a vida inteira contou que nunca ouviu a mãe dizer: "Tudo vai ficar bem". A mãe dela nunca a acalmou nem a ajudou a se sentir melhor.

Quando a Mãe é moduladora, ela ajuda a fazer a transição das experiências emocionais negativas para as positivas. Primeiro ela cria empatia com o que está acontecendo e depois nos guia até um território mais confortável. Ela nos mostra como nos soltar de uma emoção e passar para outra e, com sua própria alegria, nos dá algo mais reconfortante para pensar. Vemos isso na mãe que enfrenta as lágrimas de seu filho com um rosto triste e logo faz seu filho rir.

Em um nível ainda mais sutil, a Mãe modula a perturbação da criança por meio de um processo mais recentemente chamado de *ressonância límbica* ou *regulação límbica*. Na regulação límbica, o cérebro emocional de uma pessoa se conecta com o de outra, cujo cérebro muda para acompanhar o da primeira pessoa. Todos os mamíferos têm essa capacidade, e pensamos que esse é um mecanismo importante por meio do qual o estado interno de um bebê ou criança pequena é diretamente modulado pela Mãe. Somente olhando nos olhos da criança, a mãe se comunica com ela de cérebro a cérebro, levando o sistema límbico da criança a ter coerência com o dela (isso é útil quando a Mãe está em um estado positivo e regulado, mas não quando ela mesma está agitada e perturbada).

Uma incapacidade de regular a ativação fisiológica é comum nas pessoas cuja infância combina com a descrição de trauma complexo conforme ocorre com pais emocionalmente negligentes e abusivos. Quando pessoas que não têm capacidade de modulação são ativadas por alguma coisa, podem ficar tão perturbadas que não conseguem pensar claramente nem estar plenamente presentes. É como se não houvesse um regulador no sistema delas e, assim, não conseguem manter suas respostas físicas e emocionais dentro de uma amplitude gerenciável ou ótima. Embora possamos aprender a autorregulação mais tarde na vida, pouparemos muitos dissabores se a Mãe nos ajudar a dominar essa habilidade crucial mais cedo.

Sua mãe como moduladora

- O que você sabe a respeito de como sua mãe respondia às suas necessidades na infância? Quanto ela era disponível? De quantas outras crianças ela também cuidava? Ela estava deprimida ou focada em outra coisa?
- Quais filosofias moldaram seu modo de criar filhos? Ela era influenciada pela escola de pensamento que dizia para os pais deixarem seus bebês "chorando até cansar"?
- Você se lembra de vezes em que sua mãe a tranquilizou ou confortou quando você estava perturbado? Ela ajudou você nos momentos difíceis?
- Sua mãe é boa (ou era) em regular as próprias necessidades fisiológicas – satisfazer a fome, sede, necessidade de sono ou de contato, por exemplo? Ela pode regular as próprias emoções, mantendo-as em um nível moderado ao mesmo tempo que as sente verdadeiramente?
- Sua mãe era boa em sintonizar seus estados emocionais? Ela parecia se importar com eles? Ela ensinou você a lidar construtivamente com as emoções sem apenas suprimi-las? Ela foi um modelo de expressão saudável das emoções?

Mãe como nutridora

Um aspecto essencial do arquétipo da Boa Mãe é ser nutridora. Em seu papel como nutridora, a Mãe oferece tanto nutrição física quanto emocional. Muitas vezes, elas são vivenciadas juntas, como na amamentação. Uma mãe alimenta seu bebê com seu leite e seu amor. Ambos são necessários para que o bebê sobreviva e se desenvolva.

As crianças parecem ter uma capacidade inerente para saber quando a nutrição é genuína (e realmente as alimenta) e quando é falsa. Uma mãe pode dizer que é muito amorosa e está envolvida com seu filho, e pode obter considerável reconhecimento do mundo por isso, mas a criança sente um buraco em sua alma quando o amor da Mamãe não é genuíno. Não importa quanto a Mãe fale ou quanto ela seja impecável em relação ao cuidado físico; se não houver um senso real de contato e cuidado, a criança não vai vivenciar a Mãe como fonte de nutrição.

Como a primeira linguagem de uma criança é o toque, muito será comunicado pelo modo como a mãe segura a criança e cuida dela, além do modo como ela continua a tocar seu filho enquanto ele cresce. O toque comunica cuidado e amor verdadeiros ou simplesmente cumpre uma tarefa?

A principal mensagem associada com essa função é "eu amo você". Isso é crucial para o desenvolvimento da autoestima. Quando está presente, a criança pensa: *A Mamãe me ama, então eu sou alguém.*

Sua mãe como nutridora

- Você se sentia amado por sua mãe quando era criança? Quais lembranças corroboram isso?
- O que você como adulto sabe sobre isso? Talvez você reconheça que ela o amava, mas era seriamente limitada em sua capacidade de expressão, ou que ela era incapaz de amar. Ou talvez você perceba que era incapaz de deixá-la chegar perto.
- Em uma escala de 1 a 10 (com 10 sendo extremamente nutridora), onde você colocaria sua mãe em termos de ser nutridora? Como ela nutriu os outros?

Mãe como espelho

A função de uma mãe de oferecer reflexo é uma das mais importantes. É assim que as crianças se sentem conhecidas e passam a conhecer a si mesmas.

O espelhamento acontece verbal e não verbalmente e em vários níveis. O primeiro é aquele em que as crianças se sentem contatadas, encontradas. Quando uma criança se sente vista, ela consegue se reconhecer como uma pessoa em desenvolvimento. Se a criança se sente invisível ou não notada, muitas vezes sentirá que não é totalmente real. Então, a mensagem mais fundamental do espelhamento é "eu vejo você – e você é real".

Os psicólogos e outros profissionais que estudam o desenvolvimento humano relatam que aquelas qualidades que são reconhecidas em uma criança se desenvolvem, enquanto as que não o são muitas vezes murcham. Pense na maneira como as crianças aprendem a linguagem: como os linguistas observaram, as crianças começam fazendo sons de muitos, muitos idiomas, mas apenas os sons que são parte do idioma dos pais são reforçados, e os outros sons desaparecem do vocabulário da criança. Do mesmo modo, emoções, comportamentos e qualidades que não são vistos, não são apoiados ou deixam de se desenvolver ou ficam ocultos.

O espelhamento verbal envolve dizer coisas como "Você está mesmo bravo!" ou "Você está triste agora". O espelhamento verbal ajuda uma criança pequena a identificar os sentimentos e ajuda as pessoas de todas as idades a se sentirem ouvidas. O processo não se limita a sentimentos, as qualidades também são espelhadas. "Você é uma menina bonita" e "Nossa, como você é esperto!" são outros exemplos.

Antes de a criança desenvolver a linguagem, o espelhamento é muito mais físico. Isso envolve imitar as expressões da criança: rir quando a criança ri, franzir as sobrancelhas quando a criança franze o rosto, e assim por diante. Como o bebê não pode refletir nem sentir a si mesmo nesse estágio inicial, ele precisa de um espelho em que possa se ver.

A mensagem básica de "eu vejo você" é modificada pelo tom de voz. Ela pode ser "eu vejo você, e você é bom" ou "eu vejo você, e você é ruim". Podemos chamar o primeiro de espelho da admiração e o segundo de espelho da vergonha. Um espelho da admiração nos ajuda a ficar em pé, a sentir orgulho de nós mesmos, a sentir que temos o direito de estar aqui e que é bom estar aqui. Nosso senso de valor deriva em grande medida desse espelhamento positivo. O espelho da admiração (quando é sincero e realista) nos ajuda a desenvolver o autorrespeito.

Para que nos sintamos realmente vistos, o espelhamento precisa ser exato. Um espelhamento distorcido pode ter diversos resultados. Um é se conformar ao que os outros acreditam a seu respeito, com a mensagem de que você é de aprendizagem lenta ou é um criador de problemas. Além disso, o espelhamento distorcido pode levar a uma tentativa contínua de conseguir um espelhamento preciso. Algumas crianças e adultos ficam irritados quando não são vistos de modo acurado e se esforçam muito para se fazer entender. Outros desistem e se sentem invisíveis. A admiração, poderosa como é, associada com o espelhamento distorcido, não atinge o alvo e, assim, não faz nenhum bem.

Um refinamento da Mãe como espelho é quando a Mãe atua como uma bússola. Nesta função, a Mãe conhece você tão bem que ela aponta quando você não está sendo verdadeiro consigo mesmo, dizendo essencialmente: "Você não é realmente assim". Quando somos crianças, experimentamos muitas fantasias diferentes enquanto estamos nos conhecendo e pode ser útil ter alguém que nos conhece tão bem que pode (na hora certa) dizer "Isso não combina com você, querido". Uso a palavra *bússola* porque, neste papel, a Mãe nos oferece um reflexo quando estamos saindo do rumo e parece saber qual é o nosso "verdadeiro norte".

O espelhamento é tão importante que uma falta de espelhamento muitas vezes leva a um anseio por ele que dura toda a vida.

Sua mãe como espelho

- Você sente que sua mãe via você como verdadeira? O que lhe dá essa impressão?
- Qual expressão não verbal surge na lembrança da resposta que sua mãe dava a você? (o tom de voz também está incluído nesta categoria). O que as expressões não verbais comunicavam?
- Ela era boa em nomear verbalmente e refletir para você seus sentimentos e necessidades? Se não era, você tem alguma ideia do motivo?

(continua)

> ### Sua mãe como espelho (continuação)
>
> - Quais aspectos ela espelhava melhor e quais aspectos ela perdia? (por exemplo, ela pode ter reconhecido sua inteligência, mas não seus sentimentos).
> - Sua mãe conhecia você bem o bastante para ser uma bússola, reconhecendo quando você não estava sendo verdadeiro com *sua* própria natureza?

Mãe como líder de torcida

Quando a Mãe está funcionando como líder de torcida, ela oferece incentivo. Isso tem algumas semelhanças com a Mãe como um espelho da admiração. O papel é expandido aqui para incluir incentivo, elogio e apoio mais ativos. A mensagem é "Você consegue fazer isso! Eu sei que consegue. Estou aqui com você".

Este apoio e incentivo são muito importantes durante o estágio da exploração (dos 18 meses até 3 anos), quando a criança está se movimentando no mundo pela primeira vez. Precisamos de alguém que esteja não só atrás de nós, mas que também esteja ativamente conosco. Em *Giving the Love That Heals: A Guide for Parents,* os autores Harville Hendrix e Helen Hunt descrevem como uma boa mãe faz isso. "Ela é consistentemente calorosa e disponível, dando tempo para que a criança satisfaça sua curiosidade e a compartilhe. Ela elogia os sucessos e aplaude as descobertas. Ela cria oportunidades para que ele descubra mais do que poderia descobrir sozinho e faz um esforço consciente para que essas explorações sejam divertidas e cheias de riso".[1]

As mensagens de líder de torcida podem também assumir a forma de "estou com você" ou "estou bem aqui" – mensagens que são úteis quando estamos pisando no mundo com pés vacilantes.

---

1 Harville Hendrix, PhD, e Helen Hunt, MA, MLA, *Giving the Love That Heals: A Guide for Parents* (Nova York: Pocket Books, 1997), p. 214.

Todos precisamos de líderes de torcida em diferentes momentos da vida. É especialmente útil quando nos sentimos intimidados por uma tarefa. Nos casos em que talvez não tenhamos todas as habilidades necessárias, isso é mais útil quando acompanhado pela função da Mãe como mentora, que abordarei a seguir.

Uma mãe pode ter dificuldade em ser líder de torcida por várias razões. Ela pode ter tido uma maternagem tão inadequada e tão pouco apoio que não saiba como ser líder de torcida; ela pode estar mais focalizada em suas próprias necessidades de apoio; ela pode não perceber as necessidades de seu filho, ou ela pode se sentir ameaçada por suas conquistas e sua autonomia crescente. Ela também pode estar preocupada ou deprimida demais para ter a energia para ser líder de torcida.

O incentivo deve ser personalizado para a criança e precisa ser realista. Se houver incentivo, mas não suporte suficiente, ou se o incentivo for acompanhado por expectativas irreais, ele pode ser vivenciado como pressão. Incentivo por coisas que já estão dominadas, por outro lado, pode fazer com que nos sintamos tratados com condescendência, como se a Mãe não estivesse prestando atenção e não visse nossa capacidade.

Quando a Mãe não celebra nossos sucessos comuns, podemos nos sentir invisíveis e achar que temos de realizar coisas extraordinárias (boas ou más) para chamar a atenção dela.

Sua mãe como líder de torcida

- Você acha que sua mãe estava disponível e era capaz de apoiar sua descoberta do mundo?
- Como sua mãe demonstrava entusiasmo pelas suas realizações?
- Você acredita que sua mãe confiava em você? (você pode ter a sensação de que ela acreditava na sua capacidade, mas não sabia agir como líder de torcida).
- Você pode pensar em um momento quando precisou de mais incentivo para fazer alguma coisa? O que você gostaria de ter ouvido?

Mãe como mentora

Imagine como seria assustador para uma criança de quatro ou cinco anos se alguém a pusesse numa bicicleta e simplesmente fosse embora. Quando a Mãe está presente como mentora, ela funciona de modo parecido com as rodinhas laterais. A função das rodinhas é ajudar a ter firmeza enquanto você aprende, fornecer apoio para que você não caia de cara no chão.

A função que estamos focalizando agora é de apoio e orientação – ajuda calibrada. Também podemos falar da Mãe como professora ou guia. A tarefa, em alguns momentos, pode incluir ser um modelo, como quando se mostra a uma criança como andar de bicicleta. A psicóloga do desenvolvimento e autora Louise Kaplan usa a analogia de um assistente de palco no teatro. O assistente de palco ajuda nos bastidores de modo a permitir que os outros tenham sucesso ao representar. A Mãe como mentora fornece apoio e orientação suficientes para que desenvolvamos nossas capacidades.

Aqui, a Mãe é professora não apenas de algum assunto isolado, mas de um currículo muito mais amplo. Ela orienta a criança para ser bem-sucedida ao viver no mundo. Ela ensina a criança a se relacionar com os outros, a tomar boas decisões e a gerenciar tempo, cumprir responsabilidades e perseguir objetivos. A Mãe, nesse sentido, é a primeira "técnica de habilidades de vida". Cada uma dessas capacidades é importante, e qualquer mulher específica pode ser melhor ao ensinar umas do que outras.

Uma mãe será mais competente em algumas áreas da vida do que em outras, e também será ajudada ou atrapalhada por suas habilidades didáticas. Ela está suficientemente à vontade ao verbalizar e consegue traduzir habilidades em palavras ou ela só ensina pelo exemplo? As explicações dela são claras e específicas para as necessidades e o nível de desenvolvimento da criança? Um bom mentor não passa simplesmente pela vida na esperança de que os outros captem aquilo que ele sabe, mas está ativamente envolvido em ajudar os outros a aprender. Ela está sintonizada o suficiente para notar quais habilidades são necessárias e tem paciência suficiente para ensiná-las.

Todos sabemos que você pode ajudar demais ou muito pouco. Se ajuda demais, você assume e priva a outra pessoa da chance de aprender; se ajuda muito pouco, a pessoa se sente sobrecarregada e sozinha. Nossos esforços devem ser calibrados pelas necessidades daqueles que estamos ajudando. No caso da criação infantil, eles também devem ser adequados à idade. Uma coisa é ajudar uma criança com a lição de casa ou falar com a professora no início do primeiro grau, quando algum tipo de intervenção é necessário, e outra inteiramente diferente é ligar para o chefe de seu filho adulto quando você acha que ele recebeu responsabilidades demais.

A orientação da Boa Mãe respeita as limitações da criança sem atrair atenção para elas e sem uma atitude de que a criança deveria estar um passo adiante de onde está. A orientação habilidosa parece reconfortante em vez de controladora ou invasiva.

Eu acrescentaria mais um requisito para a Mãe como mentora: entender as necessidades de desenvolvimento e capacidades de seu filho.

Muitos dos pais que têm as reações mais críticas e punitivas para com seus filhos são aqueles que esperam demais e acham que a criança está sendo intencionalmente teimosa – digamos, quando ela não tem a coordenação motora fina necessária para beber um copo de leite sem derramar.

Assim, ser um bom mentor exige várias coisas:

- Ter desenvolvido as próprias habilidades.
- Ser capaz de dividir uma tarefa de aprendizagem em partes e ensinar cada etapa com instruções verbais claras e / ou demonstração.
- Estar sintonizado com as necessidades do outro.
- Ter o tempo e a paciência necessários para ser mentor.

Esta função tem uma boa superposição com a Mãe como líder de torcida: todos nós precisamos de incentivo e reforço positivo para aprender.

Sua mãe como mentora

- Em quais áreas sua mãe estava mais envolvida em ser sua mentora?
  - Relacionamento com os colegas.
  - Aprender a falar e a articular sua experiência.
  - Entender e gerenciar os sentimentos.
  - Higiene e aparência pessoal.
  - Aprender a lidar com dispositivos, ferramentas, tecnologia.
  - Mostrar respeito pelos outros ("boas maneiras").
  - Aprender várias habilidades sociais.
  - Educação religiosa ou espiritual.
  - Desenvolver habilidades acadêmicas.
  - Aprender a assumir responsabilidade.
  - Atletismo ou boa forma.
  - Bons hábitos de saúde.
  - Artes e artesanatos.
  - Habilidades domésticas.
  - Pensamento crítico.
  - Ensinar você a ser assertivo e a se defender.
  - Lidar com decepções e frustrações.
- Onde você precisava de mais mentoria do que recebeu?
- A ajuda dela era calibrada de acordo com as suas necessidades? Ela ajudava demais ou muito pouco?
- Quais atitudes eram comunicadas pela ajuda dela? (por exemplo, que você era um incômodo, que ela o valorizava e queria ajudar, que você pode precisar de ajuda e ainda assim merecer respeito, que você aprendia devagar ou aprendia depressa, que ela gostava de ensinar você...).

Mãe como protetora

O modo como a mãe oferece proteção para a criança varia com os diferentes estágios de desenvolvimento. No início, envolve oferecer um espaço seguro e fechado. O útero é esse espaço inicial, e o relacionamento simbiótico (indiferenciado) é o segundo. Nesse espaço, a criança não se sente separada, e as qualidades da mãe e seus sentimentos pela criança fazem parte do ambiente em que o bebê existe. A criança se sente segura ali.

Com a separação vem o perigo. Na melhor das circunstâncias, a Mãe está ali oferecendo proteção. Uma criança muito pequena muitas vezes sente a Mãe como onipotente. Ela afasta a escuridão, manda embora as crianças barulhentas e os cães que latem. Se a mãe protege consistentemente a criança de estímulos intrusos e intensos demais, a criança se sente segura. A Mãe aqui está se transformando de um espaço seguro em uma mamãe ursa.

Com mais desenvolvimento, a criança ganha autonomia e a liberdade para andar e explorar, mas a mãe nunca está muito distante e, ao primeiro sinal de perigo, está ali, protegendo ferozmente seus filhos. A mensagem associada com essa função é "eu vou manter você em segurança".

Mais tarde ainda, a criança é enviada ao mundo e seu conjunto de regras e limites que são como uma cerca invisível, cujo objetivo é mantê-la fora de perigo. Se as crianças não aprendem essas regras de uma maneira que possam aceitá-las ou se rejeitarem as regras como parte da rejeição do controle paterno, elas são lançadas à deriva, apenas com o próprio julgamento, muitas vezes insuficiente, para protegê-las. Para desempenhar plenamente esse papel de protetora, a mãe deve ensinar seus filhos sobre limites e autoproteção.

É claro que uma mãe também pode ser superprotetora, sem permitir que seus filhos tenham o espaço de que precisam para experimentar o mundo, ou ela pode ser protetora de maneiras que comuniquem sua falta de confiança na capacidade da criança ou, talvez, sua própria desconfiança em relação ao mundo. O fato de a Mãe desempenhar bem esse papel de protetora não pode ser reduzido apenas a *se* ela forneceu proteção, mas deve também incluir *como* ela a forneceu.

Sua mãe como protetora

- Quais sentimentos você sente ao imaginar sua mãe como um espaço seguro?
- De que frustrações e perigos ela não o protegeu adequadamente?
- Você consegue identificar as maneiras como ela o protegeu?
- Sua mãe lhe ensinou a se proteger? Em que tipo de situações?
- O que você queria que ela tivesse lhe ensinado sobre autoproteção que ela não ensinou?
- O modo como ela o protegia parece mais reconfortante ou mais sufocante? Ele parece amoroso?

Mãe como porto seguro

A mensagem associada com isso é "estou aqui para você". Quando você realmente absorve isso, então, mesmo na idade adulta, você terá a referência da Mãe como o lugar para onde você sempre pode voltar para se realimentar, obter conforto ou apoio. Quando o mundo o derruba, quando seu casamento desmorona, quando seus sentimentos são feridos, você sempre pode se voltar para a Mãe. Isso é similar ao período de desenvolvimento chamado *reaproximação*, em que a criança é separada da Mãe pela primeira vez, aventurando-se no mundo, mas vai e volta, vai e volta, retornando à Mãe para realimentação psicológica.

A Mãe é o nosso primeiro porto seguro, mais tarde substituída (ou parcialmente substituída se ela mantiver esse papel) pelos relacionamentos posteriores e pelo que nós identificarmos como *lar* – a comunidade, o país, um lugar ou outra coisa.

Se a Mãe não estiver consistentemente disponível, estiver absorvida em si mesma ou em outro lugar, for errática ou instável ou incapaz de estar emocionalmente presente para a criança, então nós não a vivenciamos como o porto seguro. Não existe o colo da Mãe. Isso pode aparecer na vida adulta como a dificuldade de estabelecer um senso de lar.

Sua mãe como porto seguro

- Pode ter havido momentos, na infância e na idade adulta, em que você procurou sua Mãe para obter ajuda. O que aconteceu?
- Se você não se sente à vontade ao procurá-la, observe a sensação que isso provoca em seu corpo e quais autoproteções surgem. O que suas vozes internas dizem?

Quando qualquer uma dessas funções essenciais falta, isso deixa um buraco em nosso desenvolvimento. Entender quais buracos existem é o primeiro passo para, em algum momento, preencher esse vazio. Vamos voltar à questão de compensar déficits específicos mais adiante neste livro.

O trabalho com este capítulo pode ter feito você se sentir um pouco abatido. A grande maioria das pessoas com maternagem inadequada conheceu poucas, ou nenhuma, dessas faces da Boa Mãe. Não se desespere! Nenhum desses buracos precisa ser permanente. Embora seja verdade que eles provavelmente não serão preenchidos pela mãe com quem você cresceu, podemos vivenciar todas essas funções em algum outro lugar em nossa vida adulta.

3

Apego: nossa primeira base

Nossa primeira tarefa interpessoal na vida é formar um vínculo com nosso cuidador primário que, na maioria dos casos, é a nossa mãe. Isso é essencial para nossa sobrevivência, pois quando bebês somos totalmente dependentes de alguém para suprir nossas necessidades básicas. A palavra *apego* é usada mais frequentemente para se referir a esse vínculo, e tem havido muitas pesquisas sobre comportamentos e "estilos" de apego. O apego tem um impacto significativo sobre o desenvolvimento de nosso cérebro, saúde mental e relacionamentos futuros.

Embora o relacionamento de uma criança com sua mãe não seja o único a contribuir para essas coisas, ele é a influência original e, na maioria dos casos, a principal. Felizmente, também podemos formar apegos seguros com pais, avós, babás, funcionárias de creche e outras pessoas em uma função de cuidadora, e podemos formar apegos seguros na vida adulta com figuras maternas, terapeutas, amigos e companheiros, colhendo assim muitos dos benefícios que nos faltaram antes.

Como nos tornamos apegados, e o que é apego seguro?

O apego começa no primeiro relacionamento da vida, o relacionamento com a Mãe. Esse relacionamento começa cedo, até mesmo antes do nascimento, mas é certamente moldado pelas primeiras horas, semanas e meses de vida. Ele pode ser intensamente influenciado pelas circunstâncias do nascimento, incluindo a prontidão dos pais e o desejo pelo bebê, o estado mental e emocional da mãe na hora do parto, e os procedimentos do parto (estudos mostram que mães que dão à luz por cesariana demoram mais para estabelecer um vínculo de apego com seus bebês).[1] Até mesmo os níveis hormonais das mães revelaram impactos – níveis mais altos de oxitocina estão relacionados a mais comportamentos de apego por parte das mães.[2] Muitos ingredientes diferentes contribuem para a qualidade do apego entre mãe e filho.

O apego é construído por meio da sintonia e do cuidado. No relacionamento bebê-mãe, ele é criado principalmente pelas necessidades do bebê (expressas nos chamados comportamentos de apego) e pelas respostas da mãe a essas necessidades. Na verdade, as respostas da mãe, sua consistência e qualidade, são o ingrediente principal.[3]

A pesquisa indica que o apego é criado não só pela satisfação das necessidades físicas imediatas do bebê, mas também pela *qualidade* dessas interações. O bebê olha para a Mãe que, por sua vez, olha para o bebê, e algo se passa entre eles: um sorriso, um movimento de espelho, uma dança sincronizada muito abaixo do nível da consciência.

Os comportamentos mais importantes do cuidador, associados com o apego seguro, são os seguintes:

---

1 As cesarianas têm sido correlacionadas com uma falha no apego mãe-bebê. As mães que dão à luz por cesariana "demoram mais para começar a interagir com seus bebês, têm menos reações positivas a eles depois do parto e interagem menos com eles em casa. Em um estudo, um mês depois da cesariana, as mães tinham muito menos contato visual com seus bebês". Susan Kuchinskas, "The Mother/Baby Attachment Gap", acessado em www.hugthemonkey.com/2006/10/the_motherbaby_.html em 25 de abril de 2008.

2 Isso se baseia em um estudo dos níveis maternos de oxitocina (algumas vezes chamado de hormônio do amor) durante a gravidez, que revelou que as mães com níveis mais altos "olhavam seus bebês por mais tempo, tocavam seus bebês carinhosamente, tinham expressões positivas enquanto interagiam com o bebê e relataram ir ver como o bebê estava com mais frequência do que as mães com níveis mais baixos de oxitocina durante a gravidez". Miranda Hitti, "Hormone May Help Mom and Baby Bond: Pregnancy Levels of the Hormone Oxytocin May Influence Mother-Child Bonding", *WebMD Medical News,* 16 de outubro de 2007, acessado em webmd.com/parenting/baby/news/20071016/hormone-may-help-baby-bond em 5 de abril de 2008.

3 Isso muda um pouco com bebês que têm problemas sensoriais e neurológicos significativos que interferem com sua capacidade de demonstrar comportamentos de apego. Com a intervenção correta, essas diferenças podem ser superadas e, mais uma vez, o comportamento da mãe é crucial.

- Responder às necessidades físicas e emocionais da criança de maneira rápida, consistente e sintonizada.
- Responder às tentativas de proximidade da criança de uma maneira acolhedora. A mãe precisa se aproximar da criança que a busca, não se afastar nem fornecer apenas uma recepção fria. Ela precisa demonstrar que também quer essa proximidade.
- Sintonizar os estados emocionais da criança e demonstrar empatia.
- Olhar a criança com amor. Um pesquisador relatou que esse é o elemento mais crucial no desenvolvimento da parte do cérebro responsável pelos comportamentos sociais.[4]

Quando sabemos que podemos procurar a Mãe e nossas necessidades serão satisfeitas e nossos sentimentos serão entendidos e acolhidos, nós nos sentimos *seguros* nesse relacionamento. Afirmei isso considerando como uma criança mais velha pode vivenciar, mas o padrão é estabelecido em grande medida durante o primeiro ano de vida, quando nosso conhecimento ocorre em um nível muito mais primitivo. A Mãe ou está lá ou não está quando choramos; ela cuida de nossas necessidades ou não cuida. No modelo de desenvolvimento do psicólogo Erik Erikson, isso se relaciona ao senso básico de confiança ou desconfiança que desenvolvemos no primeiro ano de vida. Quando o mundo (geralmente na pessoa da Mãe) satisfaz nossas necessidades consistentemente, desenvolvemos a confiança de que teremos aquilo de que precisamos, e o mundo é percebido como um lugar seguro. É isso que muitos atualmente chamam de *apego seguro*.

Existe uma quantidade significativa de evidências de que, se um apego seguro for criado nesses primeiros meses e não for interrompido (por perda, por separações que sejam demais para a criança ou por perda de sintonia), ele tenderá a ser consistente durante toda a infância.

---

4 Allan Shore, citado em Sue Gerhardt, *Why Love Matters: How Affection Shapes a Baby's Brain* (Nova York: Brunner-Routledge, Taylor & Francis Group, 2004), p. 41.

Por que o apego é tão importante?

O vínculo de apego, que é a "cola" entre a criança e a figura de apego, é crucial para muitas áreas de desenvolvimento.

Primeiro, ele afeta muito naturalmente a autoestima. "Indivíduos seguros aprendem a se perceber como fortes e competentes, valorosos, dignos de amor e especiais – graças a serem valorizados, amados e vistos como especiais por figuras amorosas de apego."[5] Eles têm pontuação mais alta em todas as medidas de autoestima.[6]

Em segundo lugar, o apego seguro nos dá o que é chamado de uma base segura, que significa exatamente o que você pensou: a segurança necessária para sair no mundo e explorá-lo. Quando não sentimos essa segurança, estamos menos prontos para sair do ninho ou mesmo para olhar dentro de nós mesmos e, assim, somos atrapalhados em nosso desenvolvimento.

A autora e terapeuta Susan Anderson descreve como o apego seguro permite uma independência final:

> Quando era uma criança pequena, você precisava se conectar a fim de seguir em frente. Quando era um bebê, você dependia de sua mãe para lhe dar a nutrição de que precisava, e sua atenção se focalizava quase exclusivamente nesse relacionamento. Quando era uma criança de 3 ou 4 anos, ela se tornou um objeto do fundo conforme você começou a se desenvolver e a funcionar mais independentemente... Se alguma coisa interferiu nesse desenvolvimento – se a Mamãe teve de ser hospitalizada por um longo tempo – sua capacidade de funcionar de modo independente pode ter sido atrasada.[7]

---

5 Mario Mikulincer e Phillip R. Shaver, *Attachment in Adulthood: Structure, Dynamics, and Change* (Nova York: Guilford Press, 2007), p. 38.

6 Karen, Becoming Attached, p. 238.

7 Susan Anderson, *The Journey from Abandonment to Healing* (Nova York: Berkeley Books, 2000), pp. 77-78.

Anderson continua e explica que, quando sua necessidade de apego é frustrada, ela se torna primária; quando satisfeita, ela se mistura com o pano de fundo. Tanto crianças quanto adultos com apego seguro não estão presos em conseguir que as outras pessoas os vejam ou os apoiem, e podem se concentrar em satisfazer outras necessidades.

Além de fornecer uma base segura a partir da qual se pode explorar o mundo e cuidar de outras coisas, o apego se correlaciona com diversos efeitos em longo prazo. Os estudos mostram que crianças com apego seguro têm mais flexibilidade emocional, funcionam melhor socialmente e têm capacidades cognitivas melhores.[8] Elas têm mais iniciativa.[9] Como crianças do segundo ciclo do ensino fundamental, elas lidam melhor com frustações e desafios e, quando começam a se atrasar, elas se esforçam mais em vez de desistir como fazem as crianças inseguras.[10] Crianças seguras transformam-se em adultos bem ajustados com a capacidade de formar apegos seguros e regular suas emoções, e têm uma visão positiva do mundo.[11]

Em contraste, vários estudos sugerem que as diversas formas de apego inseguro podem ser associadas com rigidez emocional, dificuldade em relacionamentos sociais, déficits de atenção, dificuldade em entender o pensamento dos outros e riscos diante de situações estressantes.[12]

O último item ocorre porque a resposta de estresse é menos saudável naqueles com apego inseguro. A resposta de estresse tem um papel em nossa suscetibilidade a muitas doenças mentais e físicas. A resposta de estresse é mediada pelo hormônio cortisol, e as crianças com apego inseguro estão em desvantagem porque têm um excesso desse hormônio em circulação. Níveis altos de cortisol têm sido associados com depressão,

---

8 Daniel J. Siegel, "Toward an Interpersonal Neurobiology of the Developing Mind: Attachment Relationships, 'Mindsight,' and Neural Integration", *Infant Mental Health Journal* 22, no. 1: p. 77 (citando Cassidy e Shaver, 1999).

9 Wallin, Attachment in Psychotherapy, p. 22.

10 Ruth P. Newton, PhD, citando a pesquisa de 2005 feita por L. A. Sroufe, B. Egeland, E. Carlson e W. A. Collins, em *The Attachment Connection: Parenting a Secure and Confident Child Using the Science of Attachment Theory* (Oakland, CA: New Harbinger Publications, 2008), p. 27.

11 Shirley Jean Schmidt, MA, LPC, citando Siegel, "Toward an Interpersonal Neurobiology", em *The Developmental Needs Meeting Strategy* (San Antonio: DNMS Institute, 2006), p. 17.

12 Siegel, "Toward an Interpersonal Neurobiology", p. 77.

ansiedade, tendências suicidas, distúrbios alimentares e alcoolismo. Cortisol demais pode prejudicar partes do cérebro responsáveis por recuperar informações e pensar com clareza.[13] Também se acredita que o cortisol elevado contribua para a insônia.

Os pesquisadores têm estudado como as interações que são a base do apego seguro afetam o desenvolvimento e o funcionamento do cérebro.[14] A área do cérebro mais envolvida nos comportamentos sociais complexos (tanto que às vezes é chamada de cérebro social) é especialmente sensível a essas primeiras interações. Isso vai parecer uma simplificação, mas essas interações de cuidados sintonizadas na verdade ampliam essa parte de nosso cérebro responsável por capacidades sociais importantes e inteligência social.[15]

Então, considerando tudo, desde o crescimento de neurônios até o senso de autoestima, a segurança de nosso apego é muito importante. Alguns consideram que essa é a mais crucial de todas as necessidades da infância.

Como você pode saber se era apegado de modo seguro a sua mãe?

Você não tem como saber precisamente como era o relacionamento com sua mãe em seus primeiros anos, mas aqui estão algumas pistas importantes:

- Momentos de seu relacionamento inicial que foram capturados em lembranças.
- Seus sentimentos atuais sobre seu relacionamento inicial com sua mãe.
- Os padrões de relacionamento em toda a sua vida e, especificamente, sua capacidade de formar vínculos fortes com os outros.

---

13 Gerhardt, *Why Love Matters,* pp. 65-79.

14 Os livros que detalham este ponto tendem a ser bastante técnicos. Os autores a pesquisar incluem Allan Schore, PhD, e Daniel J. Siegel, MD. A versão mais acessível da pesquisa pode ser encontrada em *Why Love Matters* de Sue Gerhardt.

15 Gerhardt, *Why Love Matters,* pp. 38,44.

Como este último item é complexo, vai demorar algum tempo para obter uma imagem clara dele. Primeiro, vamos explorar seu relacionamento inicial com sua mãe:

- Você tem lembranças de momentos de proximidade, de ela segurar você com amor, sorrindo e expressando afeto? Se sim, eles parecem ser momentos que eram a exceção ou a regra?
- Você tem lembranças de procurar sua mãe em momentos de necessidade? Que tipos de necessidades? Isso é representativo de necessidades típicas da infância? Como sua mãe respondeu?
- Tanto quanto você pode lembrar, ou examinando seus sentimentos em relação à pergunta, suas tentativas de proximidade eram bem-vindas?
- Que descrições você ouviu sobre si mesmo como um bebê ou criança pequena?

Você talvez não seja capaz de lembrar muita coisa sobre seus primeiros relacionamentos, mas seus sentimentos e impulsos muitas vezes são pistas, sobras de interações que você não consegue lembrar conscientemente. Eles têm algo para lhe ensinar. Ouça, se puder.

E se você não era apegado de modo seguro? Como seria isso?

Se não tinha um apego seguro, você está em uma companhia numerosa. A pesquisa indica que cerca de um terço das crianças vivencia um apego inseguro, que tende a ser transmitido de uma geração para a próxima.[16] Esse número sobe para a metade entre as crianças cujas mães eram depressivas.[17]

Diversos "estilos" de apego inseguro foram descritos. Como os vários autores no campo usam termos diferentes para descrever esses estilos, as coisas às vezes ficam confusas. Para cada estilo, escolhi o termo descritivo

---

16 Estudos de crianças de classe média mostram taxas levemente mais baixas de apego inseguro, por volta de 30%, enquanto estudos de todas as crianças norte-americanas chegam perto de 38%. Karen, *Becoming Attached, pp.* 220, 224.

17 Ibid., p. 329.

que parece mais fácil de lembrar e incluí os termos equivalentes que pesquisadores mais conhecidos usaram.

Estilo autossuficiente

A mais ampla das categorias de apego inseguro é um estilo que foi chamado por vários nomes – *autossuficiente compulsivo* (Bowlby), *evitante* (Ainsworth) e *desdenhoso* (Main, referindo-se a este estilo em adultos).

Quando a mãe é consistentemente rejeitadora, ou não responsiva, e emocionalmente indisponível, a criança desiste, aprende que é fútil ou perigoso ter necessidades em relacionamentos e, em consequência, desliga suas necessidades e sentimentos de apego. Isso é a essência deste estilo.

Mais especificamente, descobriu-se que as mães de crianças evitantes:

- Rejeitam as necessidades de apego do bebê e os comportamentos que o bebê usa para tentar conseguir apego.
- Ficam pouco à vontade ou hostis diante de sinais de dependência.
- Não gostam de contato afetivo face a face.
- Evitam mais contatos de abraços e contato físico.
- Demonstram menos emoção.[18]

Quando as mães não demonstram prazer ao segurar seu bebê, os bebês parecem desligar seu desejo mais natural de ser abraçado. Quando seguros no colo, eles tendem a ficar moles como um saco de batatas.

Essas crianças "desligaram o desejo". É claro que você não pode desligar totalmente o desejo; você só se desconecta da percepção dele. Seu desejo fica relegado ao inconsciente, onde permanece em uma forma muito primitiva e tem um senso de grande urgência ligado a ele.

As crianças nessa situação percebem que os pais não querem lidar com suas necessidades e sentimentos, e aprendem a ocultar suas emoções. A mesma criança que ficava mole como um saco de batatas quando era bebê é a criança em idade escolar que responde com monossílabos quando a

---

18 Ibid., pp. 155,373, citando Ainsworth e também Main.

Mãe pergunta sobre seu dia e que não se deixa abraçar pela Mãe. Essa criança não vai procurar ajuda na Mãe. Mesmo que a Mãe queira se conectar com o filho mais tarde, a criança agora está em guarda, escondida atrás de uma parede.

Cortar sentimentos tem custos. Sem que o cuidador note e responda aos sentimentos, as crianças – e mais tarde, os adultos – terão dificuldade em notar seus próprios sentimentos e colocá-los em palavras. Eles também não serão bons em ter uma compreensão das nuances dos sentimentos das outras pessoas.[19] Como você pode imaginar, a falta de percepção dos sentimentos e de conversas sobre os sentimentos será um obstáculo nos relacionamentos íntimos da vida adulta, em que eles parecerão mais encobertos e cortados. Como acontece com o desejo, os sentimentos não desaparecem, mas espreitam por baixo da consciência.

As pessoas que têm predominantemente esse estilo de apego desligaram suas necessidades de apego e, como sugere um pesquisador, se tornaram surdas aos sinais relacionados ao apego.[20] É melhor ser tão autossuficiente quanto possível. Uma pessoa com esse estilo é mais defendida nos relacionamentos e tende a não permitir muita proximidade. Deixar que os outros se aproximem o suficiente para desenvolver sentimentos de apego reais, mesmo muito mais tarde na vida, parece assustador; isso é próximo demais da dor insuportável de se sentir rejeitado quando bebê, quando se era tão completamente dependente.

Estilo preocupado

Outra expressão de apego inseguro consiste no que mais tradicionalmente consideramos como comportamentos inseguros, como carência, precisar de tranquilização e sempre desejar mais proximidade. O principal medo nesse padrão é de que a figura de apego parta, o que podemos chamar de medo do abandono. É claro que o tipo autossuficiente também

---

19 Gerhardt, *Why Love Matters,* p. 93.
20 Mary Main, citado em Karen, *Becoming Attached,* p. 224.

teme o abandono, mas se protege não deixando que o relacionamento pareça tão importante quanto é.

Esse segundo estilo foi chamado de *apego ansioso* (Bowlby), *busca compulsiva de cuidados, ambivalente* (Ainsworth), *dependente* e *preocupado*. Todos esses nomes refletem uma qualidade importante no padrão. A dependência e a busca de cuidado são óbvios; a ambivalência é um pouco mais complexa. Crianças com esse estilo mostram *tanto* uma necessidade aumentada de proximidade *quanto* uma qualidade raivosa, de rejeição. Na chamada "Situação Estranha", um projeto de pesquisa muito utilizado, crianças de um ano ficam muito perturbadas ao serem deixadas pela Mãe, mas têm dificuldade para aceitar sua ajuda quando ela tenta consertar as coisas. Elas oscilam entre serem muito exigentes e carentes e serem hostis. Escolhi a palavra *preocupado* porque, por meio dos dois tipos de comportamentos, essas crianças (e mais tarde, adultos) estão tão ansiosamente presas à disponibilidade dos outros que isso domina suas vidas.

Esse estilo de apego foi correlacionado com mães que rejeitam com menos consistência do que as mães das crianças autossuficientes, mas não são responsivas o bastante para criar o apego seguro. Algumas vezes, elas estão presentes; outras vezes, não estão. Algumas vezes, elas parecem amorosas; outras vezes, rejeitadoras sem explicação. A criança preocupada (e mais tarde, o adulto) não sabe o que esperar.

Os estilos de apego inseguro são, na verdade, estratégias para administrar as emoções desconfortáveis evocadas pela inconsistência da Mãe, segundo a autora Diana Fosha. "Seu estilo de lidar com a situação – observando a Mãe como um falcão e agarrando-se a ela para se tranquilizar de que ela não vá desaparecer de novo – é sua maneira de gerenciar o medo e a dor associados com a inconsistência."[21]

Infelizmente, as estratégias usadas para garantir o apego desejado muitas vezes afastam as pessoas. Quando chegamos à idade adulta, essas estratégias incluem:

- Maiores necessidades de proximidade.

---

21 Fosha, *Transforming Power of Affect*, p. 52.

- Hipervigilância dos sinais de apego.
- Sempre questionar e testar o compromisso do outro.
- Enfatizar a necessidade e o desamparo a fim de fazer com que os outros não partam.
- Punir os outros por não oferecerem o que é desejado.
- Demonstrar raiva quando as necessidades de apego não são supridas.

Ficar sozinho, especialmente durante momentos difíceis, é perturbador para quem tem apego ansioso, e as pessoas não se sentem bem quando suas figuras de apego vão embora. Em relacionamentos posteriores, elas tendem a se sentir inseguras quando seu parceiro romântico vai embora e têm maior probabilidade de ser ciumentas. Quem tem um estilo de apego ansioso sempre está procurando o amor.[22]

As crianças com esse estilo parecem presas demais nas questões de apego para explorar seu mundo, e existe alguma evidência de que os adultos com esse estilo estão tão preocupados com relacionamentos que isso os faz ter um desempenho fraco.[23]

Algumas vezes, as pessoas exibem elementos de ambos os padrões: por exemplo, alternando entre cortar os sentimentos e mergulhar de cabeça neles, ou agindo de modo desapegado e autossuficiente e, depois, caindo em um padrão dependente. O que é comum a todas as formas de apego inseguro é a falta de confiança de que os outros estarão emocionalmente disponíveis e que se pode confiar na presença deles para dar apoio.

Estilo de cuidador

Outro padrão identificado na teoria do apego é chamado de *cuidado compulsivo*. Nesse padrão, você nega suas próprias necessidades e se concentra nas necessidades da outra pessoa.[24] Você ajuda as outras pessoas (quer elas queiram ou não) como uma forma de ficar perto delas. Isso está

---

22 Kathryn Black, *Mothering Without a Map*, (Nova York: Penguin Books, 2004), p. 64.
23 Karen, *Becoming Attached*, p. 387.
24 Esse foi um padrão identificado pelo pioneiro nos estudos do apego, John Bowlby.

associado com mães que não eram capazes de cuidar de seus filhos, mas gostavam que os filhos cuidassem delas.[25]

A maioria dos teóricos modernos do apego não inclui esse estilo, e existem algumas evidências associando um estilo de cuidador na idade adulta com um estilo preocupado quando criança,[26] o que faz sentido intuitivo, pois ser cuidador é uma forma de manter a conexão.

Estilo desorganizado

Algumas crianças se encaixam em um padrão que é chamado de apego *desorganizado* ou *desorientado*. Aqui, não existe um padrão consistente. Essas crianças exibem comportamentos característicos de um ou mais estilos de apego, alternados com momentos de confusão e medo. Esse é o padrão encontrado na maioria das crianças que sofreram abuso.

É claro que pais abusadores não são apenas abusadores; às vezes, eles oferecem o cuidado necessário. Então, eles são tanto uma fonte de medo quanto uma fonte de tranquilização, e isso é compreensivelmente confuso.[27]

O comportamento da criança é igualmente inconsistente. A criança pode parecer confusa ou apreensiva na presença desse pai ou mãe, e até mesmo atordoada às vezes. Como você pode saber se é seguro procurar a Mamãe se algumas vezes ela o conforta e outras vezes ela parece perder o controle e machuca você? E por que às vezes ela está tão no mundo da lua? (pais negligentes e abusivos muitas vezes são vítimas de traumas que não foram tratados).

O apego desorganizado muitas vezes é encontrado em crianças cujos pais usavam drogas ou álcool ou sofrem depressão crônica.[28]

Essas crianças muitas vezes assumem as funções de cuidador em relação aos pais, abandonando por completo o papel de filho. É uma resposta

---

25 Malcolm L. West e Adrienne E. Sheldon-Keller, *Patterns of Relating: An Adult Attachment Perspective* (Nova York: Guilford, 1994), p. 75.

26 Newton, citando pesquisa de 1999 feita por Belsky, em *Attachment Connection,* p. 29.

27 Main e Hesse, 1990, citados em Siegel, "Toward an Interpersonal Neurobiology", p. 78, e também descrito em outros lugares.

28 Newton, *Attachment Connection*, p. 30.

bem inteligente, se pensarmos a respeito. As crianças nessas situações veem que os adultos não são confiáveis ou não são muito competentes, então assumir a função de provedor é provavelmente mais seguro.

Alguns dos efeitos associados ao apego desorganizado incluem:

- Deficiências marcantes no funcionamento emocional, social e cognitivo.[29]
- Não ser capaz de se tranquilizar.[30]
- Sentir que você é culpado pelo que foi feito a você e que você não tem valor.[31]
- Sentir-se separado do mundo que o rodeia.
- Ser vigilante e desconfiado, evitando intimidade.[32]
- Usar dissociação, distração e/ou agressão ou recolhimento como mecanismos para lidar com dificuldades.[33]
- Menor tamanho cerebral e dano às fibras que conectam os dois lados do cérebro.[34]

Embora o apego desorganizado seja o mais inseguro dos estilos de apego que foram identificados, ele não é a mesma coisa que um *transtorno de apego,* um termo que se refere a uma condição de ausência de apego e, com mais frequência, se refere ao *transtorno de apego reativo* (TAR). Com TAR, a criança não desenvolve um relacionamento de apego com os cuidadores primários nem desenvolve com facilidade relacionamentos com outras pessoas. Isso está associado com grave negligência precoce, abuso, separação abrupta dos cuidadores antes dos três anos e mudança frequente de cuidadores.

---

29 Siegel, "Toward an Interpersonal Neurobiology", p. 78.

30 Daniel J. Siegel, "Attachment and Self-Understanding: Parenting with the Brain in Mind", em *Attachment and Human Survival,* ed. Marci Green e Marc Scholes (Nova York: Karnac, 2004), p. 34.

31 Joan Woodward, "Introduction to Attachment Theory", em *Attachment and Human Survival,* ed. Marci Green e Marc Scholes (Nova York: Karnac, 2004), p. 16.

32 Newton, *Attachment Connection*, p. 30.

33 Ibid.

34 Siegel, "Attachment and Self-Understanding", p. 29.

O que é trauma relacionado ao apego?

Diversos eventos relacionados às figuras de apego são traumáticos para uma criança. Para a criança pequena, ser deixada sozinha é traumático.[35] Uma separação que seja mais do que a criança possa tolerar é traumática. Perturbações significativas no relacionamento de apego ou a perda de uma figura de apego são traumáticas. Abuso físico ou sexual por uma figura de apego é traumático.

Ser abandonado quando criança em momentos de necessidade urgente também é traumático e leva a danos de apego. Um exemplo é contar ao pai que a mãe está abusando de você, e o pai não acreditar ou então ignorar ou subestimar o que você disse e não protegê-lo. Lembre-se, seus relacionamentos com figuras de apego devem lhe ensinar que o mundo é seguro. O apego seguro vem da satisfação de suas necessidades. Não ser protegido ou ser desconsiderado em um estado de emergência será sentido como abandono e, talvez, como uma violação.

O trauma é devastador em qualquer idade (consulte meu livro *Healing from Trauma*), mas quando combinado com uma figura de apego, sua marca é quase indelével.

Talvez você não fosse apegado de modo seguro a sua mãe, mas é mesmo justo responsabilizá-la?

Embora as crianças cheguem ao mundo com diferenças significativas, existe embasamento considerável para a ideia de que o comportamento do cuidador é crucial para formar o apego seguro. Especialmente importante é o fato de que o bebê pode ser apegado de modo seguro a um dos pais e de modo inseguro ao outro. Quando esse é o caso, o bebê claramente tem a capacidade de se apegar, desde que receba responsividade adequada.

Existe evidência de que orientar as mães e ajudá-las a se tornarem mais responsivas para seu filho pode alterar o padrão de apego. Em um curto

---

35 Gerhardt, *Why Love Matters*, p. 147.

período, a melhoria na responsividade sintonizada da mãe leva a um apego cada vez mais seguro em seus filhos.[36]

Responsabilizar a Mãe por nosso apego inseguro não é dizer que ela seja de algum modo ruim ou mesmo que não se importe. Muitas coisas podem estar acontecendo. Por um lado, ela pode amar o bebê, mas sentir medo ou repulsa por ser necessária. Infelizmente, isso muitas vezes leva a um círculo vicioso porque quanto mais ela se afasta ou nega seus cuidados, mais o bebê sinaliza sua necessidade, e essa sinalização de necessidade e a urgência por trás dela podem assustar a mãe. Outros fatores envolvidos incluem não ter habilidade para ler os sinais do bebê, estar preocupada, sobrecarregada ou deprimida; ser insegura e abertamente sensível à rejeição; ou ter tido uma maternagem inadequada quando criança. Se a mãe dela não era capaz de se doar com tranquilidade, nem de se sintonizar com as necessidades dela, se a mãe dela era ocupada ou fria demais, então esse é o padrão gravado nela, e ela o repetirá involuntariamente. Muitas vezes, as pessoas sentem que isso evoca uma ferida profunda e têm dificuldade de tolerar quando os outros recebem o que lhes faltou tão dolorosamente, e as mães também estão sujeitas a isso.

Falaremos adiante sobre chegar a uma compreensão mais objetiva do que estava acontecendo com sua mãe, mas no momento é melhor responsabilizá-la por seu relacionamento inicial e seu estilo de apego do que ficar pensando no que foi que você fez de errado. Mesmo que você fosse parte da dança, como acontece na complexa situação em que mãe e filho espelham o afastamento um do outro, é a mãe, como adulta, que tem a maior responsabilidade de perceber isso e mudar o padrão.

Você ainda pode desenvolver apegos seguros se só fez isso parcialmente no passado? Como isso o ajudaria?

Mesmo que você nunca tenha tido um apego seguro, nunca é tarde demais para desenvolver um. Existem muitos benefícios no apego seguro. Eles incluem:

---

36 Fosha, *Transforming Power of Affect*, p. 54.

- Proporcionar uma âncora no mundo, um lugar em que você esteja conectado.
- Apoiar uma imagem mais positiva das pessoas e um senso mais otimista em relação à sua vida
- Ajudar a construir um senso de segurança que você carrega consigo.
- Oferecer um lugar para descansar, onde você não está sozinho, mas é sustentado por outra pessoa.
- Proporcionar uma plataforma de bons sentimentos que fortalece a autoestima e a confiança.
- Tornar mais provável que você possa buscar ajuda com outras pessoas no futuro para suprir suas necessidades.
- Fortalecer as vias neurais favoráveis e estimular o desenvolvimento do cérebro.
- Melhorar sua capacidade de autorregulação (p. 23).

Desenvolver apegos seguros com outras pessoas confiáveis é importante para curar os déficits que ficaram em virtude de uma maternagem inadequada.

Identificar figuras de apego

Muitas vezes, quando somos adultos, nossas figuras de apego são nossos companheiros íntimos, mas elas também podem incluir terapeutas ou outras pessoas de ajuda, substitutos da mãe e bons amigos. Algumas crianças têm amigos imaginários que, talvez, preencham algumas dessas necessidades, e muitas pessoas – adultos ou crianças – voltam-se para seus animais de estimação para ter um senso de conforto e conexão.

Se você não tiver certeza de quem pode estar funcionando como uma figura de apego para você ou poderia ter esse papel, aqui estão algumas perguntas para fazer a si mesmo:

- Com quem me sinto à vontade quando estou mais perturbado? Quem posso procurar em momentos de necessidade?

- Quem acredito que realmente se importa com o que acontece comigo? Quem se importa comigo por *mim* (e não pelo que eu lhe dou)?
- Se eu estivesse em um estado de dependência quase completa (digamos, depois de um acidente ou doença grave), com quem gostaria de estar?
- Em quem posso confiar para estar consistentemente presente por mim?

Qual é o seu estilo de apego?

Se você ainda não se identificou com um estilo de apego em particular, pode ser interessante ler as descrições a seguir e ver qual delas se parece mais com você. Note que essas descrições se referem a adultos e a relacionamentos íntimos mais do que ao relacionamento mãe-filho.[37] Eu também as limitei a três itens cada. Foram desenvolvidas escalas de pesquisa bastante longas, mas esta pequena amostra pode lhe dar uma ideia.

Estilo A

- Muitas vezes, eu me preocupo que os parceiros românticos realmente não me amem ou não queiram ficar comigo. Posso ficar obcecada e agir com muito ciúme, às vezes, até mesmo em amizades.
- Algumas vezes, meu desejo de intimidade assusta e afasta as outras pessoas.
- Não entendo quando os outros parecem não ver as minhas necessidades. Se eles se importassem comigo, não deixariam que eu me magoasse desse jeito.

Estilo B

- Não gosto de ter que depender dos outros. Parece uma armadilha para se magoar.

---

37 Esses itens vêm de diversas escalas e descrições, incluindo uma medida do estilo de apego adulto desenvolvida por Hazan e Shaver (1987), encontrada em Mikulincer e Shaver, *Attachment in Adulthood*.

- Eu preferiria não mostrar minha vulnerabilidade para os outros. Na verdade, eu preferiria não me *sentir* vulnerável!
- Fico nervoso quando alguém chega perto demais de mim.

Estilo C

- Fico à vontade dependendo dos outros e deixando que dependam de mim.
- Acho relativamente fácil me aproximar das pessoas.
- Confio que os outros estarão presentes (na maior parte das vezes) quando eu precisar deles.

Estilo D

- Eu me aproximo dos outros satisfazendo as necessidades deles.
- Acho que se eu satisfizer as necessidades deles, eles não vão me deixar.
- Não parece haver espaço para as necessidades deles e as minhas.

Se ainda não ficou claro, A é o estilo preocupado, B é autossuficiente, C representa o apego seguro e D é o cuidador compulsivo. Como o apego desorganizado é a ausência de um estilo claro, é muito mais difícil autoidentificar-se usando um instrumento como esse. Se você ainda não se identificou com esses estilos de apego, existem questionários *online* muito mais longos sobre estilo de apego, com uma escala graduada, que lhe dará uma visão muito mais clara de suas estratégias de apego.

Existem muitas formas de investigar mais o seu estilo de apego, e vou mencionar algumas outras coisas que você pode notar na sua vida agora.

Uma coisa interessante é como você responde à percepção de abandono. Algumas das primeiras pesquisas sobre estilos de apego foram feitas com as mães deixando seus filhos por um breve período e depois entrando novamente na sala (a Situação Estranha). As crianças com o estilo mais defensivo e desapegado (autossuficiente) tinham mais dificuldade para se reconectar quando a Mãe voltava. Muitas vezes, elas a ignoravam. Essas crianças comunicavam, em essência: "Ah, você. Você não é importante para mim". Em vez disso, elas se concentravam no que estavam fazendo. As crianças ambivalentemente apegadas (estilo preocupado) tendiam a fazer mais estardalhaço quando a Mãe saía e, no entanto, demonstravam ressentimento quando ela voltava, com exibições de raiva ou desamparo.

Note qual foi o seu estilo em situações nas quais alguém a quem você está apegado saiu. Você se sente vulnerável demais ao mostrar às pessoas queridas que sentiu falta delas? Você acha difícil reatar quando elas voltam? Você está tão focado na perda que é difícil se soltar disso quando a pessoa volta (como é típico do apego preocupado e ambivalente)? Você quer puni-la por ter saído (como os preocupados/ambivalentes tendem mais a fazer)? Na pesquisa descrita, era a resposta das crianças pequenas ao se reconectar com as mães, mais do que a forma como respondiam à separação, a mais indicativa de seu estilo de apego.

Acredito que nossa segurança ou insegurança básicas também se refletem em nossa resposta à decepção e à mágoa em relacionamentos importantes. O que acontece quando alguém o decepciona? Talvez você estivesse esperando receber o reconhecimento de um acontecimento importante na sua vida e isso foi totalmente esquecido. Você se sente arrasado, mesmo que o esquecimento tenha sido pouco importante? Você se afasta um pouco? Você quer punir o outro de uma maneira leve? Você tenta agir como se não desse importância ao fato e esconder sua decepção ou você pode demonstrá-la? Apegos seguros criam mais resiliência e nos permitem ser mais expressivos. Eu esperaria que as pessoas com um estilo mais autossuficiente ocultassem os sentimentos de mágoa e decepção (e também o desejo por proximidade) e aquelas com estilo preocupado talvez acentuassem esses sentimentos, usando a culpa se necessário, em um esforço para criar um relacionamento mais seguro (estou me concentrando nesses dois subtipos de insegurança porque eles são os mais pesquisados e discutidos).

Você pode ter mais de um estilo?

Certamente você pode ter características de mais de um desses estilos. Em vez de se concentrar exclusivamente nessas categorias, será mais útil examinar vários espectros que podem estar associados a elas, como seu conforto com a dependência e a demonstração de vulnerabilidade, sua capacidade para intimidade, sua capacidade de lidar com sentimentos e seu senso de segurança e de ser desejado – esses são assuntos que continuaremos a abordar nos próximos capítulos.

Também pode ser útil pensar sobre isso como qualidades de relacionamentos específicos. Do mesmo modo que uma criança pode ter estilos de apego diferentes com cada um dos pais, mostramos um conjunto de qualidades relacionadas ao apego em nossos diversos relacionamentos adultos. O valor de olhar para os estilos é iluminar esses elementos e descobrir padrões. Também é valioso considerar que esses padrões foram estabelecidos pela primeira vez em nossos relacionamentos iniciais mais importantes.

O relacionamento com sua mãe realmente afeta os outros relacionamentos?

Quer você não tenha tido um relacionamento com sua mãe, tenha tido um apego seguro e feliz, ou tenha ficado em algum ponto intermediário, é impossível fugir à influência desse relacionamento central.

O que aconteceu com você quando era bebê e uma criança pequena molda poderosamente a forma como você vê a si mesmo e as outras pessoas, quais expectativas você tem em relação aos relacionamentos, como você se sente sobre si mesmo e quais hábitos defensivos (e saudáveis!) você aprendeu.

Por exemplo, se teve um apego seguro, você aprendeu que estava tudo bem em mostrar suas necessidades de proximidade ou conforto ou expressar suas necessidades de modo geral; na verdade, essa era a base para formar relacionamentos. Contudo, se sua mãe (ou figura materna) rejeitava consistentemente esses pedidos de afeto, apoio e proteção, você aprendeu não só a parar de demonstrar essas necessidades, mas também a cortar sua própria percepção delas (estilo autossuficiente). Se a Mãe era inconsistente, algumas vezes respondendo positivamente e outras vezes não, você pode ter aprendido que a única maneira de ter certeza de que suas necessidades de apego seriam satisfeitas era ficar concentrado nelas, ficar perto das pessoas com quem se relaciona, e continuar a enfatizar seus sentimentos e necessidades (estilo preocupado).

Pare por um momento agora para refletir sobre sua própria situação.

- Daquilo que aprendeu até agora, o que você pode ver sobre seu padrão de mostrar, ou não, suas necessidades de apego? Como isso se relaciona a suas experiências como adolescente e adulto?
- Como isso se relaciona aos padrões de apego que você imagina ter tido quando criança com sua mãe?

É difícil mudar os padrões de apego?

É mais fácil mudar os padrões de apego inseguro quando se é criança. Mencionei que ensinar as mães a se sintonizarem melhor com seus filhos pode ter resultados positivos muito rápidos. Quanto mais tempo um padrão estiver ocorrendo em um relacionamento específico, mais difícil será revertê-lo.

Considera-se que as crianças com apego inseguro são relativamente receptivas à mudança durante seus primeiros anos, embora isso esteja basicamente ligado à sua capacidade de desenvolver um apego seguro que ajude a compensar seu apego inseguro à mãe e forneça uma alternativa a ele.[38] As pesquisas revelaram que um apego seguro ao pai (ou a outro cuidador secundário) é o fator mais importante na capacidade de as crianças compensarem ou superarem um apego inseguro à mãe.[39]

Considera-se um pouco mais difícil mudar nosso padrão fundamental de apego quando se é adulto, contudo, nós temos um novo conjunto de opções. Somos mais capazes de fazer o trabalho terapêutico envolvido em vivenciar o pesar pelas feridas antigas, revelar as crenças nucleares e estabelecer novas formas de ser. Ter relacionamentos que criam padrões novos e mais saudáveis pode mudar nossas expectativas e atitudes, e nos dar uma nova base a partir da qual começamos a trabalhar. Falaremos mais sobre tudo isso nos próximos capítulos.

Lembre-se, todos temos a capacidade de formar relacionamentos de apego. É assim que a natureza nos criou.

---

38 Karen, *Becoming Attached*, p. 227.
39 Ibid., p. 228.

4

Mais peças do quebra-cabeças

O apego é apenas uma das muitas peças do quebra-cabeças que nos tornam quem somos. Neste capítulo, faremos uma breve revisão do relacionamento seguro e, depois, continuaremos para os outros elementos que ajudam a sustentar o desenvolvimento do senso de eu da criança.

Sentir-se seguro e protegido

Segurança e proteção são vivenciados de um modo um pouco diferente por uma criança e por muitos adultos – embora, como alguns observaram, em momentos de emergência, todos nós queríamos contato (inclusive toque) com as pessoas que são mais importantes para nós. Quando tudo está desmoronando, nos agarramos aos que nos são mais queridos.

Para uma criança pequena, segurança é estar envolvido em um ambiente amoroso e sintonizado. Não tem a ver com fechaduras nas portas, mas com o senso de que "a Mamãe vai cuidar de mim; a Mamãe vai lembrar de mim. Sou precioso para ela, e ela não vai se esquecer de mim". Se a Mamãe estiver preocupada, distraída ou aborrecida e não fornecer isso, a criança se sentirá menos segura. Quando você é dependente, a proteção é o sentimento de que a pessoa de quem você depende é confiável.

Para ter uma ideia da vulnerabilidade da dependência, imagine que você está voando em um avião que só tem um piloto – e você percebe que o piloto está bêbado. Ou que você vai passar por uma cirurgia e se dá conta de que o cirurgião não sabe o que está fazendo. Para a criança pequena que tem uma mãe emocionalmente ausente, isso é como descobrir que o capitão do navio é apenas um manequim, não realmente um ser humano.

O senso de segurança da criança é construído por muitas coisas – sentir a competência da mãe, perceber sua sintonia com a criança e se sentir sustentado. Para exemplificar a perspectiva de uma criança muito pequena, uma mulher registrou isto no diário dela:

> Eu quero ser envolvida em um cobertor rosa com suporte ao meu redor. Quero me sentir sustentada em segurança, contida e protegida. Protegida. Esse parece ser um sentimento novo. Envolta em um lugar quente e seguro com muita proteção ao meu redor...
> Se eu fosse contida e protegida, eu não precisaria me manter inteira sozinha.

Esta última frase é interessante, considerando o comentário do pediatra e psicanalista D. W. Winnicott, que disse que a mãe "mantém unidas as partes da criança". Ela é essa cola, esse recipiente. Quando a mãe está realmente presente, amorosamente segurando a criança, isso dá à criança algo a que se prender. Em última instância, isso é o coração da mãe.

Vale a pena repetir que esse senso de proteção fornecido pelo relacionamento, essa base de proteção, é o que torna seguro que a criança explore o mundo. Quando temos um lugar seguro para o qual voltar, podemos partir, pois quando estamos seguros e protegidos não precisamos nos agarrar. A pesquisa mostra que bebês protegidos exploram quando se sentem seguros e buscam conexão quando não se sentem assim. Essa é nossa programação inata.

Não se sentir seguro, por outro lado, é a base para que a ansiedade domine. A ansiedade, que é vista por muitos no campo da saúde mental como a base de defesas não saudáveis e a raiz da psicopatologia, começa aqui. Ela se origina de se sentir sozinha e sem apoio em situações com as quais não podemos lidar por nós mesmos, e de estar em relacionamentos com cuidadores indisponíveis ou não responsivos.[1]

---

1 Como Diana Fosha relata, "Ansiedade é uma reação à indisponibilidade ou não responsividade do cuidador e está enraizada no sentimento de estar sozinho diante de perigo psíquico".

Um lar feliz

Para a criança, o relacionamento protegido com a Mãe é o primeiro nível para seu crescimento, e um lar feliz é o segundo e maior. É como uma planta em um vaso com bom solo e, depois, mantida em um local com luz e temperatura adequadas.

Um lar feliz é um lugar em que é bom estar. As pessoas são amigáveis umas com as outras e estão em paz consigo mesmas. Os membros reconhecem que a família é uma unidade cooperativa na qual as necessidades e a satisfação de todos são importantes e, como uma criança, você sente que suas necessidades estão bem no alto da lista. Saber isso lhe dá um lugar seu. Também lhe dá sustentação para ter necessidades e para ser você mesmo.

Em um lar feliz, não há crises contínuas que você precisa resolver (ou imaginar como sobreviver a elas quando é pequeno demais para resolver qualquer coisa). As pessoas não estão presas em lutas de poder. Não existem guerras silenciosas ou nem tão silenciosas entre membros da família. Em um lar feliz, você não tem de prender a respiração. Você pode relaxar e ser você mesmo.

Um lar feliz pode ter um pai e uma mãe (ou outro pai ou mãe, não necessariamente do sexo oposto), mas isso não é obrigatório. Se a Mamãe tiver o apoio de outros adultos importantes, isso a ajudará a ser mais feliz. Mas se houver atrito constante nesses relacionamentos, isso não a ajudará nem um pouco. Em um lar feliz pode haver ou não outros filhos, pode haver ou não pets. Em um lar imerso em sentimentos de tensão e privação, a mãe tem mais coisas para cuidar do que pode dar conta, mas em um lar feliz, a Mãe parece ter o suficiente para cuidar de todos, sem ressentimentos. Ela parece gostar de se doar! (Isso pode ser um choque para aqueles cuja experiência tiver sido diferente.)

Transforming Power of Affect, 47. Anteriormente, no mesmo livro encontra-se este apoio: "Do mesmo modo que a sensação de segurança tem sua origem em um relacionamento de apego seguro com um cuidador disponível e responsivo (Bowlby, 1988; Sandler, 1960), a ansiedade e os mecanismos de defesa que [...] a ansiedade evoca têm *suas* origens em um relacionamento de apego com um cuidador indisponível ou não responsivo", pp. 39-40.

Sentir que a Mamãe está feliz é uma grande bênção para uma criança. Imagine por um momento uma foto da Mãe sorrindo. Ela está feliz por estar aqui. Ela está feliz com você e com os outros na foto e não precisa que as coisas sejam diferentes do que são nesse momento. Ela está relaxada! Quando a Mamãe está relaxada e sorrindo, sentimos que o mundo dela está certo. E quando o mundo dela está certo, o nosso mundo também está.

Mas, quando a Mamãe está distraída ou preocupada ou deprimida, não temos o mesmo tipo de apoio, e é mais difícil relaxar e estarmos plenamente presentes. Não parece muito certo ser expansivo e expressivo quando a Mamãe está retraída ou exausta. Não existe realmente um lugar para ficar feliz, a menos que mostremos um rosto feliz na tentativa de animar a Mãe. A felicidade da Mãe nos liberta desses fardos, e podemos simplesmente nos expressar como somos.

Quando as coisas dão errado, elas podem ser consertadas!

Um lar feliz e saudável não é aquele em que não existem problemas, mas esses problemas podem ser resolvidos em vez de varridos para baixo do tapete onde formam grandes montes. Os conflitos são resolvidos, e existem adultos competentes que podem resolver uma diversidade de necessidades.

Isso é crucialmente importante na área dos relacionamentos. Uma criança precisa saber que podem existir sentimentos de raiva e momentos de discussão, mas essas rupturas podem ser reparadas. No capítulo 1, descrevi como a mãe suficientemente boa se engana muitas vezes e como reparar rupturas nos relacionamentos sempre que necessário é parte de proteger o vínculo e criar um senso de resiliência. Isso é verdade quer estejamos falando sobre o vínculo mãe-filho, um relacionamento terapeuta-cliente, um relacionamento com um parceiro ou qualquer outro relacionamento importante. Precisamos saber que o outro pode lidar com os sentimentos perturbadores que surgem em tais rupturas e não desaparecem, e que podemos consertar isso juntos.

Não temos conhecimento disso sem experiência própria. Eu me lembro como fiquei chocada quando, em uma sessão de terapia com minha terapeuta, minha frustração e raiva finalmente explodiram contra ela – e meu pensamento seguinte foi que eu podia dar adeus ao nosso relacionamento. Aparentemente, eu tinha uma crença de que, se expressasse minha raiva, destruiria nosso vínculo para sempre. O relacionamento não foi arruinado; na verdade, ele foi fortalecido. Mas eu não tinha nenhuma referência, nenhuma experiência prévia que me dissesse que podia ser assim. Nunca ousei expressar minha raiva para minha família e tinha uma marcada falta de experiência nesse processo de ruptura e reparação.

Saber que as rupturas podem ser reparadas é outro aspecto do apego seguro e isso contribui para o senso de resiliência de uma criança.

Um senso de pertencimento

Muitos fatores entram na criação de um senso de pertencimento para a criança. Existem coisas externas óbvias, como ter o mesmo sobrenome, morar na mesma casa e perceber uma semelhança com os membros da família – ter o mesmo olhar ou nariz ou boca.

O apego seguro cria um senso profundo de pertencimento porque ele o ancora, dando-lhe um lugar na teia da vida. Esse lugar é maior do que qualquer relacionamento, mas a Mãe, como o nosso primeiro relacionamento, cria o contexto. Mais tarde, podemos encontrar o pertencimento ao saber que somos parte de um time, uma tribo, um bairro, um clube, uma comunidade, uma nação ou um movimento social – ou ao ter um filho e um companheiro. Quando temos um senso de pertencimento em vários desses níveis, nós nos sentimos integrados, parte de algo.

Sentir-se valorizado e conhecido também faz parte desse pertencimento. Se uma família diz que você faz parte dela, mas você não sente que eles o conhecem nem o veem como é, você vai se sentir como um estranho dentro de sua família.

O eu em botão

O eu que surge no bebê é extremamente impressionável, e uma boa mãe sabe disso. Ela o trata com o máximo de cuidado e respeito, da mesma forma que trata o vínculo crescente entre eles. As interações deles são como passar um fio de lã em um tear para lá e para cá, tecendo uma conexão entre o coração de cada um deles.

Essas interações são cruciais para moldar o senso de eu. O senso de eu do bebê nem assume ainda a forma de um indivíduo separado, mas está imerso nos sentimentos do relacionamento com o Outro – neste caso, com a Mãe.

A Mãe é o facilitador do eu em desenvolvimento da criança, e seu apoio e incentivo diante das qualidades nascentes da criança são essenciais. Para que o "verdadeiro eu" da criança tenha uma chance de se firmar, ele precisa ser visto. O único modo pelo qual a criança sabe que é vista é pelo espelhamento de seus sentimentos e experiências pelas outras pessoas, reconhecendo-os e celebrando-os. Se as qualidades únicas da criança não forem espelhadas nem apoiadas, elas não estarão disponíveis como uma base. Em vez de se firmar em sua própria natureza, ela se adapta ao que acha que deveria ser, assumindo um *eu falso*. Para algumas pessoas, esse eu falso (que todos temos em algum grau) esconde todo o resto, que é tudo que elas conhecem.

Um lugar para crescer

Para que tenhamos uma chance de nos tornarmos nosso verdadeiro eu, precisamos de um ambiente no qual possamos crescer sendo nós mesmos e que nos forneça os ingredientes de que precisamos para nos desenvolver plenamente. Do mesmo modo como minerais insuficientes no solo prejudicam o crescimento de uma planta e mudam seu caráter, nutrientes insuficientes no ambiente inicial colocam em risco nosso desenvolvimento.

Esses nutrientes incluem aceitação incondicional ("eu aceito você do jeito que você é"), respeito e valorização, além do espelhamento e da responsividade sintonizada já abordados. Você precisa ser valorizado por quem é e também valorizado simplesmente pelo fato *de que* você existe. Se não receber isso, você se sentirá fora de lugar, como se não pertencesse a ele. Isso torna difícil acolher a vida.

O que é respeitado e valorizado em uma família específica é o que é reforçado. Aqui está um exercício para explorar isso.

- Leia a lista a seguir e note quais qualidades eram valorizadas em sua família.
  - Inteligência.
  - Domínio e desempenho.
  - Doçura.
  - Inocência.
  - Delicadeza.
  - Sensibilidade.
  - Resistência.
  - Humor e bobeiras.
  - Ser duro.
  - Ser afetivo.
  - Precisar dos outros.
  - Ser confiante e, de vez em quando, "cheio de si".
  - Estar presente no corpo, de um modo sensual, desfrutando de seu contato com o mundo.
  - Ser atraente.
  - Comportamentos de ajuda.
  - Expressão de sentimentos.
  - Imaginação e criatividade.
- Note quais dessas mesmas qualidades eram desconsideradas, quase como se elas nem existissem. Quais eram alvo de zombarias ou subestimadas? O que você pode ver a respeito disso? O que aconteceu com essas qualidades que não eram valorizadas quando você estava crescendo?

Podemos dar a nós mesmos uma nova experiência trabalhando profundamente com a imaginação. Para fazer isso, escolha uma qualidade que não apoiava e, depois, imagine alguém importante para você reconhecendo essa qualidade em você e realmente celebrando-a. Imagine essa pessoa dizendo que essa é uma das coisas que ela mais gosta em você. Observe o que você sente ao ouvir isso. Vá fundo com esse sentimento, vivenciando-o em seu corpo.

Muitas vezes, precisamos trabalhar nossa própria rejeição dessas qualidades que não foram valorizadas e lutar pelo direito de ter essas qualidades ou nos comportarmos dessa maneira.

Apoio para ser uma criança

Pense sobre as características que são simplesmente parte de ser uma criança muito pequena. Essas incluem as seguintes:

- Ser dependente.
- Ter necessidades.
- Ter tolerância limitada à frustração, precisando que as coisas sejam as certas para nós.
- Ser inocente e ingênuo.
- Não ser desenvolvido nem ter domínio.
- Expressar emoções de modo imediato e autêntico.
- Buscar proximidade e afeto.
- Ser delicado e meigo.

Essas características não são universalmente encontradas nas crianças de todas as culturas e condições se elas não forem censuradas?

Agora a questão mais reveladora: essas não são as mesmas qualidades que muitas vezes são ignoradas ou rejeitadas em nossas famílias? Na medida em que é assim, somos valorizados não por ser uma criança, mas por deixar de ser.

É claro que precisamos que nossos pais nos incentivem e valorizem nossa independência e domínio crescentes, mas muitas vezes, para os que tiveram maternagem inadequada, houve mais apoio para esse lado do desenvolvimento e não para as características inatas de ser uma criança. Muitas vezes, existe mais interesse em que você supere as necessidades iniciais da infância do que em satisfazer essas necessidades.

Pode haver inúmeras razões pelas quais os pais rejeitam essas qualidades mais suaves. Em seu próprio desenvolvimento, frequentemente eles tiveram de passar por esse mesmo estágio o mais rapidamente possível. Uma mulher cuja suavidade não teve suporte quando ela era pequena, por exemplo, terá dificuldade de acolher a suavidade de seu filho. Ela toca em sua própria ferida. Isso vale para dependência, sensibilidade e outras qualidades mais suaves. Talvez a inocência de uma mãe tenha sido arrancada dela pelas dificuldades ou abuso iniciais, e ela se culpe por ter sido aberta e indefesa. Ela verá essa condição como perigosa e se sentirá desconfortável quando seu filho parecer vulnerável.

Pode haver momentos em que um excesso de estresse e dificuldade interfira com a capacidade de uma mãe nutrir essas qualidades mais suaves, mas muitas vezes a causa se encontra na experiência de infância dela. Além disso, esperava-se que ela crescesse depressa e logo deixasse atrás as limitações e necessidades da infância; frequentemente ela terá uma expectativa pouco realista das capacidades de seu filho. São essas mães que, muitas vezes, ficam com raiva e são abusivas.

- Olhando de novo as características inatas de uma criança pequena, quais delas você acha que seus pais apoiavam?
- O que você acha que tornou difícil para sua mãe acolher essas qualidades mais suaves?

Para nos desenvolvermos naturalmente, precisamos crescer em nosso próprio ritmo. Na verdade, o crescimento forçado, o crescimento sob pressão, costuma ser um crescimento distorcido. Para chegar ao momento de crescer além da infância, primeiro precisamos de apoio para sermos crianças.

Toque

O toque amoroso e nutridor é uma peça importante do quebra-cabeças do desenvolvimento não só de um senso de eu, mas também de um eu que tem valor. Essa é uma necessidade tão essencial que os bebês privados do toque muitas vezes morrem.

Talvez você já tenha ouvido falar da síndrome de retardo do crescimento pôndero-estatural que foi descoberta anos atrás nos orfanatos. Os bebês cujos berços ficavam no fim da fila definhavam e morriam em uma taxa muito mais elevada do que aqueles mais perto da frente da fila, mesmo que todos fossem alimentados. Essa síndrome foi drasticamente reduzida quando do os pesquisadores perceberam que a diferença era que aqueles bebês mais distantes não eram pegos ao colo e não recebiam a mesma atenção que os outros e, então, trabalharam para corrigir isso.

O toque nutridor tem todo tipo de benefícios fisiológicos, entre eles promover o crescimento do sistema nervoso, estimular o sistema imunológico e diminuir os hormônios do estresse, mas vamos nos concentrar no valor emocional e psicológico. É por meio do toque nutridor que nos sentimos amados, tranquilizados e protegidos.

O toque apropriado também nos ajuda a nos localizar em nosso corpo. A criança pouco tocada pode se alienar de seu próprio corpo e vivenciar sentimentos de irrealidade.[2] O senso de realidade vem de estar enraizado no corpo, e o toque é parte do que resulta nisso. A falta de toque ou o toque abusivo também pode incentivar a dissociação, uma separação psíquica do corpo.

Paradoxalmente, a falta de toque também pode levar a um senso de aprisionamento dentro do corpo. Em *Touching: The Human Significance of the Skin* (publicado em português com o título "Tocar, o significado humano da pele", Summus Editorial, 1988), Ashley Montagu escreve: "É em grande medida a estimulação de sua pele pelo toque que torna possível que a criança emerja de sua própria pele". Montagu explica como uma criança que não foi suficientemente tocada fica presa em sua própria pele e, então, vivencia o toque normal como ameaçador.[3] Isso é chamado de *defensividade tátil*. Essa defensividade pode se manifestar como insensibilidade ou hipersensibilidade a ser tocado ou como alguém que evita o toque.

Crianças que não receberam toque positivo suficiente muitas vezes (inconscientemente) vão se sentir intocáveis, como se houvesse algo de terrivelmente errado com elas. O toque negativo muitas vezes ocorre como um toque disciplinar áspero ou hostilidade, e nenhum deles comunica nenhum senso de valor à criança. As crianças pequenas não têm o desenvolvimento cognitivo para entender que o mau comportamento e as falhas

---

2 Michael St. Clair, *Object Relations and Self Psychology: An Introduction,* 2.ed. (Pacific Grove, CA: Brooks/Cole Publishing, 1996), p. 79.

3 Ashley Montagu, *Touching: The Human Significance of the Skin,* 3.ed. (Nova York: Harper Paperbacks, 1986), p. 126. [Tocar: O Significado Humano da Pele, Summus Editorial, edição em português]

dos pais não têm nada a ver com elas. De modo geral, quanto mais precoce a privação de toque, mais devastadora ela será.

Existem muitas razões pelas quais as mães podem se sentir desconfortáveis ao tocar seus filhos. Se não receberam toque nutridor suficiente, elas podem ter se tornado defensivas em relação ao tato e podem não estar muito presentes em seu corpo. O toque nutridor pode parecer pouco familiar a elas e não fazer parte de seu repertório. Por causa de abuso ou outros fatores, elas podem estar desconfortáveis com o próprio corpo e com outros corpos, inclusive o corpo de seus filhos. Uma mãe que sinta vergonha de seu corpo frequentemente passará essa vergonha a seus filhos.

Aqui estão algumas perguntas para ajudá-lo a explorar isso:

- Que toque estava disponível para você quando era criança? (pode ser bom pensar em si mesmo em diferentes idades).
- Se sua mãe não parecia confortável com o toque, por que você acha que isso aconteceu?
- Se você sentiu que não teve toque suficiente, como isso o afetou? Você anseia por contato e, algumas vezes, faz coisas não muito seguras para consegui-lo? Você se sente à vontade recebendo toques de vários tipos?
- Se você não foi muito tocado, o que você retirou dessa experiência? Você se identifica com a sensação de ser intocável?

Amor é o meio, amor é a mensagem

Poderíamos dizer que o toque é o meio e o amor é a mensagem, mas o amor também é o meio no sentido de que ele é o melhor solo para o crescimento de uma criança. Cada coração é nutrido pelo amor e se abre ao aceitar o amor. Ser amado nos faz mais amorosos. E também ajuda a criar resiliência.

O amor é comunicado não só pelo toque, mas também pelo tom de voz, expressão facial, responsividade, palavras e qualidade de cuidado. Uma criança pode sentir quanto (ou quão pouco) amor existe.

Quando está presente, o amor evoca outros tipos de comportamentos de maternagem como proteção, incentivo, apoio e orientação, e eles são mais bem recebidos. A ausência de amor faz com que cada um desses comportamentos seja experimentado de uma maneira que pode transformá-los em obstáculos em vez de ajuda. Por exemplo, quando o amor está ausente, os limites protetores podem ser experimentados como restritivos e injustos. Quando os limites são definidos sem amor, a criança pode perceber esses limites como uma exibição de poder. Quando o incentivo é dado, mas a criança não sente o amor, isso pode ser vivido como pressão em vez de apoio; a criança pode até sentir que os pais querem o sucesso dela para sua própria glória. Assim, sem amor, nada funciona bem, e com amor, até o pai mais desajeitado pode ser perdoado.

Agora que falamos sobre as peças do quebra-cabeças e as muitas funções essenciais que uma boa mãe desempenha, vamos nos voltar para a questão do que acontece quando isso está faltando.

Parte 2

Quando a maternagem dá errado

5

Mamãe, onde você estava?

As crianças pequenas não têm perspectiva para entender todos os fatores externos que influenciam o comportamento das pessoas. Erradamente elas acreditam que quando os outros as magoam ou abandonam, deve ser por causa de alguma coisa que elas fizeram. Elas concluem que devem ser ruins ou indignas de amor. O sentimento da culpa nem sempre é consciente, mas em geral existe, em algum nível. Nós o vemos no final do poema que abriu este livro, "Mamãe, onde você estava?", quando a criança pergunta: "Foi alguma coisa que eu fiz?".

O buraco onde a Mãe deveria estar

Sentir que você não é importante para a sua mãe deixa um buraco. O mais frequente é que seja sentido como um buraco no coração. É o buraco onde a Mãe deveria estar.

Examinando de perto, existem três camadas nesse sentimento. A primeira camada é a externa, relacionada com a falta externa. Aqui, a ausência da mãe pode ser evidente em crianças não supervisionadas, subnutridas e não socializadas. Ela aparece nas crianças cujo desenvolvimento é um pouco mais lento do que precisava ser porque não receberam a atenção individual e o apoio para desenvolver a linguagem, as habilidades motoras e as primeiras habilidades acadêmicas.

A segunda camada é o buraco no senso do eu, resultado de uma maternagem inadequada. Se quisermos ser precisos, podemos caracterizar isso como uma família de buracos. Existe o buraco deixado por não se sentir amado, o buraco deixado quando você não é espelhado e, consequentemente, não se sente plenamente real, o buraco em sua confiança, que resulta da falta de incentivos e de elogios, o senso de não pertencer a lugar algum, e o buraco de se sentir sem lar, entre outros.

Uma adulta que recebeu maternagem inadequada descreveu a grande fome de amor que sentia. "Quando existe um buraco no seu coração, você não consegue obter o suficiente", disse-me ela. Como nasceu prematuramente, ela foi colocada em uma incubadora e não teve o contato que normalmente teria tido com sua mãe. Isso a deixou com um anseio pelo toque amoroso e por qualquer tipo de atenção positiva. Durante toda a sua juventude e início da idade adulta, ela sentiu uma necessidade intensa de afeto e se apaixonava por qualquer pessoa que parecesse enxergá-la.

Muitas vezes esse buraco resulta em extrema solidão. Uma mulher lembra que, aos 4 anos, sentia uma onda de solidão e pensava: É o sentimento de eu-não-tenho-uma-mãe. Seu lado racional, então, argumentava que ela tinha uma mãe, e isso era confuso. Esse buraco foi descrito por outros como um sentimento de vazio, solidão e "solidão emocional".

A terceira camada é observada quando examinamos o nosso jeito de ser mãe e encontramos os mesmos déficits que estavam presentes em nossas mães. Vemos que não sabemos como nos apoiar ou nos incentivar, não sabemos como ser pacientes e ternas, não sabemos como levar em conta nossas necessidades e limitações. Aqui, existe um buraco em nossa mãe interior.

Este livro trata de todas as três camadas desse buraco. Ao explicar o que uma boa mãe oferece e perguntar como isso se compara à sua experiência, o livro torna possível que você identifique quais capacidades foram perdidas ou pouco desenvolvidas. Os capítulos de cura (9 a 14) tratam de como preencher esses buracos.

Nossas lembranças da Mãe estar ou não presente começam muito cedo. A primeira lembrança de uma mulher é de estar deitada em um cobertor, com os braços levantados até que, por fim, ela os baixou porque ninguém veio. Quando algo parece totalmente inútil, nós desistimos, desmoronando em vários níveis.

Um exercício que algumas vezes é usado em *workshops* é deitar no chão, procurar alguém e pedir ajuda. Se quando era criança, você vivenciou a inutilidade que acabei de descrever, ou algum tipo de resposta de rejeição ou de punição, você pode não ser capaz de procurar e chamar alguém. Um achado muito revelador é que mesmo aqueles sem grandes mágoas em seu histórico não conseguem continuar a procurar se a figura materna no exercício deixar de responder mesmo algumas poucas vezes.

No decorrer dos anos, ouvi essas memórias precoces muitas vezes. Não é incomum sentir raiva dessa mãe que não virá e ter inicialmente exprimido essa raiva, talvez batendo no berço e gritando. Raramente escuto meus clientes descreverem seus esforços como bem-sucedidos. Em geral seus gritos não são ouvidos e eles desistem. Entretanto, essa raiva parece continuar, talvez sob a superfície, e é facilmente reacendida na vida adulta quando, por exemplo, um chefe for igualmente não responsivo.

Rita era uma mulher de meia-idade que trabalhava com as feridas da infância deixadas por extrema privação materna quando subitamente teve uma visão em que se viu como um bebê sentado no colo de uma mulher que não existia acima da cintura. Em sua mente, ela estava protestando: *Como você pode fazer isto a um bebê?* Essa é uma imagem forte. É assim que a mãe emocionalmente ausente parece para uma criança: como alguém que não existe realmente. É um choque, uma ameaça à sobrevivência e, portanto, um trauma para o sistema nervoso da criança.

A necessidade da presença física da Mãe

Os bebês e crianças pequenas precisam totalmente da presença física de um cuidador. Um bebê não pode sobreviver sem um cuidador. Ausências que sejam muito precoces, longas ou frequentes deixarão cicatrizes profundas.

Não estou querendo dizer que as mulheres devam ser mães que ficam em casa cuidando dos filhos. Muitas mulheres não têm escolha em relação a trabalhar se quiserem alimentar sua família, e outras sentem-se tão enriquecidas e realizadas que ampliam suas capacidades como mães. Os estudos mostram que a satisfação da mãe é uma variável crucial na determinação de como seus filhos se sairão. Ter uma mãe que fica em casa porque "é assim que deve ser", mesmo que isso a deixe deprimida e irritada, não é uma vantagem.[1] Existem também descobertas que sugerem que cuidados infantis de alta qualidade podem sustentar o desenvolvimento de crianças pequenas e mais velhas.[2] A maior preocupação é deixar as crianças por longos períodos durante seu primeiro ano, quando elas são menos capazes de tolerar a separação. A duração do dia de trabalho também é um fator. É difícil para mães serem sensíveis e sintonizadas quando estão longe 10 ou 12 horas por dia.

Além do nível de disponibilidade física necessário (que varia de criança para criança), a questão passa a ser mais de qualidade do que de quantidade. Tenho visto casos em que mesmo níveis extraordinários de ausência física podem ser perdoados quando a criança estabelece um vínculo com a mãe ou pai e se sente amada. Isso não quer dizer que não existe um preço a pagar com a ausência física significativa, mas parece ser um preço mais baixo do que o pago por muitas crianças que tinham a mãe durante a maior parte do tempo. A ausência permanente por morte é um assunto completamente diferente e tem muitos efeitos diversos.

É claro que a idade da criança é um fator importante. Crianças mais velhas têm mais recursos que as ajudam a tolerar a ausência da Mãe. Se foram bem cuidadas no início, elas tiveram mais chances de internalizar a imagem de uma mãe amorosa e estão mais adiantadas no desenvolvimento de um sólido senso do eu.

As crianças deviam ser envolvidas em discussões relativas a uma ausência planejada da mãe, mesmo quando já são adolescentes. Essas crianças ainda têm necessidades, e é apropriado que uma mãe que vai partir encontre com elas a solução para essas necessidades. As mães que deixam os filhos por semanas ou meses por vez (com outros adultos) sem essas conversas são as mesmas mães que não estavam sintonizadas com as necessidades emocionais de seus filhos. Mães emocionalmente negligentes muitas vezes consideram seus filhos mais independentes do que eles são.

---

1 Karen, *Becoming Attached*, p. 340.
2 Ibid., p. 339.

O que acontece quando a Mãe não está emocionalmente presente?

O médico psiquiatra Daniel Stern, autor de vários livros sobre o relacionamento mãe-bebê, observa que um bebê é muito sintonizado com a presença ou ausência energética da mãe. A mãe é o centro do mundo do bebê, e o bebê está intensamente sintonizado com o mundo emocional dela.

É extremamente perturbador quando um bebê não consegue sentir que sua mãe está emocionalmente presente. Stern descreve como o bebê sente sua mãe "pairando mentalmente em outro lugar. Um lugar onde ele não quer ir. Ao se identificar com ela, ele sente o embotamento emocional dela invadindo-o insidiosamente".[3] Em essência, o bebê de uma mulher com dissociação pode segui-la para esse estado, às vezes assumindo a sensação de estagnação e entorpecimento da mãe.

Um padrão de dissociação pode ser resultado de absorver os estados dissociativos da Mãe ou de nossa própria resposta ao abandono. Como uma mulher perspicaz relatou a partir da perspectiva de seu eu da infância: "A presença da Mamãe me apoia. Quando ela vai embora, eu vou embora e perco contato comigo mesma".

Compreensivelmente, é mais difícil para uma criança permanecer presente sem a âncora da Mãe. Muitas vezes, a criança se culpa por a Mãe "ir embora" e conclui que "eu sou difícil demais".

Os pesquisadores identificaram dois padrões de resposta em bebês cujas mães estão emocionalmente ausentes. Um é se afastar da mãe, evitando contato com ela a fim de manter um estado mais agradável. Não é de surpreender que crianças cujas mães demonstrem pouca expressão emocional com frequência desenvolvam um estilo de apego autossuficiente.[4] É simplesmente doloroso demais se apegar a alguém que não está realmente ali com você. O outro padrão, como Stern descreve, é "fazer esforços

---

3 Daniel N. Stern, MD, *Diary of a Baby* (Nova York: HarperCollins/Basic Books, 1990), p. 61.
4 Black, *Mothering Without a Map*, p. 60.

extraordinários para encantar a mãe, para atraí-la – para agir como um antidepressivo para ela".[5] Esse não é um trabalho para um bebê!

Então, as opções parecem ser seguir a Mamãe até o buraco negro sem sentimentos, cortar parte da conexão a fim de evitar o buraco ou se tornar o salvador da Mamãe. Pare por um momento para considerar qual dessas opções você pode ter usado se sua mãe era emocionalmente ausente (você pode ter usado todas as três em momentos diferentes).

Essa perturbação diante do vazio emocional da Mãe é evidenciada pelo experimento do "rosto imóvel", que investigou como os bebês respondiam à falta de expressão da mãe. No experimento, mães jovens foram instruídas a adotar repentinamente um rosto imóvel, sem nenhuma expressão nem movimento, enquanto olhavam para seus bebês. O experimento durou apenas três minutos, mas "o padrão consistente do comportamento infantil na situação de rosto imóvel é uma tentativa repetida de elicitar a resposta da Mãe, seguida por uma expressão triste, pelo afastamento em relação à Mãe e, finalmente, retração. Tudo isso acontece em menos de três minutos".[6] Os pesquisadores descrevem os bebês caindo em um estado de autoproteção no qual eles, depois, recorrem a técnicas para autoconforto. O mesmo padrão foi notado em bebês hospitalizados. Os bebês dependem da estimulação que recebem da presença energética e emocional da Mãe para se conectar com o mundo.

Nos experimentos de rosto imóvel, os bebês previamente seguros se animavam de novo com suas mães e voltavam à dança relacional íntima anterior quando a Mãe se tornava animada novamente. Mas, o que acontece quando a Mãe está frequentemente afastada, atordoada e inexpressiva ou a criança não está apegada de modo seguro? E se a própria Mãe for, às vezes, assustadora? Ou se a criança tiver vivenciado outro trauma, digamos, trauma médico ou abuso físico ou sexual? Será tão fácil se conectar novamente?

---

5 Stern, *Diary of a Baby*, p. 62.
6 T. Berry Brazelton, MD, e Bertrand G. Cramer, MD, *The Earliest Relationship: Parents, Infants, and the Drama of Early Attachment* (Reading, MA: Addison-Wesley / A Merloyd Lawrence Book, 1990), p. 109.

Citando a pesquisa, a autora Sue Gerhardt conclui: "Para um bebê, a experiência mais dolorosa parece ser não conseguir a atenção da Mãe".[7] Isso parece ainda mais insuportável do que maltratos. A Mãe, afinal de contas, é o vínculo do bebê com o mundo e a melhor esperança de que suas necessidades sejam satisfeitas, supondo que a Mãe seja a cuidadora principal.

Um tipo comum de mãe emocionalmente ausente é a mulher que está deprimida. Descobriu-se que as mães deprimidas interagem menos com seus filhos, e os bebês mostram menos sentimentos positivos, tornam-se apegados de modo inseguro quando são crianças pequenas e se saem pior em tarefas cognitivas (lembre que o cérebro é, em grande medida, ativado e construído por meio da interação social).[8] O estresse também afeta os sistemas gastrointestinal e nervoso autônomo e leva à incapacidade ou indisposição para interagir socialmente com um adulto que tente estabelecer contato.[9] Essas crianças muitas vezes crescem para se tornar adultos que não estão acostumados com o contato caloroso e nutridor, e ainda precisam aprender como estabelecer o que deveriam ter tido quando eram bebês.

O rosto da mãe deprimida é muito parecido ao experimento do rosto imóvel. A ausência de sinais não verbais priva a criança de apoio e direção. Mesmo algo tão simples quanto um sorriso tem um poder enorme para animar a criança pequena que dá seus primeiros passos, para comunicar segurança e aceitação, e envolver a criança no relacionamento. Como é que a criança pequena pode saber que está tudo bem com a Mamãe? Do mesmo modo, um olhar de surpresa ou desaprovação ajuda a criança a se orientar no ambiente. As respostas da Mãe são uma ajuda importante para navegar no mundo.

A mãe emocionalmente ausente não fornece muitas das funções da Boa Mãe, seu coração não está disponível para a criança e assim ela não cria um vínculo emocional com seu filho. Enquanto outros tipos de mães

---

7 Gerhardt, *Why Love Matters,* p. 124 (citando pesquisa).
8 Ibid., p. 21.
9 Brazelton e Cramer, *The Earliest Relationship,* p. 110.

podem realizar um trabalho fraco ao fornecer algumas das funções da Boa Mãe, como orientação, incentivo e proteção, algumas delas conseguem criar um vínculo. A mãe carente, por exemplo, cria uma conexão fortemente influenciada por suas necessidades, em vez das necessidades da criança. A mãe supercontroladora muitas vezes tem um vínculo com a criança e se identifica excessivamente com ela.

Por que a Mãe era tão ausente emocionalmente?

Aqui estão algumas razões comuns:

- Ela estava em luto por um período prolongado.
- Ela tinha de cuidar de muitas crianças.
- Ela era mentalmente instável ou estava deprimida.
- Vocês foram separadas pelas circunstâncias (guerra, catástrofe natural, calamidade econômica, prisão etc.).
- Vocês começaram com o pé esquerdo e não criaram um vínculo sólido. A maternagem parece um trabalho para ela, e isso criou conflito interno e/ou vergonha.
- Ela tinha feridas narcisistas e estava ocupada demais cuidando das próprias necessidades.
- Ela não sabia como ser mãe e evitou o contato em virtude de sentimentos de culpa e inadequação.
- Ela estava ocupada cuidando de outra pessoa (pai ou mãe doente, cônjuge etc.).
- Ela estava sobrecarregada com tarefas práticas, como mudar de casa várias vezes.
- Ela era dependente de álcool ou drogas.
- Ela trabalhava em dois ou mais empregos para conseguir manter a casa.
- Ela era uma "mulher profissional", e isso demandava toda a sua energia.
- Ela estava estudando (e isso parecia não acabar!).
- Ela estava ocupada demais com seus relacionamentos românticos ou sexuais.
- Ela mesma era apenas uma criança.

- Ela estava esgotada, exausta ou doente.
- Ela não queria estar ali. Talvez ela nem quisesse ter um filho.
- Ela nunca estabeleceu um vínculo com a própria mãe e não tinha um ponto de referência para ser uma mãe atenta e envolvida.
- Ela tinha medo de mostrar seu amor, tinha medo de criar um vínculo com alguém.
- Ela pensou que você tinha tudo de que precisava, e lhe disseram que não fizesse demais porque poderia mimá-lo.
- Ela gastava toda a sua energia tentando se proteger de um parceiro furioso ou abusivo.
- Ela estava emocionalmente entorpecida por causa de medicamentos.
- Ela se afastou emocionalmente para se proteger da dor não resolvida de sua própria infância.

Como uma criança interpreta a ausência da Mamãe

Se resumirmos essas razões em três mensagens básicas, o que a criança com maternagem inadequada entende é mais ou menos o seguinte:

- Eu não tenho nada para dar.
- Você pede/pega demais. Suas necessidades são exageradas.
- Eu realmente não me importo com você.

Quando as crianças percebem que a Mãe simplesmente não tem o que dar, em algum ponto em suas almas elas costumam ser compassivas. Farah, por exemplo, me disse: "Eu podia sentir que minha mãe estava sofrendo e era infeliz, então tentei não pedir muita coisa". Sabendo que sua mãe estava muito estressada, Farah minimizou suas necessidades tanto quanto possível. Curiosamente, muito depois, a mãe dela comentou que Farah tinha sido separada dela prematuramente. Como você continua conectado com alguém que raramente está presente? Farah disse que a mensagem que recebia da mãe era: "Não se apoie em mim". Ela estava simplesmente obedecendo.

Embora, de alguma maneira, a situação possa parecer mais fácil quando uma criança percebe que a Mãe simplesmente não tem amor e atenção para dar, é extremamente difícil que a criança não personalize isso e muito mais difícil se a Mamãe parece ter amor e atenção para dar a outra pessoa. Como uma criança pode entender isso, exceto como uma rejeição?

Existe também uma diferença na sensação de uma criança cuja mãe está trabalhando em dois empregos e chega em casa exausta, e a mãe que está ocupada falando no telefone, rindo com os amigos. Aí, isso se torna "Estou ocupada demais *para você*". Quando a Mãe de fato poderia fazer mais, mas simplesmente não está motivada, acabamos acreditando que ela na verdade não se importa conosco. Se, então, ela age como sobrecarregada ao responder a nós, sentimos que algo em nós é demais.

Pode ser útil passar algum tempo refletindo sobre como você se sentia como criança em relação à falta de disponibilidade de sua mãe. Se você cultivou um relacionamento com a criança interior (como vamos abordar no Capítulo 11), ouça cuidadosamente e veja se consegue entender como essa criança se sentia. Se você não puder regressar, só fique onde está e se permita meditar sobre como pode ter interpretado a falta de disponibilidade de sua mãe. Sugiro que você escreva e volte a isso depois de ter lido os próximos capítulos, ou até bem depois, e se pergunte qual é agora sua avaliação.

Quando a Mãe é a única ali

Infelizmente, às vezes uma mãe não tão adequada é a única cuidadora na casa ou a única presente. A ausência de um pai (ou de uma segunda figura materna) torna tudo ainda mais difícil para a criança com maternagem inadequada. Não existe mais ninguém em quem buscar cuidados, e manter o vínculo frágil com a Mãe se torna ainda mais essencial.

Acredita-se comumente que parte do papel do pai é ajudar uma criança a se separar da Mãe. Enquanto a Mãe representa o ninho e a relação inicial em que a criança ainda não se conhece como separada da Mãe, o Pai representa o mundo além da Mãe e é uma ponte para o mundo mais amplo. Independentemente de o relacionamento com a Mãe ser satisfatório ou não, é mais difícil para uma criança se mover além da órbita da Mãe quando esta é a única presente.

Embora ser filho único possa não ser uma grande desvantagem com uma mãe capaz e sintonizada, filho único muitas vezes sofre bastante quando está sob os cuidados de uma mãe perturbada.

Por que algumas crianças sofrem mais?

Existem muitas razões pelas quais crianças criadas pelos mesmos pais possam ter experiências muito diferentes. Cada uma nasceu em um momento diferente na vida da mãe, cada criança pode chegar aos períodos cruciais quando coisas diferentes estão acontecendo na família e no mundo que a circunda, e cada uma tem um temperamento diferente. A pesquisa confirmou o que pais muito atentos já sabiam: algumas crianças são mais difíceis e outras mais fáceis. Crianças nascidas com um temperamento mais sensível se desestabilizam com os obstáculos no caminho, enquanto seus irmãos menos sensíveis podem mal notá-los. Assim, um motivo de as crianças criadas pelos mesmos pais terem experiências tão diferentes é que cada criança tem uma fisiologia, uma experiência de vínculo e um conjunto de circunstâncias de vida únicos.

Outra razão é que os pais não tratam seus filhos igualmente. Embora nosso primeiro impulso possa ser defender o tratamento igual, isso envolve algumas sutilezas. Sim, os pais não devem criar mais dificuldades para uma criança do que para outra, e não deveriam mostrar favoritismo, mas eles precisam mostrar que notam as necessidades e capacidades diferentes de seus filhos, e responder de acordo com isso. Quando irmãos são vestidos com roupas iguais, são inscritos nas mesmas atividades ou ganham os mesmos brinquedos, sua individualidade é esmagada ou nunca têm uma chance de se desenvolver.

Poderíamos dizer que os bons pais não tratam os filhos do mesmo modo por bons motivos – eles são sensíveis às diferenças de seus filhos – enquanto os pais ruins não tratam os filhos do mesmo modo por causa de suas próprias inclinações. Eles podem favorecer as crianças que são mais fáceis, ou que tenham um gênero que eles prefiram, ou que eles possam exibir (a criança é a substituta deles). Pais narcisistas podem favorecer a criança que não os ofusque.

Existem motivos para o tratamento desigual de uma mãe que nunca conheceremos. Algumas vezes, a mãe pode estar presente para uma criança menos exigente, menos sensível, mas não para uma sensível com quem ela não tenha confiança de que vai conseguir dar conta. Ou a criança é parecida com ela, e ela projeta sua própria autorrejeição ou sombra na criança. Ou uma criança a lembra de alguém com quem ela tem um relacionamento complicado, talvez sua própria mãe.

Em alguns casos, a Mamãe simplesmente não tem mais energia. Muitas vezes, ela é mais envolvida com seu primeiro filho, mas depois de três ou mais crianças, ela pode só fazer o que é preciso, lidando do melhor modo que pode no momento em que seu filho mais novo nasce. Agora, imagine 9 ou 10! Em famílias grandes, as crianças mais velhas muitas vezes assumem as responsabilidades da maternagem das mais novas e funcionam como mães substitutas. É claro que o bebê nessa situação não sabe que a Mãe está exausta; tudo o que ele sabe é que a Mãe não está ali.

Outras vezes, o primeiro filho é mais rejeitado. Vejo isso principalmente em casos em que a gravidez não era desejada, e a mãe se ressentiu por ser arrastada para a maternidade e presa a um companheiro que ela teria deixado ou a um companheiro que a deixou assim que soube da criança. As crianças sabem quando não são desejadas. Estou convencida de que muitas sabem disso no útero.

Infelizmente, o abuso pode ser cometido por irmãos e também pelos pais. Quando o abuso é cometido por um irmão, isso geralmente indica que: 1) a criança abusadora não foi criada corretamente; e 2) os pais estão falhando em sua responsabilidade de garantir que as crianças sejam tratadas com respeito e estejam a salvo de machucados. Ser o alvo dos maltratos de irmãos, além da negligência dos pais, cria um fardo ainda mais pesado.

Rejeição mútua

Não vi um caso em que uma criança (com frequência agora um adulto) tenha se afastado de uma mãe que sistematicamente se voltava para a criança.[10] A pesquisa do apego indica que, quando uma criança desafia o impulso instintivo de querer se apegar a sua mãe, isso ocorre porque a mãe foi percebida como não disponível de alguma maneira importante. Minha tese básica é que as crianças se afastam da Mãe por desapontamento e mágoa, e em autodefesa. Elas se afastam porque dói demais procurar uma pessoa e não ser correspondido.

As mães, sendo os seres humanos imperfeitos que são, podem reagir a percepções e medos de não serem queridas ou serem rejeitadas por uma criança. Elas se afastam por causa de suas próprias feridas. Mãe e filho podem entrar em um estado de espelhamento mútuo em que ambos rejeitam o outro, construindo muros em resposta aos muros ou não disponibilidade do outro.

Durante um ano, o jornal da minha cidade seguiu a história de uma adolescente que, com seu namorado, planejou o assassinato da mãe da garota, que foi cometido depois pelo namorado. Os dois mostravam sinais de serem gravemente sociopatas, sem remorso nem emoções. Foi desconfortável para mim contemplar uma filha ter tanto sangue-frio em relação a sua própria mãe, embora eu certamente esteja consciente da raiva sentida por muitos, se não a maioria, dos que tiveram maternagem inadequada. Um psicólogo depôs que a garota tinha desligado seus sentimentos como uma maneira de lidar com a grave negligência, abuso verbal e ocasional abuso físico que ela tinha experimentado durante muitos anos com sua mãe alcoólica e furiosa. Ela tinha a maturidade de uma criança de oito anos, segundo os avaliadores. A mesma garota tinha "florescido" antes, quando morava com uma tia em um ambiente familiar que a apoiava. A história é um exemplo trágico do profundo dano que pode ocorrer em um relacionamento pai-filho tóxico, quando os sentimentos mais normais de afeto mútuo são distorcidos em um espelhamento de defesas mútuas de entorpecimento e atuação fora de controle.

Felizmente, na maioria das vezes, as coisas não chegam a tais extremos, mas o espelhamento ainda é evidente. Por exemplo, mães que cuidam de

---

10 Eu não trabalho no campo da intervenção precoce, em que pode haver algumas exceções. Em casos em que o bebê tem um transtorno neurológico ou sensorial, mãe e bebê muitas vezes precisam de intervenções para ajudar o bebê a estabelecer apego.

seus filhos por obrigação são, mais tarde, em sua velhice, cuidadas por seus filhos adultos por uma obrigação similar. Ambos precisam mudar a fim de romper o impasse mútuo. Um precisará oferecer algo novo, e o outro precisará responder de modo positivo. Examinaremos essa questão complexa da mudança de papéis no último capítulo do livro. Vamos ver, agora, como é viver com uma mãe emocionalmente ausente.

6

Viver com uma Mãe emocionalmente ausente

Em um nível mais generalizado, temos imagens de como é viver com uma mãe "boa" e amorosa e com uma mãe "bruxa má". O que não tem sido reconhecido é a mãe que parece bastante adequada por fora, mas que está emocionalmente ausente. Essa mãe geralmente satisfaz as necessidades físicas de seus filhos, mas não tem muitas das funções mencionadas da Boa Mãe. Essa é a tarefa que abordaremos agora.

Quem era aquela mulher mascarada?

Aqueles de nós com uma certa idade lembram do programa televisivo *The Lone Ranger* (O Cavaleiro Solitário). Sempre havia alguém no final do programa que perguntava: "Quem era aquele homem mascarado?". O herói do programa era um personagem unidimensional, nunca visto sem sua máscara.

Da mesma forma, para muitos dos que tiveram maternagem inadequada, as mães nunca são totalmente vistas. Algumas vezes, elas se escondem em seus quartos. Em outras, elas se escondem atrás de um rosto imóvel e sem expressão; ou "arrumam o rosto" e saem. Nos casos mais extremos, elas são figuras de papelão para seus filhos.

Parte do processo de cura é tirar a máscara da Mãe, vendo a história da vida dela e as forças que a formaram (os dois primeiros exercícios no capítulo 14 podem ajudar nisso).

Algumas vezes, essas mulheres mascaradas são ainda mais protegidas pelo marido. Penso no caso de uma mãe de seis filhos, em que o pai sempre advertia as crianças: "Não perturbem sua mãe". Quando investiguei, não havia muita evidência de que a Mãe precisasse de toda essa proteção extra, mas isso lhe deu um disfarce para realmente não aparecer em um papel materno ativo. Nesses casos, a Mãe se transforma mais em uma boneca em uma cristaleira do que em alguém que você pode tocar, sentir o perfume e com quem pode interagir.

O contexto cultural também tem um papel. Em especial antes da década de 1970, a maioria das mulheres não percebia que não ser mãe era uma opção. Era esperado que a mulher casasse e tivesse uma família, quer essa fosse ou não sua inclinação natural. O resultado disso (na época e agora) é que algumas mulheres se tornam mães sem estarem preparadas para essa tarefa. Elas são, como disse uma mulher, "mães relutantes". Elas teriam ficado mais à vontade fazendo alguma outra coisa, talvez exercendo alguma profissão ou sendo uma *socialite*. Cuidar de crianças simplesmente não é "a praia delas".

Os homens podiam se afastar mais facilmente. Quando eu era criança, não se esperava muito dos pais além de sustentar financeiramente a família. Era muito menos visível se eles não tivessem uma tendência natural para a paternidade, porque correspondiam a uma pequena parte do quadro. Com a enorme expansão do envolvimento dos pais nos últimos anos, muitas das crianças atuais vão lembrar de seus pais dando cuidados básicos e nutrição, além de muitas outras funções da Boa Mãe que descrevi no capítulo 2. Um bom pai sempre ajudou a compensar os vazios deixados por uma mãe emocionalmente ausente.

Receber migalhas da Mãe

Ao olhar minha lista de funções maternas, muitos daqueles que entrevistei (além de leitores e pacientes) me contaram que sua mãe não atendia nenhum dos itens. Parece que quando a Mãe falta, ela não pode ser encontrada em lugar nenhum. Neste capítulo, apresento o que descobri tanto na minha fase de pesquisa como na prática clínica. Aqui está uma visão geral.

Às vezes, a Mãe fornece tão pouco da estrutura básica que, quando seus filhos crescem, eles não sabem nada sobre construir um lar ou ter ritmos diários. Uma sala de estar deve ter móveis para se sentar? Todos na família podem se sentar juntos à mesa para jantar? As crianças têm hora de dormir? Tudo é novidade. A estrutura básica da vida diária está faltando.

As interações que formam o alicerce para desenvolver um senso saudável do eu também estão faltando ou são menos do que ótimas, levando aos inúmeros problemas que veremos no próximo capítulo. Uma peça-chave para o eu em desenvolvimento de uma criança é dada pelo espelhamento (ver Mãe como espelho, p. 26). Contudo, isso raramente está disponível nas mães emocionalmente ausentes.

Essas mães não aprenderam a lidar com emoções e, em geral, não têm tolerância. Não sabem como lidar com as lágrimas de seus filhos e, às vezes, até dizem coisas agressivas como "Pare de chorar ou eu vou lhe dar um bom motivo!". Outras vezes, as crianças não são diretamente envergonhadas por mostrar seus sentimentos, mas suas emoções são ignoradas e elas só recebem aprovação por segurar qualquer sentimento triste ou "fraco".

Quando elogio e incentivo estão presentes, eles geralmente são condicionais. Essas crianças são elogiadas por aquilo que as mães valorizam (frequentemente bom desempenho na escola), mas raramente são celebradas e elogiadas por si mesmas. A mãe imatura ou narcisista muitas vezes não nota nem aprecia aquilo que é diferente dela. Essas mães recompensam seus filhos quando eles a espelham ou se conformam à ideia dela de como as crianças deveriam ser, mas não apoiam ativamente o eu único da criança.

Essas mães remotas frequentemente são lembradas como mais atentas nos momentos em que a criança estava doente, embora muitas não tenham lembrança de serem tocadas com carinho ou pegas no colo nessas horas, enquanto outras lembram de um toque frio e funcional. Para algumas, a Mãe era simplesmente um rosto preocupado na porta.

Em comparação com nossa imagem da maternagem ideal, as crianças com maternagem inadequada receberam pouco. Como ao procurar em um armário vazio, só encontram migalhas.

Falta de mentoria

Outro papel crucial que falta quase inteiramente para quem teve maternagem inadequada é orientação. Um dos trabalhos da Boa Mãe é ensinar a criança a negociar tarefas que são desafiadoras e a ir um pouco além de suas capacidades atuais. A Boa Mãe ajuda a criança a avaliar o que ela pode fazer, o que é um pouco demais, e como retroceder a partir daí. Ela calibra a tarefa para as capacidades da criança. Quando não recebemos essa orientação (e não aprendemos por outros meios), muitas vezes ficamos sem saber como navegar na vida. Uma resposta é desabar diante de uma tarefa desafiadora e nem tentar. Outra é mergulhar em algo sem preparação nem respeito por nossos limites, o que seria imprudente.

Imagine como uma mãe habilidosa ajuda seus filhos a planejar o que pôr na mala para um acampamento de verão ou quantos cursos fazer na escola sem se sobrecarregar. A Boa Mãe ensina a criança como modular a dificuldade, levando em conta necessidades e limitações (como cansaço, estresse e fome). Quando pegamos mais do que podemos dar conta, a Boa Mãe diz: "Isso é demais, querido. Vamos facilitar um pouco".

O que estou descrevendo é, na verdade, uma combinação dos papéis da Mãe como mentora (dando ajuda calibrada) e Mãe como moduladora (garantindo que a criança não fique sobrecarregada). Quando temos bastante dessa combinação de comportamentos quando crianças, ou aprendemos a ser mães para nós mesmos, perguntamos: "Qual é o passo do tamanho certo para mim? O que é demais?". Reconhecemos o que precisamos a fim de sermos capazes de dar um passo maior.

Uma mulher relatou que sua mãe tinha lhe ensinado algumas coisas, do tipo como fazer saladas e lavar os pratos, mas não tinha ensinado nada sobre como "agir na vida", como ter uma conversa ou se relacionar com as outras pessoas, como lidar com suas emoções ou outras coisas importantes. Essas mães parecem ter deixado vago o papel de mentor ou, pelo menos, se sentem muito inseguras nele.

Outra pessoa descreveu como parecia que sua mãe não se importava de ser uma tábua de ressonância de vez em quando, mas parecia reticente em se envolver, talvez com medo de intromissão. Ela nunca exibia um tapete de boas-vindas, convidando os filhos a falar com ela sobre problemas ou necessidades. É responsabilidade da mãe construir a base para isso. Não se deve esperar que as crianças intuam quando podem pedir ajuda à Mãe.

Conexões perdidas

Uma das perguntas que fiz nas minhas entrevistas foi: "Se você pudesse dar a sua mãe uma qualidade que faltava, qual seria?". A resposta mais frequente tinha a ver com a capacidade de fazer uma conexão emocional. De modo geral, era a conexão com eles, quando crianças, que faltava, mas alguns reconheceram que suas mães não pareciam fazer conexões emocionais com ninguém.

O mais frequente é que os adultos que tiveram maternagem inadequada não tenham lembranças de momentos próximos com a mãe quando eram crianças. Não há lembranças de estar no colo, de ser visto com olhos amorosos nem de ser emocionalmente sustentado durante momentos importantes. Ser emocionalmente sustentado é ver que outros tocam sua experiência de um modo que você sabe que eles entenderam. Eles sabem pelo que você passou e o que isso significou para você. Em geral, aprendemos isso por meio de respostas que demonstram empatia ou espelhamento. Os outros não têm como conhecer nossa experiência com exatidão, mas queremos que eles pelo menos tentem. Queremos que eles se importem com a nossa experiência. Quando somos menosprezados ou desconsiderados, ou nos dizem que sentimos algo diferente do que realmente sentimos, nos percebemos isolados e sozinhos.

Carol descreveu um incidente que aconteceu quando ela tinha seis anos. Sua vida realmente ficou em perigo por alguns momentos, mas ela conseguiu escapar. Quando Carol contou à mãe sobre isso, esta desconsiderou o perigo e agiu como se o relato fosse implausível, perdendo assim um momento muito importante na vida da filha. Foi um momento em que ela podia facilmente ter dado uma mensagem de Boa Mãe como: "Você foi tão esperta e corajosa! Estou feliz por você estar aqui". Podia ter sido um momento em que Carol se sentisse valorizada e soubesse que era amada. Em vez disso, ela ficou com a sensação de que não podia confiar que a mãe estaria presente quando precisasse.

Essas mães que não se conectam não são boas comunicadoras. Elas não só perdem oportunidades como a que acabei de citar, mas também deixam de responder às tentativas de contato realizadas. Quando era adolescente, uma mulher colocou uma carta de revelação pessoal embaixo do travesseiro da mãe, esperando abrir algum nível de comunicação, mas a mãe nunca mencionou a carta.

Para aqueles que se sentem amados, pode ser surpreendente ouvir que as pessoas podem passar toda a sua infância e não ter nenhuma lembrança de intimidade e conexão, mas observei esse fato um número assustador de vezes. O que torna tão difícil imaginar essa situação é que isso é totalmente diferente de nossa imagem coletiva de como uma mãe deve ser.

A mãe mecânica

A imagem que temos das mães que são emocionalmente ausentes é a de uma mulher que não parece plenamente humana. Um homem disse que seus pais pareciam estátuas para ele e que não pareciam seres humanos reais. Outros disseram que não conseguiam encontrar um coração humano e sentiam como se a Mãe "não fosse real".

Alma me disse que ela se lembra da mãe como uma pessoa, lembra que a mãe estava lá, mas não tem absolutamente nenhuma lembrança de interagir com ela. Alma sentia-se como uma "não pessoa" para a mãe, como se não existisse. Ela se sentia mais à vontade na casa da árvore no quintal do que com a mãe. Acredito que esse é o resultado de uma mãe que não criava um senso de realidade nas suas interações.

Muitas dessas mães eram bem distantes e viviam em seu próprio mundo. Essa condição não era permanente, mas podia acontecer durante alguns anos. Suspeito que isso coincida com trauma não resolvido, luto e depressão.

Certamente, se a mãe for emocionalmente ausente, será impossível que ela se sintonize com as necessidades de seu filho. Estou falando aqui tanto das necessidades de uma criança específica quanto das necessidades das crianças em geral. Listei anteriormente alguns dos aspectos inerentes de ser uma criança: estar em desenvolvimento, não ter domínio, ter capacidades limitadas, ser dependente, precisar de muito afeto e colo, e precisar de proteção, orientação e mentoria, entre outras coisas. Descobri que o mundo experiencial da criança estava totalmente perdido para essas "mães mecânicas". Esses pais (e, em geral, eram ambos) pareciam mais à vontade vendo seus filhos como pequenos adultos do que respondendo a eles como crianças. As crianças não tinham permissão para serem barulhentas, exuberantes ou bagunceiras, e seus pedidos de intimidade eram consistentemente rejeitados.

Algumas vezes a Mãe está obviamente fora do ar. Mais insidiosos são os casos em que ela parece ser uma mãe desejável, faz muitas das coisas externas que acredita fazer parte do papel central de uma mãe, mas é vivenciada por seus filhos como não realmente presente e não sintonizada. Algumas dessas mães podem até pensar sobre si mesmas como felizes e estabelecidas na maternidade. Mas definem sua tarefa de modo diferente! O foco delas está em garantir que as crianças estejam vestidas, sejam educadas e que os conflitos familiares permaneçam fora de vista.

Em muitos lares, existe uma pressão para manter a ilusão de uma família feliz. Em um caso, o pai dizia repetidamente às crianças que elas tinham uma mãe maravilhosa. A mãe, aliás, passava a maior parte do tempo no quarto e se forçava a sair para participar em celebrações e festas importantes, momentos em que era crucial manter essa imagem.

Os filhos dessas mulheres muitas vezes crescem acreditando que foram amados, mas não se *sentindo* amados. Isso pode ser confuso, especialmente se as mães se esforçam para fazer algumas coisas orientadas para as crianças, como comparecer a reuniões com os professores na escola e organizar uma festa de aniversário de vez em quando. Como as crianças não têm para onde ir e são dependentes dos pais, muitas vezes elas afastam da consciência qualquer sentimento de não serem amadas. Os sentimentos explodem depois, quando o adulto está em terapia ou enfrentando questões de autoestima ou de relacionamento.

Algumas dessas mães aprenderam a se conectar mais tarde na vida, mas a maioria não aprende. Uma mãe disse "eu te amo" pela primeira vez à filha (já de meia-idade) depois de ler em uma coluna de conselhos pessoais em um jornal que isso é algo que as mães deviam dizer a seus filhos.

Como se pode imaginar, essas mães emocionalmente distantes não tocam muito em seus filhos, o que provoca uma intensa necessidade de ser tocado ou o oposto, aversão ao toque. Muitas vezes, como essas mães evitam o contato, o toque entra no relacionamento quando elas ficam mais velhas e os filhos, que se curaram, buscam maior proximidade. Algumas vezes, as mães começam a procurar os filhos quando ficam viúvas e solitárias e precisam de mais apoio. Frequentemente, é na idade avançada que a mãe mecânica finalmente se torna humana.

Alguém está observando? Alguém se importa?

A imagem que emerge de muitos desses pais é de extremo desapego. Tanto a mãe quanto o pai estão faltando.

Uma das maneiras como isso se manifesta é uma falta marcada de supervisão. Já soube de crianças andando sozinhas fora de casa com apenas dois anos e, muitas vezes, aos três ou quatro. Elas voltam sozinhas para casa depois da escola ou da loja da esquina e frequentemente são mandadas para fazer coisas sozinhas em uma idade que a maioria das pessoas hoje consideraria totalmente inapropriada ou perigosa. Quando o dentista de uma criança de oito anos ligou para a mãe, esta achou que a criança tinha se comportado mal. Ela não podia imaginar que mandar uma criança dessa idade sozinha ao dentista podia ser demais para seu filho.

Alguns pais distantes nem parecem se importar e nem querer saber o que seus filhos estão fazendo. Quando um garoto adolescente disse para a mãe aonde ia ou o que ia fazer, ela respondeu: "Não me importa".

As crianças podem, em especial na adolescência, gostar da liberdade de não ter ninguém a quem responder, mas isso tem um preço. Crianças e adolescentes muitas vezes ainda não desenvolveram o julgamento que leva a escolhas sábias, e não ter parâmetros sobre seu comportamento cria a sensação de que ninguém realmente se importa. Quando Bobby caiu da bicicleta e precisou levar pontos, a mãe dele colocou-o de castigo por algum tempo, restringindo-o a brincar no quintal. Ele notou que, na verdade, se sentia feliz com isso porque, pela primeira vez, parecia que sua mãe estava cuidando dele.

Em muitas dessas casas, praticamente não existem conversas em família. Existe uma quantidade mínima de comunicação funcional, mas nenhuma discussão das atividades ou dos amigos dos filhos. Compare isso com os pais que falam com seus filhos sobre todas as partes das vidas das crianças, que conhecem os altos e baixos, as esperanças e medos dos filhos, e que os apoiam quando perdem a autoconfiança, e celebram até mesmo seus menores sucessos.

A falta de envolvimento descrita nesta seção é a negligência. Não é a negligência física de crianças que ficam sem comida ou abrigo, é negligência emocional. As cicatrizes causadas por essa falta de envolvimento e cuidado emocional são significativas. Lares sem brinquedos, filhos nunca cuidados como crianças, filhos que são estranhos para seus pais – essas são falhas graves.

Viver com uma mãe desconectada, especialmente se também houver um pai desconectado ou ausente, é como viver sozinho como criança.

- Em quais áreas de sua vida sua mãe era conectada e em quais ela era desconectada?
- Se você tinha um pai em casa, ele espelhava isso ou tinha um padrão diferente?

Desatenta

Descobri que essas mães emocionalmente ausentes são singularmente não reflexivas, ignoram o papel que podem ter desempenhado nos problemas iniciais ou posteriores de seus filhos.

Quando uma mulher de meia-idade contou à mãe como sua infância tinha sido difícil, a mãe respondeu: "Se soubéssemos como você era infeliz quando criança, podíamos ter medicado você". Embora isso possa mostrar um leve senso de apoio e cuidado, e reflita a orientação dominante de nossa cultura em relação aos problemas de saúde mental, não há o menor reconhecimento do fato de que, talvez, fossem necessárias mais demonstrações de amor (ou de qualquer outro dos papéis da Boa Mãe). Acho que essas mães não percebem esse fato porque, na mente delas, elas amam seus filhos. Elas só não parecem saber como demonstrar isso de uma maneira que as crianças realmente percebam.

Nenhum lugar para pedir ajuda

Todos nós sabemos que coisas ruins acontecem às vezes no mundo, então, para que o mundo pareça um lugar onde queremos estar, também precisamos acreditar que existem locais onde podemos procurar ajuda.

Em "Mãe como porto seguro" (p. 35), descrevi a Mãe como o lugar a que podemos sempre recorrer para abrigo, ajuda e conforto. Claramente não foi assim que aconteceu para quem teve uma maternagem inadequada. Nenhuma das pessoas que entrevistei podiam lembrar de um momento em que recorreram à mãe e receberam uma resposta satisfatória. Quase todas aprenderam cedo a não pedir. Um homem lembrou que sempre que procurava a mãe com um pedido quando era criança, ela respondia: "Para que você precisa disso?". Os filhos dessas mães muitas vezes sentem que pedir ajuda vai deixá-los com problemas. A sensação é de que as mães não querem ser incomodadas.

Notei um padrão perturbador de mães que não são capazes de responder a pedidos diretos de ajuda nem mesmo quando seus filhos são crescidos. Um número notável de pessoas que tiveram maternagem inadequada que entrevistei chegaram a um ponto no início da vida adulta em que sua saúde mental vacilou e precisaram de ajuda. Naomi estava visitando a mãe quando seu psiquiatra telefonou. Quando Naomi terminou a ligação e disse à mãe: "Estou muito deprimida. Preciso de ajuda!", a mãe dela respondeu: "Você não precisa de ajuda. Você só precisa de um banho quente". Outra mãe, confrontada pelo filho de 22 anos que disse que estava consultando um psiquiatra, saiu da sala sem dizer nada.

Margaret perguntou aos pais se ela podia morar com eles enquanto seu jovem marido estava hospitalizado e a situação deles era terrivelmente instável e estressante. Os pais recusaram seu pedido e isso levou a anos de distância entre eles e à decisão de Margaret de nunca procurá-los em busca de ajuda novamente.

Outra mulher perguntou a sua mãe, externamente muito capaz, se poderia contar com ela se realmente precisasse. A mãe respondeu: "Tenho de pensar sobre isso". É claro que essa mãe nunca voltou com nenhuma palavra tranquilizadora. Isso contrastou com os sogros da mulher, cuja resposta a qualquer tipo de necessidade foi um incondicional: "Pode contar conosco".

Assim, infelizmente, vemos mães subestimando os problemas de seus filhos, mães negando problemas significativos que acontecem bem debaixo do seu nariz, mães que humilham e culpam seus filhos por terem problemas, e mães que agem com uma fria indiferença. Para complicar mais a situação, até encontramos mães que expressam raiva e indignação quando seus filhos *não* as procuram com um problema, como veremos a seguir.

Quando a mãe de Sharon descobriu que ela tinha feito um aborto e não havia contado, confrontou sua filha de 15 anos. Talvez ela se sentisse magoada, talvez tenha se sentido insultada; seu comportamento era de raiva. O que ela não comunicou foi que se importava com Sharon. Ela não perguntou como e por que isso havia acontecido ou por que Sharon não se sentira à vontade para contar para ela, embora estivesse obviamente perturbada com o fato de que Sharon não a tinha procurado. Em vez de ser um momento em que Sharon pudesse finalmente sentir algum apoio, ela simplesmente se sentiu em apuros com a mãe.

A base para que as crianças saibam que podem procurar a mãe em suas necessidades e problemas é estabelecida cedo, como também é o senso de que as mães não querem saber, não têm tempo e energia para lidar ou não são de muita ajuda. Quando a criança se torna um adolescente, tentar alcançá-lo durante os períodos de estresse significativo muitas vezes é tarde demais.

- Você procurava sua mãe em busca de ajuda nos momentos de necessidade? Como ela respondia? Como isso afetou seu relacionamento?
- Você iria procurá-la para ajuda agora (se ela ainda estiver viva)? Se não, por quê?

O fracasso de uma mãe em fornecer um porto seguro, um lugar ao qual retornar, um lugar que seja seguro, faz com que uma pessoa se sinta como uma criança órfã.

Sentir-se como uma criança órfã

Aqueles que conviveram com uma maternagem inadequada muitas vezes se sentem como se realmente não tivessem uma mãe – embora tenham, o que complica a situação. O sentimento é de ser órfão, mas a realidade mostra que alguém está lá, a quem o mundo reconhece como sua mãe. Como reconciliar o sentimento de ser órfão com a realidade é parte do desafio do filho adulto que conviveu com uma maternagem inadequada. Desconsiderar o sentimento é continuar a abandonar a criança. Em grande medida, a cura é aprender a responder a esse sentimento.

Uma expressão às vezes usada para descrever isso é o *complexo de órfão* ou o *arquétipo do órfão*. É o sentimento de estar sem pais e sem amor, de se sentir sozinho no mundo. Esse sentimento é muitas vezes profundamente reprimido porque é muito doloroso; viver sem esse afeto ameaça a sobrevivência de uma criança. Uma mulher descreveu sua abertura ao sentimento reprimido há tanto tempo: *eu podia morrer por carência de amor.*

Ao escrever sobre o arquétipo do órfão, a analista junguiana Rose-Emily Rothenberg nota um sentimento onipresente de falta de merecimento e uma sensação de necessidade de apoio. "Ele [o órfão] sente que é o 'ferido' e precisa de todo o cuidado que puder conseguir".[1] Ela descreve um padrão de dependência e de se agarrar a qualquer coisa e qualquer pessoa que represente a proteção e a segurança da mãe.

Isso se manifesta por um tipo de fome de amor que faz com que as pessoas permaneçam em relacionamentos abusivos ou insatisfatórios porque o sentimento de carência é tão desesperado que ela não consegue sair deles. Não tendo um ponto de referência interna de ser bem amado, elas muitas vezes sentem que *Isto é melhor do que nada.* Outros acham mais fácil (e mais familiar) continuar sem amor do que se aproximar desse ferimento.

Essa necessidade de carinho vai além da parceria e pode ser tão sutil quanto ter dificuldade de se afastar de qualquer pessoa que ofereça algum tipo de atenção positiva. Percebi que, durante anos, se alguém fazia uma

---

1 Rose-Emily Rothenberg, "The Orphan Archetype", em *Reclaiming the Inner Child,* ed. Jeremiah Abrams (Los Angeles: Tarcher, 1990), p. 92.

coisa gentil para mim, eu me sentia presa a essa pessoa. Aos poucos entendi que a nutrição emocional não é uma coisa tão rara e que posso decidir, em cada relacionamento, quando quero sair dele. Um ato de gentileza não é um contrato para toda a vida.

Outros que estão emocionalmente famintos se fixam na comida, tentando usar a nutrição física como substituta da nutrição emocional. Talvez porque não sejam equivalentes, a satisfação nunca é completa. Uma mulher que sabe que procura comida para alimentar sua fome emocional, ou quando está estressada, sugeriu que a fome emocional está por trás de nossa epidemia de obesidade. Muitas das pessoas que tiveram maternagem inadequada têm histórias de distúrbios alimentares e de bulimia.

Aqui estão algumas perguntas para ajudá-lo a explorar essa realidade.

- Você já se sentiu "como uma criança órfã"?
- Como sua fome de amor se manifesta?
- Como você poderia encobrir sua fome de amor, apoio e proteção?

Sem âncora

O senso de estar conectado com algum lugar representa uma âncora importante em nossa vida. Sem isso, nos sentimos desconectados, perdidos e sem chão no mundo, o que às vezes se parece com estar flutuando em um espaço escuro, como um astronauta cujo cordão de conexão está rompido. Outros descrevem essa sensação como estar à deriva no mar, em meio aos destroços. Esse sentimento é muitas vezes carregado por toda a vida, a menos que sejam feitos esforços para mudar a situação.

Sem uma mãe acolhedora como âncora, podemos nem mesmo chegar plenamente a essa dimensão (o que é conhecido como a defesa esquizoide nos círculos psicológicos). O mais provável é que não ocupemos plenamente nosso corpo e que nos sintamos um pouco mais ETs do que humanos. Podemos continuar à deriva por toda a vida, nunca nos sentindo parte de uma comunidade e nunca solidamente conectados a alguém.

Quando um bebê é cuidado por uma mãe que não está realmente presente, a criança não tem nada a que se ancorar e perde sua conexão com o corpo dela também (lembre-se da criança que seguia a Mãe em estados dissociativos como descrevi anteriormente). Se não estiver sintonizado com seu corpo, você não saberá quando está com fome e quando está satisfeito. Você não sabe o que seu corpo quer ou precisa porque não está realmente presente. Isso contribui para o surgimento de distúrbios alimentares e também para a ocorrência de acidentes e doenças.

Sem mãe, sem eu

Quando estava pensando em títulos para este livro, pensei em um jogo de palavras com o título de um livro famoso de Nancy Friday, chamado *My Mother, My Self* (Minha mãe, meu eu). No nível mais básico, é simples: *Sem mãe, sem eu.*

Nosso relacionamento com nossas mães tem um grande impacto no modo como vivenciamos a nós mesmos quando crianças. Uma criança com um pai abusivo muitas vezes internaliza a rejeição e a crítica, e fica cheia de dúvidas, inadequação e vergonha em relação a si mesma. Geralmente existe um senso de eu, mas é um eu danificado. Com um pai negligente, um pai emocionalmente embotado ou ausente, sobretudo desde o início da vida da criança, pode não haver *feedback* suficiente para que o eu frágil da criança se torne coeso, fazendo com que a pessoa se sinta como se não houvesse *eu*.

O vazio gera vazio, a ausência gera ausência. Sem mãe, sem eu.

Talvez o lado positivo disso seja que, ao contrário daqueles que estão identificados com a Mãe e não conseguem se individualizar dela, carregando essa sombra durante toda a vida, aqueles sem essa conexão – se fizeram o trabalho psicológico necessário – estão mais livres para criar um eu que seja inteiramente deles.

Vamos examinar os impactos das mães emocionalmente ausentes no próximo capítulo, tanto em termos daquelas que são negligentes involuntariamente, como já descrito, como aquelas que são mais ameaçadoras.

7

Negligência emocional e abuso na infância

No último capítulo, examinamos a vida com uma mãe ausente. Aqui, daremos mais um passo para investigar quando a negligência emocional se transforma em abuso emocional e qual é exatamente a relação entre negligência e abuso.

O que é negligência emocional?

Negligência emocional é o fracasso em fornecer aquilo que uma criança precisa, de forma razoável, para o desenvolvimento emocional e um senso saudável de eu. Em nosso último capítulo, "Viver com uma mãe emocionalmente ausente", descrevemos esse tipo de negligência.

Na primeira edição deste livro, distingui entre "pecados e omissão" e "pecados de comissão", e a negligência estava na última categoria. A psicóloga Jonice Webb, que também trabalha nessa área, usa as mesmas palavras e diz simplesmente: "Abuso emocional é algo que um pai faz a um filho – é uma ação. Negligência emocional é o oposto – é uma falta de ação. É um pai não percebendo uma criança *versus* um pai maltratando uma criança".[1]

Esse é um contraste simples e nítido que muitas vezes é suficiente para fazer a distinção. No entanto, a vida nem sempre é preto no branco. Por exemplo, se a Mãe não o alimenta, esse é um pecado de omissão, mas tam-

---

1 Catherine Robertson Souter, "Psychologist Examines 'Childhood Emotional Neglect'", *New England Psychologist,* March 1, 2015, nepsy.com/articles/leading-stories/psychologist-examines-childhood-emotional-neglect.

bém pode ser visto como uma negação ativa e como uma punição que só pode ser considerada um pecado de comissão. Isso pode ser verdade também em um nível emocional? Se a Mãe se recusa a reconhecer quando você está deitado do lado de fora da porta dela chorando histericamente, a falta de resposta dela é algo que está fazendo ou deixando de fazer? Para essas situações, precisamos de um segundo critério. Precisamos entender o *porquê* de uma ação ou falta de ação. O sofrimento causado é intencional ou não?

Deixe-me adicionar um qualificador: *A negligência não intencional é o fracasso em fornecer cuidado por ignorância ou desatenção.* Podemos negligenciar nossa saúde, nossas finanças, nosso lar e, sim, nossos filhos. Negligência não intencional não tem intenção maldosa, embora possa ter resultados devastadores. Pode ser que a Mãe realmente não saiba que as crianças precisam de demonstrações de afeto e necessitam ser ouvidas.

Existe negligência que não seja intencionalmente danosa, mas também não possa realmente ser perdoada como acidental? E se a Mãe só se sentir cansada demais para levantar e atender ao bebê que chorava? Ou ela está ocupada demais com seu planejamento social para parar e ouvir você, mesmo que você tenha acabado de viver sua primeira grande perda na vida porque seu melhor amigo morreu? Onde ela está desleixada em vez de dar prioridade?

É difícil separar inteiramente a negligência do abuso emocional na infância. A linha de separação é tênue e difícil de encontrar.

Como o abuso emocional é diferente?
Os dois podem estar presentes?

O abuso não é acidental nem uma desatenção. É fazer algo (ou mesmo não fazer algo) com o conhecimento de que vai provocar dor emocional.

O abuso emocional muitas vezes assume a forma de ridicularização, repreensão, culpa e humilhação. Ele não acontece só quando a Mãe está com raiva, mas pode ser dito em tom de conversa cotidiana, até mesmo em um tom alegre diante de seus amigos ou dos dela.

Embora muitas vezes tome a forma de palavras cruéis e críticas, o abuso emocional também pode ser não verbal. Recusar-se a falar com uma criança (novamente aquele local indistinto entre ação e inação), olhares de raiva, comportamentos que sabotam o senso de eu de uma criança, sua eficiência ou autorrespeito, ou sabotar o sucesso de uma criança – tudo isso se qualifica como abuso emocional.

A palavra *emocional* literalmente confirma que não estamos falando de dano físico, mas dano emocional, mesmo que isso possa incluir o mundo material. Por exemplo, eu ouvi sobre meninas pubescentes que passaram por uma enorme vergonha quando obrigadas a usar roupas sujas, rasgadas, que não serviam ou eram inadequadas. O abuso emocional pode envolver e degradar o gênero da criança, ou expor de propósito a criança a situações assustadoras ou intoleráveis.

Ameaçar abandono é abuso emocional. Comentários como "vou levar você para o orfanato" ou "vou embora se você continuar a fazer isso" comunicam que não se pode confiar na presença da Mãe. Essas ameaças evocam o terror nas crianças pequenas para quem a Mãe significa sobrevivência. Crianças mais velhas também serão controladas com essas ameaças (o que é o propósito delas), reforçando um apego inseguro e a insegurança em geral. A ameaça de abandono físico é abandono emocional. A mensagem é "você não pode contar comigo". Como é uma ação deliberada e é traumatizante, isso é abuso.

Uma mãe cruel sabe quais são seus pontos mais vulneráveis e, algumas vezes, mira exatamente essa fraqueza. Ela sabe como acender sua vergonha. A vergonha é uma das emoções mais dolorosas que alguém pode sentir. É um senso de ser fundamentalmente defeituoso, errado ou ruim. Envergonhar alguém é fazer com que se sinta errado ou ruim (não só culpado por um comportamento) e é um tipo de abuso emocional.

Minha observação é que, quando existe abuso emocional na infância, também existe negligência emocional, embora nem sempre o contrário seja verdade. Mães emocionalmente ausentes em geral não têm a maldade que as mães emocionalmente abusivas têm e não pretendem ferir seus filhos. Elas são emocionalmente negligentes, mas não abusivas. O que permite que as mães emocionalmente abusivas sejam cruéis é, em parte, uma falta de conexão e empatia com seus filhos, e essa desconexão também significa que elas serão emocionalmente negligentes. Nos dois casos, essas mães não têm sintonia emocional com seus filhos nem consciência do que significa ser um bom pai.

É mais fácil (embora nunca seja simples) reconhecer a mãe monstruosa como alguém que não tem qualidades do que encontrar falhas na mãe que é agradável, mas desatenta.

Quão ruins eles são?

Tanto a negligência emocional quanto o abuso emocional são muito prejudiciais. Não há como dizer que não são tão ruins, exceto pela negação completa. Eles são muito ruins, mesmo que geralmente demore um pouco para encará-los plenamente.

Não é incomum que sobreviventes de negligência emocional ou abuso emocional na infância minimizem aquilo por que passaram, dizendo algo como "Pelo menos, eu não era espancado. Não tenho muito do que reclamar". Mas um estudo relatado pela *American Psychological Association* descobriu que "As crianças que são emocionalmente abusadas e negligenciadas enfrentam problemas de saúde mental similares e algumas vezes piores que as crianças que são física ou sexualmente abusadas".[2] Eles descobriram que as crianças que foram psicologicamente abusadas sofriam de ansiedade, depressão, baixa autoestima, sintomas de estresse pós-traumático e eram suicidas em uma proporção igual ou maior do que as crianças que eram física ou sexualmente abusadas.

A negligência extrema precoce pode ameaçar a vida. Um bebê privado das primeiras interações não tem a base nem o estímulo cerebral para entrar inteiramente no mundo humano. Enquanto a negligência extrema pode deixar uma criança flutuando acima da vida, desconectada de seu corpo e até imaginando se ela existe, o abuso emocional fere a alma de uma maneira diferente. O sentimento de ser desprezado pela pessoa de quem você depende, até mesmo de ser odiado, é difícil de compreender. Se sua mãe cai na categoria de bru-

---

2   "Childhood Psychological Abuse as Harmful as Sexual or Physical Abuse", American Psychological Association press release, October 8, 2014, apa.org/news/press/releases/2014/10/psychological-abuse.aspx.

xa, você pode ter sentido que a sua vida podia ser destruída a qualquer momento. A negligência emocional e o abuso emocional extremos sabotam completamente qualquer base para uma vida saudável (isso não deixa a vida saudável fora de alcance, mas você terá de construir um novo alicerce).

Quão prejudiciais eles (a negligência e o abuso emocionais) serão dependerá de diversos fatores atenuantes. Em "Por que algumas crianças sofrem mais" (p. 83), discuti as diferenças individuais que tornam as pessoas mais vulneráveis ou mais resilientes, fator que explica por que podemos sofrer mais ou menos de ferimentos precoces desse tipo.

Outro fator importante é a quantidade de abuso emocional ou negligência. Quanto mais consistentemente a criança é tratada de um modo específico, mais profundamente isso penetra nela. Embora um abuso ocasional certamente roube a segurança de uma criança, o abuso contínuo não possibilita tempo para recuperação antes de ser derrubado novamente. Como ocorre com a negligência, a mãe que está emocionalmente ausente por um período, digamos quando a criança é mais velha ou durante uma hospitalização, é menos prejudicial do que aquela que esteve consistentemente ausente durante todo o início da vida da criança.

Um terceiro fator atenuante é o restante do ambiente: existem outras pessoas presentes que ajudem a compensar os comportamentos prejudiciais da Mãe? Existem outras figuras paternas e elas são um amortecedor, um suporte, ou não ajudam em nada? Muitas vezes, ouvi mães furiosas, casadas com homens arrasados, que não são abusivos, mas que são negligentes, pois não protegem seus filhos dos maltratos da Mãe. A Mãe, talvez por ciúmes, interfere na formação de vínculos de afeto de seus filhos com outros adultos? Mães inseguras fazem isso muitas vezes.

Existem irmãos? Algumas vezes um irmão compartilha com você o mundo único em que vocês vivem e é um porto na tempestade (mesmo que vocês estejam ambos vulneráveis e impotentes); outras vezes, o irmão é parte do abuso. Quando um irmão comete violência, é sempre uma bandeira vermelha de problemas graves no sistema de família. O tratamento desigual entre os filhos e papéis injustos podem dificultar que os irmãos formem uma aliança de iguais. Algumas vezes, os irmãos são colocados um contra o outro pela Mãe. Outras vezes, para sua própria sobrevivência, os irmãos encontram um modo de se afastar do perigo, ou se escondendo no quarto ou fugindo de casa. Ocasionalmente, você ouve sobre uma criança que aprendeu a se desligar de tudo, ficando absorvida em algo como um livro ou um jogo bem no meio do caos familiar. Quando os irmãos desaparecem desse jeito, pode levar a uma sensação de solidão e abandono ainda maiores.

Agora que você viu como a situação de cada pessoa é única, vamos examinar os impactos comuns da negligência emocional e do abuso emocional.

Efeitos da negligência emocional na infância

Vamos começar com a negligência e examinar seus efeitos em longo prazo. Os problemas experimentados pelos que tiveram maternagem inadequada não são surpresa; eles se relacionam claramente com as funções da Boa Mãe que faltaram. Aqui estão quinze problemas comuns:

Buracos em seu senso de valor e autoestima

Quem teve uma maternagem inadequada não se sente valorizado e, em especial, não se sente visto. Não são espelhados e recebem muito pouco apoio ou incentivo. Quase sempre, não se sentem amados (mesmo que acreditem que a mãe os ama).

A explicação mais comum para tudo isso na mente de uma criança é "eu não importo" ou "algo deve estar errado comigo". Falta o pilar central ao redor do qual se desenvolve um senso de eu saudável.

Sensação de que você não tem apoio suficiente

Não ter recebido muito apoio quando criança deixa quem não teve maternagem adequada com um senso de eu menos confiante e com menos sustentação interna porque não havia uma Boa Mãe para internalizar. Essa falta de apoio muitas vezes se manifesta como insegurança e dificuldade de seguir em frente. Quando as coisas ficam difíceis, você pode se sentir desabando. Mesmo estar diante de uma curva de aprendizagem normal pode ser avassalador e provocar sentimentos de não estar à altura do desafio.

Aqueles que se tornaram especialmente autossuficientes às vezes não sentem essa falta porque aprenderam a lutar sozinhos; no entanto, com o estímulo suficiente, a defesa se rompe, e a necessidade de apoio é exposta.

Dificuldade em aceitar e defender suas necessidades

Em geral, *necessidade* é um palavrão para quem teve maternagem insuficiente porque as necessidades estão associadas com a lembrança dolorosa de ter necessidades que não foram satisfeitas ou com a percepção da Mãe se afastar de você por causa de suas necessidades. Muitas vezes, as necessidades são uma fonte de vergonha e algo a esconder. Pode haver uma crença não muito consciente de que *minhas necessidades são um fardo.*

Você não pode defender suas necessidades a menos que sinta algum direito de tê-las e alguma expectativa de que os outros serão responsivos. Tendo um histórico de mãe não emocionalmente presente para suas necessidades, alguns acham quase impossível pedir ajuda.

Sentir-se subnutrido e faminto emocionalmente

Muitas pessoas que tiveram maternagem inadequada sentem que ainda estão tentando compensar o afeto que lhes faltou quando crianças (ver "Sentir-se como uma criança órfã", p. 98). Como adulto, você pode experimentar o estilo de apego mais preocupado e ainda buscar o apego emocional. Isso é diferente dos adultos que podem ter tentado negar sua necessidade de amor e perderam a esperança de ter intimidade emocional. Algumas vezes, existe uma oscilação entre sentir pouca ou nenhuma necessidade de proximidade e sentir fome de amor que, na linguagem do apego, se relaciona com o estilo desorganizado de apego que você pode experimentar agora (ver p. 48).

Dificuldade em receber amor e manter relacionamentos íntimos

Embora as pessoas que tiveram maternagem inadequada muitas vezes se sintam famintas por amor, isso não facilita receber o amor, pois frequentemente existe tensão elevada e armadura protetora bloqueando o caminho. Ser íntimo exige ficar vulnerável e demonstrar suas necessidades e sentimentos. Aqueles com um estilo de apego mais autossuficiente e evitativo têm dificuldade específica com isso.

Aqueles que receberam maternagem inadequada têm pontos de referência limitados para relacionamentos íntimos e menos expectativas de ter suas necessidades satisfeitas. É difícil confiar que alguém realmente estará presente para você quando não foi assim no primeiro e mais formativo relacionamento. Muitos também se sentem pouco merecedores (algumas vezes inconscientemente) acreditando que, se fossem merecedores, a Mãe teria estado presente para eles.

Aqueles que têm um estilo mais dependente podem não só afastar as pessoas com seus comportamentos carentes, mas também ficar com raiva quando os parceiros não lhes oferecem o amor perfeito que eles ainda buscam. Sua raiva afasta os outros, recriando o padrão de sua perda original.

Solidão e sentimentos de não pertencimento

Existe um tipo de complexo do excluído que vem de não se sentir como uma parte valiosa de uma família. Isso pode fazer com que você anseie por ser parte de alguma coisa – de um grupo ou comunidade –, mas se sinta profundamente desconfortável e ambivalente sobre colocar-se novamente nessa situação. Muitos ficam pensando se existe um lugar para eles neste mundo. Sentir-se não amado como criança prepara o cenário para a solidão crônica.

Não saber como processar sentimentos

Quando uma gama de emoções não é livremente expressa no lar da infância (ou só é expressa por um pai fora de controle), e quando a Mãe não ajudou o filho a aprender como regular ou comunicar sentimentos, cria-se um vazio em uma parte importante da vida. Para muitas pessoas, aprender a identificar sentimentos em vez de atuar por meio de comportamentos de dependência é uma importante tarefa terapêutica. Aqueles que mantiveram seus sentimentos à distância precisam aprender como deixar que uma emoção surja e complete seu ciclo.

Uma sensação onipresente de escassez

Nem todos que tiveram maternagem inadequada sofrem com um senso de escassez, mas vários deles sofrem. A privação pode estar tão profundamente gravada em sua consciência que se transforma em uma lente através da qual você experimenta a vida. Você pode se sentir como se nunca houvesse dinheiro suficiente, amor suficiente e alegria suficiente.

Muitas vezes, isso é complicado pelo desconforto em receber. Se sua mãe era avarenta e não se doava com generosidade, muitas vezes uma parte de sua psique tem esse mesmo filtro e não dá nem recebe de bom grado. E aí você continua o legado da escassez.

Senso de esforço

Para muitos que tiveram maternagem inadequada, a vida parece dura. Existe esforço na vida, nos relacionamentos e para simplesmente se sentir bem. Esse esforço é pouco diferente da síndrome de retardo do crescimento pôndero-estatural identificada em orfanatos.

Depressão

Um ponto muito comum de entrada na terapia é buscar ajuda para depressão. Depressão tem muito a ver com perda, privação, necessidades insatisfeitas, não ter recebido amor suficiente, autoestima vacilante, dor e desapontamento não digeridos, pesar e falta de apoio. Depressão é também uma pista de déficits significativos de criação, em especial quando ela começa na infância ou quando mais de uma criança na família tem depressão ou tendências suicidas.

Comportamentos dependentes

A dependência é uma resposta comum para a dor que não foi metabolizada. Está relacionada à incapacidade de se autoconfortar e regular suas emoções ou de lidar com seu corpo quando ele se torna agitado e reativo a algum sinal superficial. Incapaz de processar essas emoções e sensações desconfortáveis, você aprende a afastá-las por meio de dependências, geralmente as que oferecem algum tipo de alívio e entorpecimento.

Dependências ligadas à alimentação são especialmente comuns aos que foram emocionalmente subnutridos. A comida muitas vezes é associada ao amor da Mãe, então é fácil entender por que comer pode ser um ato de autoconforto e preenchimento do vazio deixado pela maternagem inadequada. Comer para satisfazer necessidades emocionais insatisfeitas leva facilmente a comer demais e à obesidade.

Sentir-se impotente

Não se sentir capaz é o resultado natural de diversos itens desta lista, em especial os três primeiros. Sem um senso positivo de autoestima, forte suporte interno ou direito saudável às próprias necessidades, é difícil sentir-se capacitado. Além disso, se a Mãe não o incentivou durante os anos de pré-escola, não o guiava nem elogiava sua competência crescente, seu senso de eficácia pode ser gravemente comprometido.

No entanto, começa ainda antes disso. Sua primeira tarefa como bebê é fazer a Mamãe vir. Quando a Mãe não é responsiva a seus gritos, cria-se um senso muito profundo de futilidade. Uma mãe pouco responsiva pode, então, dificultar profundamente seu senso de ser capaz de afetar seu ambiente.

Não se sentir seguro

Aqueles que tiveram maternagem inadequada têm de se cuidar sozinhos, muitas vezes em situações que não são seguras para crianças. Quando a Mãe não está presente para proteger você quando criança, seu sistema nervoso pode assumir um padrão de hipervigilância para compensação. Desligar essa hipervigilância não é fácil.

O apego inseguro também fará com que a pessoa se sinta menos segura já que o apego é o veículo primário para oferecer segurança a uma criança pequena. Sem ter internalizado a presença calorosa e reconfortante da Boa Mãe, não existe um reservatório de sentimentos de proteção nem segurança.

Perfeccionismo e autocrítica

Quando a Mãe não dá amor nem elogio com frequência, os filhos muitas vezes se esforçam muito para se adaptar ao que acham que a Mãe deseja. Eles se monitoram cuidadosamente e criam padrões elevados para si mesmos. Eles pensam: *Se eu puder ser bom o bastante, vou finalmente merecer o amor da Mãe,* e se agarram a essa esperança até a idade adulta.

Esse esforço para obter amor e respeito sendo bom o bastante leva ao esforço excessivo, como poderíamos esperar, mas também leva ao esforço insuficiente. As pessoas que precisam fazer tudo com excelência não têm permissão para fracassar nem para experimentar novas coisas que exijam uma curva de aprendizagem e, assim, param antes mesmo de começar.

Dificuldade em encontrar sua voz autêntica e seguir sua paixão

Sem um defensor ou uma líder de torcida, sem espelhamento e sem aceitação incondicional, é muito mais difícil encontrar sua autenticidade. A negligência pode ser uma base para um eu perdido e uma vida perdida.

Efeitos adicionais do abuso emocional

Pais emocionalmente abusivos raramente estão sintonizados com seus filhos e não respondem às necessidades deles, então os efeitos da negligência emocional muito frequentemente estarão presentes naqueles cujas mães são consideradas emocionalmente abusivas. Depressão e dependência são mais prováveis aqui, e é claro que o senso de segurança dessa pessoa exige muitos cuidados. Além dos desafios listados anteriormente, aqueles que sofreram abuso emocional provavelmente enfrentarão outros desafios.

Níveis elevados de ansiedade

Ansiedade é o sentimento de que alguma coisa não está certa, muitas vezes com um pressentimento de que algo ruim está para acontecer. É fácil ver por que aqueles que sofreram ataques emocionais quando criança poderiam sentir muita ansiedade. Em minha experiência, guardar muitas emoções não processadas também está relacionado com ansiedade. Aquilo que não trabalhamos fica entalado interiormente, criando essa mesma inquietação.

A ansiedade se manifesta de muitas maneiras. Algumas vezes ela escapa como um ataque de pânico. Ou assume a forma de fobias ou padrões obsessivo-compulsivos. Muitas vezes, a ansiedade interfere no sono. Tenho clientes que têm medo de adormecer ou medo de que possam morrer no sono. A ansiedade também pode estar envolvida em comportamentos nervosos como puxar o cabelo, preocupar-se em excesso ou se tornar abertamente cauteloso, ou ficar irritável e agitado. Sentir-se ansioso e em guarda torna difícil relaxar, e o corpo é então privado de muito do que precisa para manter uma boa saúde.

Profunda inclinação a comportamentos evitativos

Se você não tem boas habilidades para regular suas emoções, como é o caso de tantas pessoas que foram emocionalmente negligenciadas ou abusadas, terá um grande interesse em evitar que suas emoções explodam. Isso pode levá-lo a não se aventurar na vida e também a evitar voltar-se para seu interior, deixando-o com uma pequena amplitude emocional, talvez vivendo basicamente em sua cabeça. Ainda, pode alimentar dependências.

Alienação do corpo

Crianças abusadas emocionalmente sentem tanta vergonha do corpo e tantas negligências físicas que elas experimentam ainda mais a separação do seu corpo do que as crianças negligenciadas sem intenção. Tanto mais entorpecimento, vergonha e trauma não processados no corpo tornam ainda mais difícil ocupar o corpo. O resultado de todas essas atitudes internalizadas e separação é que o corpo pode não parecer real, mas sim uma coleção de partes inanimadas. Você pode se sentir como se não fosse plenamente humano.

Degradação da saúde

Não ocupar o corpo plenamente torna mais difícil o desenvolvimento corporal. O corpo está separado da matriz energética da qual recebe instruções. Em um nível mais prático, se não estivermos presentes no corpo, não seremos responsivos às suas necessidades – de descanso, hidratação, nutrição, movimentação e assim por diante.

Altos níveis de estresse também comprometem o sistema físico. Eventos adversos na infância estão altamente correlacionados com o surgimento de mais doenças na vida adulta, como descoberto no estudo em larga escala Adverse Childhood Experiences (ACE – Experiências Adversas na Infância).[3] Os sistemas imunológico e nervoso, bem como outros, foram sobrecarregados durante o desenvolvimento e precisam de manutenção. Seu funcionamento não é tão eficiente quanto o dos sistemas abençoados com um desenvolvimento sem interrupção.

No lado somático do campo do trauma, entende-se que "o corpo carrega o fardo" do trauma (existe até um livro com o título *The Body Bears the Burden* [O corpo carrega o fardo], de Robert Scaer, a respeito). O que sugeri, até agora, é que o corpo carrega o fardo quando não o ocupamos plenamente e não estamos sintonizados com ele, e quando ele enfrenta perturbações em seu desenvolvimento inicial, comprometendo sistemas importantes. Existe outro modo em que o corpo carrega o fardo enquanto simultaneamente tenta revelá-lo: quando expressa, por meio de sintomas físicos, aquilo que não foi resolvido psicologicamente. Então, por exemplo, a dor emocional que não foi resolvida resulta em dor no coração, ou um distúrbio vocal expressa segurar um segredo que não deve ser reve-

---

3 Centers for Disease Control and Prevention, "About the CDC-Kaiser ACE Study", cdc.gov/violenceprevention/acestudy/about.html.

lado ou uma "voz" (expressão individual) que foi negada. Algumas vezes, existem importantes processos fisiológicos de doenças sustentando essas queixas e não observamos os sinais fisiológicos, mas mesmo assim o sintoma está ali, provocando algum tipo de disfunção real (tecnicamente chamada de *transtorno de sintoma somático*).

Por todas essas razões, a saúde sofre quando carregamos o fardo de um trauma não resolvido no início da vida.

Dificuldade para confiar

Se foi emocionalmente abusado quando criança, você pode ter expectativas, na vida adulta, de que será ferido, usado, manipulado e descartado. Pode sentir-se vulnerável demais para abaixar as paredes que ergueu para se proteger. Parece estranho quando as pessoas demonstram interesse genuíno em você, e é difícil confiar que qualquer interesse vai durar ou que não tenha segundas intenções. Existe também um medo de que, se você depender de alguém, essa pessoa vai partir. Para quem tem histórico de abusos ao longo da vida, é comum que um relacionamento signifique dor.

Existem maneiras diferentes de tentar se proteger dessa dor. Uma delas é não deixar que os outros se aproximem. Outra é estar atento o tempo todo para o perigo, algumas vezes usando suas opiniões sobre as outras pessoas para manter distância. Você pode se apegar a uma lista enorme de críticas sobre seu parceiro quando começar a sentir-se vulnerável e temer ficar dependente demais, por exemplo.

Pode ser uma longa estrada até aprender a confiar.

Manipulado e infeliz nos relacionamentos

É claro que ser maltratado em seu primeiro relacionamento com um dos pais o torna mais vulnerável a se envolver com outras pessoas que agem de um modo similar ou fazem você se sentir de um modo semelhante. Você pode ter aprendido a ceder para minimizar a agressão do outro, até mesmo ficando um pouco entorpecido. Aqueles que permanecem em relacionamentos abusivos muitas vezes têm um histórico de abuso na infância.

Outro padrão provável é o do cuidador – transformar-se em um capacho e dar demais para pessoas que são "recebedoras", ou possibilitar que as pessoas se tornem recebedoras ao lhes dar tudo sem esperar nada em retribuição. Você assume coisas inconvenientes para si a fim de satisfazer os pedidos não razoáveis dos outros e sempre coloca suas necessidades em último lugar. Isso acontece porque você aprendeu a esperar apenas migalhas. Como deseja desesperadamente um relacionamento e não espera mais igualdade, você pode acabar dando audiência a pessoas que precisam de um público.

Tetos internos

Muitas vezes perpetuamos a privação que experimentamos na infância. A sensação de que "não tenho permissão" para sentir determinadas emoções, tomar decisões ou ter sucesso é a forma que observo no comportamento das pessoas que assumiram essa privação. Uma mulher me contou que não tinha permissão para sentir alegria (esperaríamos não ter permissão para demonstrar raiva, mas não alegria!). Outra disse que "não tinha direito" de arrumar sua casa do jeito que desejava. Adultos muito competentes podem ficar paralisados com a sensação de que não podem fazer o que seus pais desaprovariam. Outra mulher contou que ela não tinha permissão de ter filhos aos 20 ou 30 anos e, posteriormente, precisou de anos e muitas cirurgias antes de conseguir engravidar, o que ela associa a essa sensação de "não poder".

Muitos aprendem cedo que não têm permissão para ter sucesso nem superar a Mãe. Uma mulher me contou que ela tinha de esconder seus êxitos na escola e no trabalho, ou a Mãe os destruiria. Como é triste que os sucessos tivessem de ser escondidos em vez de comemorados. Nesse caso, sua Mãe dava mensagens muito claras de "você nunca será boa o bastante". Em vez de ser a professora universitária que se tornou, a filha foi repetidamente aconselhada pela mãe a se tornar uma secretária.

Mesmo quando você ultrapassa barreiras para alcançar o sucesso, permanecem outros resíduos. Um deles é o sentimento de não ser bom o bastante, até mesmo de ser uma fraude; outro é a tendência de menosprezar suas vitórias, como a Mãe fazia. Talvez você faça isso de um modo diferente, como deixando-as invisíveis ou por meio de autossabotagem sutil. Muitos sobreviventes desse tipo de infância registram seus fracassos muito mais do que seus êxitos e se privam de uma autoimagem mais capacitada.

Perpetradores internos

Embora todos tenhamos um crítico interno que aparece às vezes, aqueles que foram cruelmente criticados quando eram crianças com frequência têm um crítico interno que é desnecessariamente brutal. Embora às vezes se acredite que o crítico interno seja motivado por uma intenção positiva de nos proteger (embora de um modo bem inábil), aqueles que têm um histórico de abuso possuem um crítico enlouquecido ou outra parte que é um perpetrador interno e que realmente pretende causar dano. Esse perpetrador muitas vezes repete as mesmas críticas de sua mãe abusiva: *Você não serve para nada, é gordo, preguiçoso, estúpido e deveria ser exposto.*

É um inferno viver com um perpetrador interno ou mesmo com um crítico fora de controle. Você nunca está livre de um ataque.

Um eu desmoronado

Se você é rejeitado quando criança, tende a internalizar a rejeição; consequentemente, vive mal consigo mesmo, sem sentir que tem valor e, talvez, nem se esforçando muito para tê-lo. Você pode nem saber que tem direito a ser tratado com respeito, um direito a ser bem cuidado e a cuidar bem de si mesmo, além do direito de se desenvolver.

Pessoas que foram tratadas com aversão podem acabar se sentindo intocáveis, venenosas para os outros. Se você sente que seu ser é, de algum modo, podre e repulsivo, certamente não vai dar um passo à frente e fazer exigências. Uma vida moldada pela rejeição é, muitas vezes, uma vida destruída e com o dano a si próprio descrito no próximo item.

Além disso, se os pais eram controladores e tomavam todas as decisões, você pode sentir que não tem direito de tomar decisões por si mesmo. Lembro de uma mulher de meia-idade para quem era impensável decidir como usar o próprio cabelo. Ela não tinha entrado plenamente na vida adulta.

Esse desmoronamento é uma extensão da fragilidade que muitos negligenciados sentem.

Autoflagelação

Os comportamentos de autoflagelação podem ir desde uma autossabotagem sutil e falta de bons cuidados pessoais, até formas diretas de autoflagelação como se cortar ou se queimar, e até o suicídio. A autoflagelação pode ser entendida de várias maneiras:

- Como continuação do abuso de um perpetrador, agora internalizado.
- Como resultado de culpar-se pelo comportamento abusivo recebido.
- Como tentativa distorcida de uma parte interna controladora para fazer com que você se comporte bem.
- Como expressão de vergonha e tentativa de lidar com a vergonha.
- Como expressão de ódio a si mesmo que vem do ódio que você absorveu do exterior ou do ódio criado por sua raiva reprimida e voltada contra o eu.
- Como tentativa desesperada de sentir alguma coisa ou, ao contrário, de se entorpecer.

Se você comete a autoflagleção, recomendo que procure um profissional para se proteger e para eliminar esse comportamento.

Dissociação frequente ou contínua

A dissociação, como escrevi em *Healing from Trauma*, é quando você *não está inteiramente presente*. Com frequência, é uma desconexão do corpo, dos sentimentos ou do ambiente. Todos nós temos pequenas experiências de dissociação, como quando nos distraímos e fazemos algo no piloto automático, retraindo nossa atenção consciente e nossa presença. Para quem tem histórico de trauma, essa dissociação é mais frequente e mais desconcertante.

A dissociação costuma acontecer de repente. É um curto-circuito em um sistema nervoso que ficou sobrecarregado. A dissociação é uma resposta de emergência que tem apenas sucesso parcial em lidar com a sensação de estar sobrecarregado, pois o próprio estado de dissociação traz a sensação de um comprometimento – você se sente como se tivesse perdido o cérebro. Em um estado de dissociação grave, você se sente tão desorientado e incapaz de se concentrar que não percebe que precisa guardar o leite na geladeira.

A dissociação é uma resposta ao estresse e a situações ameaçadoras. Não tem vontade nem decisão consciente, mas é um involuntário *vou dar o fora daqui!* A dissociação pode durar poucos minutos ou alguns dias, mas algumas pessoas passam a maior parte da vida em um estado de dissociação grave, ficando entorpecidas para aspectos significativos de sua vida – comumente sentimentos, próprio corpo ou ambiente.

Partes de sua psique podem se dissociar e se desconectar de outras partes em um grau que constitui um transtorno dissociativo (consulte a p. 132 para mais informações sobre transtornos dissociativos). Isso acontece quando fragmentos do eu carregam algumas partes da experiência, mas funcionam como se estivessem encapsulados, com uma barreira de separação que não lhes permite partilhar a experiência das outras partes. Veja mais sobre isso no capítulo a respeito do trabalho com partes (p. 175).

Uma mulher me descreveu sentimentos infantis de espera pela Mãe: *onde ela está?* Esse comportamento era seguido por uma sensação de divisão e de sair, e de nunca sentir que seu eu atual era real. Ela soluçou quando eu disse: "É hora de seguir em frente" (isto é, de voltar para o corpo e para esta vida). "Mas a dor insuportável estará aqui", protestou ela. "Era insuportável na época, mas pode ser diferente agora", lhe garanti. "Estou aqui para ajudar você a lidar com isso."

Amnésia

Não ter lembrança de eventos significativos ou de pedaços de sua infância é comum em casos de trauma psicológico. Não é a mesma coisa que a amnésia causada por ferimentos na cabeça ou por outros fatores fisiológicos; a amnésia dissociativa é esquecer aquilo que é doloroso demais para ser lembrado. Uma estrutura de defesa na psique diz que uma lembrança é intensa demais para lidar e ela "desaparece". Esse mecanismo de defesa é chamado *repressão*.

Estamos talvez mais familiarizados com esse fenômeno nos casos de abuso sexual na infância, especialmente dentro de casa; porém, ele pode acontecer com qualquer lembrança que seja difícil demais mantê-la emocionalmente. Coisas horríveis ditas a você ou ameaças podem tornar impossível seguir com a vida diária, então é uma questão de sobrevivência tirá-las de sua mente.

Não ter certeza do que é real

Sentir que você pode distinguir o que é verdadeiro e o que é falso é um elemento importante em sua experiência de confiança. Se você foi vítima de abuso emocional repetido em tenra idade (especialmente se esse tratamento maldoso foi negado ou se você foi responsabilizado por ele) e não teve um lugar seguro para ir a não ser se retrair para seu mundo interior, isso pode deixá-lo com um senso de que não tem bem certeza do que é real. Você pode ficar pensando: *Isso aconteceu de verdade ou será que eu só imaginei ou sonhei?* Especialmente se a Mãe negava grande parte de sua experiência e, talvez, reescrevia constantemente a dela, seu senso de realidade pode ser incerto.

Isso também pode acontecer com a fragmentação que descrevi acima. Na verdade, a mesma mulher daquele exemplo não tinha realmente entendido que ela existia por si mesma. Ela sempre sentiu que precisava de confirmação, de alguém que observasse o seu progresso, de alguém que a visse ou ela "não existira" (não seria real).

Quando houve uma dissociação contínua, foi um trabalho duro estar *aqui e agora* com todo o seu ser presente. Tornar-se "real" pode ser um importante objetivo terapêutico.

Por que sou tão sensível?

Uma infância que não parecia segura, e na qual os pais eram emocionalmente abusivos, deixa suas vítimas hipersensíveis a críticas, rejeição e abandono, e sempre atentos ao perigo. Essa hipervigilância, em conjunto com autolimites que são fracos (porque nunca se desenvolveram plenamente ou foram despedaçados por invasão), pode contribuir para uma situação na qual você pode sentir as emoções e as motivações das outras pessoas. Quando isso é uma ocorrência inconsciente, involuntária e frequente, muitas vezes dizemos que essa pessoa é *empática*. Você pode pensar nisso como um excesso de empatia. Parte do problema que isso causa é que os empáticos muitas vezes confundem essas experiências com as suas próprias. Eles ficam imaginando por que estão com tanta raiva ou tão deprimidos ou têm dor nas costas em vez de perceber que isso é algo que "pegaram" de outra pessoa por causa de seu autolimite poroso.

Grande parte de meus clientes são empáticos, e acho que isso não é um acaso. Descrevi esse fato em termos psicológicos aqui, mas pode haver outros fatores envolvidos, como um sistema nervoso e fisiologia mais sensíveis (ser uma "pessoa altamente sensível").

Sobreviventes de trauma mostram muitas das mesmas características dos hipersensíveis. Quem sofre de transtornos de atenção também tem muitas das características dos sobreviventes de trauma, e o mesmo acontece com algumas pessoas no extremo mais alto do espectro de autismo e com lesões cerebrais. Nem sempre sabemos por que alguma coisa acontece. Modelos diferentes sugerem causas diferentes. Não é que necessariamente você tenha cada uma dessas doenças, mas essas características se sobrepõem.

Vamos penetrar mais nesse território ambíguo ao nos voltarmos para a questão: *O que está errado com a Mãe?*

8

O que está errado com a Mãe?

Passamos daquela pergunta horrível, perturbadora, *O que está errado comigo?* (pois a mãe não me valoriza) para uma nova pergunta: *O que está errado com a Mãe?* Que bom que finalmente perguntou! É verdade: uma mãe que está emocionalmente ausente, mesmo que seja perfeitamente agradável em outros aspectos, é alguém em quem falta algo, e uma mãe que é emocionalmente abusiva tem uma falta ainda maior. Neste capítulo, vamos examinar ambas. Vamos começar com os motivos comuns pelos quais a Mãe está ausente e passar para os fatores que frequentemente estão envolvidos na maternagem abusiva.

Ela não sabe fazer melhor

A primeira razão e, talvez, a mais comum de uma mãe dar tão pouco em seu papel maternal é que ela realmente não sabe fazer melhor. Ela cresceu com uma maternagem que era pouco diferente daquilo que ela oferece. Esse é o legado que vocês que estão lendo este livro estão incumbidos de mudar.

Vi isso frequentemente nas mães vindas de famílias grandes, nas quais simplesmente não havia o suficiente para todos. Ou as mães delas estavam ocupadas em sobreviver, talvez como novas imigrantes. Nossa visão do papel dos pais mudou nas gerações recentes, mas as histórias dos que tiveram maternagem inadequada são geralmente de pais que têm visões antigas de mundo, na qual a função de um pai é simplesmente cuidar das necessidades físicas de uma criança. Eles não sabem nada sobre as muitas faces da Boa Mãe como descrevi neste livro.

Uma mãe emocionalmente ausente pode ter recebido uma maternagem inadequada por qualquer uma das outras razões incluídas neste livro e pode não ter entendido do que seus filhos precisavam. Ou talvez ela tenha perdido a mãe quando era pequena ou a sua mãe estava sempre doente e ela não teve ponto de referência para ser uma mãe envolvida, capacitada e generosa.

Ela é emocionalmente travada

A Mãe pode ser emocionalmente fechada por diversas razões. Duas das razões mais comuns são depressão e trauma não resolvido, embora qualquer uma de diversas razões (como ter pais emocionalmente não disponíveis ou agressivos) possa torná-la fechada e não disponível. Ser emocionalmente travado é comum na cultura norte-americana e exacerbado pela falta de equilíbrio entre trabalho e vida.

Coletivamente, estamos saturados com traumas não tratados. Guerras, catástrofes, violência sexual e abuso são apenas alguns itens da lista. Ao entrevistar as pessoas para este livro, descobri que as mães de muitas pessoas eram sobreviventes de traumas que não receberam tratamento ou filhas de sobreviventes de traumas. Algumas tinha cicatrizes do Holocausto. Muitas experimentaram a perda trágica de um membro da família e nunca superaram essa perda. Não superar é o fator crucial aqui. As pesquisas indicam que a capacidade de uma mulher para formar um apego seguro com seu filho está mais relacionada à sua capacidade de lidar com eventos emocionais dolorosos do que com seu histórico real de trauma e perda.[1]

Outra razão pela qual a Mãe pode ser emocionalmente travada é que ela estava deprimida. O mais provável é que essa depressão não tenha sido diagnosticada nem tratada, uma tragédia para todos que ela afeta. Existem muitos fatores físicos para a depressão, inclusive algumas doenças, deficiências nutricionais e até mesmo os medicamentos criados para tratar a depressão ou outras doenças. Neste livro, vimos que a depressão é um resultado comum quando não se recebe aquilo de que você precisava para

---

1 Fosha, *Transforming Power of Affect*, pp. 54-55.

criar uma base sólida na vida e quando se recebe uma maternagem insuficiente ou inadequada. Eu me refiro a uma compreensão bastante antiga
da depressão como colocar uma tampa (literalmente, deprimindo ou pres-
sionando para baixo) sobre os sentimentos com que não queremos ou não
sabemos lidar. O resultado é o embotamento que, em geral, marca a depressão. Quando se está deprimido, é difícil sentir-se motivado, importar-
-se ou vivenciar qualquer satisfação ou alegria.

Encontramos aqui o paradoxo de que muitas pessoas deprimidas vivem envoltas em névoa e não conseguem sentir claramente suas emoções,
enquanto outras se afogam em sentimentos dolorosos e choram na maior
parte do tempo. A depressão não é tão simples. Existem muitos fatores
que contribuem, muitos tipos de depressão e muitas ideias diferentes sobre as suas causas.

Independentemente do que está por trás disso, as mães deprimidas
tendem a se retrair. Elas não têm a energia nem a força emocional – ou
mesmo a clareza mental – para oferecer uma maternagem ativa e sensível. Muitas Mães deprimidas passam boa parte da vida no quarto, afasta-
das da vida familiar.

Ela nunca cresceu

As descrições de muitas das mães mais disfuncionais revelam um desenvolvimento emocional, social e até mesmo cognitivo interrompido.
Uma mulher assim pode ter aprendido a ser sociável e encantadora, mas
por baixo dessa interação, ela funciona no nível de um adolescente ou
mesmo de uma criança pequena. Algumas vezes, essas mães eram tratadas como princesinhas em sua família de origem e, em resultado, nunca
aprenderam a assumir a responsabilidade. O mais provável é que elas tenham sido criadas por pais emocionalmente imaturos e, simplesmente,
nunca tenham crescido.

Mães imaturas às vezes são cuidadas pelos maridos, que lhes dão me-
sadas e assumem as tarefas domésticas e o cuidado dos filhos. Ou as tarefas da maternidade são passadas para os filhos mais velhos. Crianças de apenas três ou quatro anos têm a tarefa de colocar os irmãos mais novos para

dormir, banhá-los e alimentá-los, e lavar os pratos, tudo isso antes de terem altura suficiente para alcançar a pia da cozinha!

As mães imaturas são muitas vezes descritas como superficiais, fúteis, mesquinhas, facilmente ofendidas, manipuladoras e com tendência a se fazer de vítima. Essa imaturidade emocional pode se tornar ainda mais acentuada com mães idosas que passam a precisar de mais cuidados. Elas podem se fazer de vítimas e ter crises de birra com os parentes que ajudam a cuidar delas ou em situações de moradia assistida em que estejam.

Em *Adult Children of Emotionally Immature Parents* (Filhos adultos de pais emocionalmente imaturos), a autora e psicanalista Lindsay Gibson passa um tempo considerável descrevendo aproximadamente trinta características que constituem a imaturidade emocional.[2] Em grande medida, elas coincidem com o que você, como filho de um pai emocionalmente negligente e abusivo, provavelmente vivenciou – pais que não podem lidar com seus próprios sentimentos nem com os de outras pessoas, que despejam suas emoções com pouca percepção consciente, que culpam os outros e nunca assumem responsabilidade, que não respondem com empatia e esperam que seus filhos deem atenção às suas necessidades e sentimentos, que estão preocupados consigo mesmos, que têm uma mente fechada e não respeitam as diferenças, que são inconsistentes e que não reparam rupturas nos relacionamentos, mas esperam que você deixe o problema de lado e simplesmente volte ao normal. Soa familiar?

Por que a Mãe não pode doar

Em meu trabalho de terapia com adultos que tiveram maternagem inadequada, ouço histórias de cortar o coração sobre pais que não podem doar. Ouvi sobre a menininha sentada em um carro frio e escuro enquanto os pais dela bebiam no bar local; a mulher cujos pais não podem reconhecer seu sucesso; o presente de aniversário que é tão irrisório, patético

---

2 Lindsay C. Gibson, PsyD, *Adult Children of Emotionally Immature Parents: How to Heal from Distant, Rejecting, or Self-Involved Parents* (Oakland, CA: New Harbinger Publications, 2015).

e sem sintonia que recebê-lo mais parece que alguém tirou alguma coisa de você.

Como a Mãe pode ser tão rabugenta? Existem muitas possibilidades.

- Ela pode carregar ressentimento, mesmo que esse ressentimento seja inconsciente (vi essa dinâmica diversas vezes quando uma criança não foi desejada).
- Suas próprias necessidades narcisistas são ameaçadas pela necessidade de outra pessoa e ela não pode deixar suas próprias necessidades pelo tempo suficiente para ser realmente generosa.
- Ela pode ter crescido com uma maternagem seriamente inadequada ou pobre e agora cala seu pesar não dando a seu filho aquilo que ela não teve.
- Algumas mães são tão profundamente inseguras que temem ser rejeitadas e, assim, não se esforçam de nenhuma forma significativa.

Pode ser confuso, a ponto de enlouquecer, quando uma mãe retraída representa um personagem. Uma de minhas clientes me trouxe uma carta da sua mãe dizendo quanto ela amava a filha. No entanto a filha, exceto por essa carta confusa, não tem lembrança de nenhuma demonstração desse amor nem nenhuma evidência dele. O que ela mais experimentou foi o ressentimento da mãe. A carta mostrava o amor real que tinha sido contido por causa de insegurança? Era uma fantasia de compensação de uma mãe que não podia se responsabilizar por seus sentimentos negativos nem administrá-los? Era manipulação ou gestão de imagem? Não é o que as pessoas dizem, mas sim o que fazem no decorrer do tempo, que revela quem são.

Será que ela tem uma doença mental?

Vocabulário de psicologia

Podemos falar sobre o que está errado com a mãe usando palavras comuns como *insensível*, *emocionalmente travada*, *absorvida em si mesma*, *mal-*

dosa e *louca*, ou usando a linguagem da psicopatologia: *personalidade narcisista, personalidade borderline* e assim por diante.

Pode ser informativo identificar sua mãe (ou qualquer outra pessoa) com um transtorno genuíno, mas também é importante entender que os transtornos são constelações de sintomas e que esses mesmos sintomas são encontrados em mais de um transtorno. Esses sintomas precisam ser encontrados em determinada quantidade e grau para se qualificar como um transtorno, mas também são identificados em formas subclínicas. Você pode ver o traço básico de um transtorno, mas isso ainda não cumpre os critérios para ser diagnosticado como tal. Para complicar um pouco a situação, as pessoas podem apresentar mais de um "transtorno". Vamos lembrar também que a codificação das doenças mentais é um trabalho em andamento. Nossa visão muda, o processo político varia de alguma maneira e logo temos uma nova doença, ou então uma é extinta.

Se usar o vocabulário da psicologia der mais validação ao que você está vivendo ou ajudar você a entender melhor a sua mãe, ele é útil. Mas não vamos desconsiderar que podemos falar sobre o mesmo fenômeno muito real com palavras mais simples como *maldosa, infantil* ou *emocionalmente ausente*. Pode haver muito sofrimento e distorção na psique sem que ela se encaixe em um desses padrões específicos.

Alguns distúrbios psiquiátricos manifestam-se consistentemente em mães que são as menos amorosas. Esses caracterizam a personalidade *borderline* e o narcisismo. Entendê-los nos ajudará conforme continuarmos a examinar os problemas comuns numa linguagem mais cotidiana.

Narcisismo

Muitos não percebem que o narcisismo é um estágio normal do desenvolvimento humano porque essa conduta costuma ser discutida no contexto do comportamento patológico. Esta seção é sobre esse narcisismo "extremo" como patologia.

O narcisismo surge de um ferimento no senso de valor de uma pessoa, que a deixa se sentindo tão desvalorizada que ela constrói uma imagem de fachada de valor exagerado. Defender essa autoimagem tão vacilante leva a muitos comportamentos defensivos extremos, muitas vezes chegam a um ataque completo para desacreditar qualquer pessoa que ameace essa imagem. O narcisista vingativo fará qualquer coisa para destruí-lo se você tiver ativado a vergonha subjacente dele.

Aqui estão algumas características comuns de narcisistas extremos:

- Tudo gira ao redor deles.
- Anseiam por admiração e atenção.
- Nunca estão errados (aos próprios olhos, e não deixe que eles vejam isso nos seus!).
- São superiores ou superlativos de todas as maneiras.
- São emocionalmente rasos e sem empatia.

Como uma mãe narcisista faz com que tudo gire a seu redor, ela assume o crédito pelos êxitos de seu filho – qualquer coisa que, em seu julgamento, faça com que ela pareça bem. Mas, como precisa defender sua autoimagem a todo custo, ela responsabiliza os outros diretamente por qualquer coisa que dê errado. Ela também pode descarregar sua vergonha subjacente sobre um de seus filhos, o que é então causa suficiente para tratá-lo mal.

O sentimento básico deixado por uma mãe narcisista é *eu não devo ser bom o bastante*, que resulta das críticas dela e da necessidade que ela tem de sempre ser melhor do que você. Como você pode realmente florescer e ser bem-sucedido se sabe que a Mãe vai puni-lo por isso ou tentar tirar isso de você, muitas vezes de um modo passivo-agressivo?

Uma mãe narcisista pode ter um pouco da volatilidade emocional dos outros tipos e entrar no que se chama de "raiva narcisista" quando se sentir muito ameaçada. Ela pode gritar ofensas e fazer acusações loucas. Ou ela pode desabar no vitimismo se mais nada estiver funcionando. Com um pai extremamente narcisista, você aprende a aceitar a culpa (injusta), engolir suas necessidades e se tornar um bom "espelho da admiração".

As mães narcisistas são confusas porque, ao contrário da maioria das mães emocionalmente fechadas, elas podem ser amorosas e apoiadoras quando não são ameaçadas e, em especial, quando os filhos são pequenos.

As mães narcisistas muitas vezes se tornam competitivas conforme suas filhas crescem e podem ser ofensivas ao criticar a aparência de suas filhas, flertar com os namorados delas ou querer ser amiga das amigas delas.

Quando alguém nega sua realidade, isso é muito desestabilizador – e as mães narcisistas, *borderline* e dissociativas, podem todas responder com "isso nunca aconteceu". Elas até podem mentir. A menos que tenha confiança em suas próprias percepções, você pode começar a duvidar de sua própria realidade, o que sabota profundamente seu senso de eu.

Transtorno de personalidade borderline

Como as narcisistas, as mães *borderline* sentem-se facilmente traídas e atacadas quando os outros não validam seus sentimentos e percepções. Então, elas rejeitam, punem e caluniam a pessoa que, em sua opinião, falhou com elas.[3]

As principais características das pessoas com transtorno de personalidade *borderline* incluem:

- Raiva intensa e irracional.
- Volatilidade emocional.
- Impulsividade, muitas vezes em áreas que são potencialmente prejudiciais para a pessoa, como gastos excessivos, promiscuidade, distúrbios alimentares e dependência de drogas, direção perigosa e até mesmo automutilação.
- Sentimentos crônicos de vazio e identidade instável.
- Medo desesperado de abandono.
- Dificuldade em manter relacionamentos, muitas vezes alternando entre idealizar e desvalorizar o Outro.

As mães *borderline* tendem a reagir de modo exagerado e podem ser imprevisíveis, algumas vezes se comportando de um modo carinhoso e ou-

---

3 Christine Ann Lawson, PhD, *Understanding the Borderline Mother* (Northvale, NJ: Jason Aaronson, Inc., 2000), p. 9.

tras vezes apresentando ataques descontrolados de raiva. Uma dinâmica particularmente difícil, encontrada com mais frequência com as mães *borderline*, é sua tendência a transformar um filho na criança perfeita, que não pode fazer nada errado, e outro filho em alguém totalmente ruim, que em sua opinião não pode fazer nada certo. O filho que é o bode expiatório carrega o fardo projetado do ódio a si mesma e da vergonha da mãe.

Christine Ann Lawson, em seu livro *Understanding The Borderline Mother* (Entendendo a mãe *borderline*), descreve como as mães *borderline* não respeitam limites, usam medo e culpa para controlar seus filhos, manipulando-os ("Se você me amasse, você faria..."), exigem que eles fiquem do seu lado e, muitas vezes, punindo-os por expressar sua própria visão ou seus sentimentos.[4]

Lawson descreve quatro tipos de mães *borderline*, com base no tom emocional predominante. Eles são a *Criança Abandonada*, uma vítima que constantemente recusa ajuda e tem uma autoestima baixa dominante; a *Eremita*, que é essencialmente uma criança assustada escondida do mundo; a *Rainha*, que é "faminta por um espelho" (ou seja, narcisista), tem todos os direitos e é exigente; e a *Bruxa*, que é raivosa e sádica (sente prazer com o sofrimento dos outros) e exige o poder absoluto. Se qualquer uma dessas descrições soa familiar, recomendo enfaticamente o livro de Lawson.

A sensação de viver com alguém com transtorno de personalidade *borderline* é o de ter de pisar em ovos. Você nunca sabe quando o outro terá uma explosão de raiva, vai se sentir ofendido com algo não intencional ou desabar em autocomiseração. Isso o deixa sem um senso de normalidade ou segurança.

Cuidado com a raiva da Mãe!

Mesmo a mais santa das mães fica brava de vez em quando, mas quando a raiva da mãe é muito profunda ou provoca abuso físico, algo está errado. Vários tipos de doença mental podem deixar uma pessoa incapaz de dosar a raiva, então ela nunca está só um pouco brava, mas tem um ata-

---

4 Ibid.

que de fúria descontrolada. Vimos que tanto a mãe narcisista quanto a *borderline* ficam rapidamente com raiva porque seu senso de eu não está seguramente ancorado e, assim, é vacilante.

Os transtornos de personalidade *borderline* e narcisista não são os únicos associados com a raiva extrema. Mães com transtorno bipolar também podem ter explosões de raiva. Diane Dweller, em seu livro *Mom, Mania and Me* (Mamãe, a mania e eu), descreve uma mãe que saía dos trilhos, gastando sem limite, dirigia perigosamente e era aterrorizadora para Diane, incluindo abusos verbais e físicos.[5] O transtorno bipolar costumava ser chamado de depressão maníaca. Episódios de depressão se alternam com episódios de pensamentos acelerados que, às vezes, são mais rápidos do que a capacidade da pessoa para expressá-los de modo coerente, hiperatividade, incapacidade de dormir ou, no exemplo de Diane, a direção perigosa e os gastos impulsivos da mãe. Quando não estão em um episódio maníaco, as mães bipolares podem parecer e agir de modo mais normal. A impulsividade e o abuso que Diane descreve também podem ser encontrados em mães *borderline*. É claro que é comum que uma pessoa tenha vários problemas; por exemplo, alguém pode ter transtorno de estresse pós-traumático (TEPT), transtorno de personalidade *borderline* e depressão ou transtorno de déficit de atenção.

Qualquer pessoa que não consiga regular as emoções provavelmente terá dificuldade em manter a raiva dentro de limites mais razoáveis. Mães com trauma não resolvido, como o TEPT, também estão neste grupo. Uma jovem mãe com TEPT com quem estou trabalhando descobriu que confrontar seu trauma (abuso sexual reprimido) imediatamente levou a volatilidade e raiva com os filhos. Mães com esquizofrenia e transtornos dissociativos (ambos abordados a seguir) também podem agir de maneiras raivosas imprevisíveis.

A mãe maldosa

A maldade também cruza o limite do abuso emocional. Por meio de suas palavras e ações, uma mãe que seja propositadamente maldosa age

---

5 Diane Dweller, *Mom, Mania, and Me* (Tucson, AZ: Writing Ink, 2017).

para ferir você, jogá-lo para baixo e afastar qualquer sentimento bom que você possa ter. Mães maldosas são rotineiramente críticas e raramente elogiam. Os comentários dessa mãe não são apenas insensíveis, mas cruéis.

Como alguém acaba sendo uma mãe maldosa? Embora existam ocasionalmente fatores fisiológicos (um tumor cerebral, bipolaridade), o mais frequente é que a sua maldade venha de seus próprios ferimentos psicológicos. Ela pode ser invejosa e competir com você (em especial, com as filhas) ou pode estar descarregando os sentimentos negativos por si mesma. Ela também pode estar despejando sua própria infelicidade. A mãe maldosa é uma mãe não saudável e provavelmente sofre de personalidade *borderline* ou de narcisismo.

Mães que são "loucas"

Há muito tempo as pessoas têm usado a palavra *louco* para se referir a comportamentos que não fazem sentido. É claro que essa é uma palavra usada de modo muito amplo e, em geral, com sentido pejorativo. Traduzindo-a para nosso vocabulário psicológico, ser *louco* é ter um transtorno tão grave a ponto de ser classificado como psicose. Quando alguém é ativamente psicótico, ele não está mais operando na realidade consensual.

Indivíduos psicóticos podem ver coisas que não existem, sentir-se sob a influência de objetos inanimados ou de vozes punitivas (mais do que simplesmente ouvir uma voz crítica interior), frequentemente são paranoides e podem acreditar em coisas que não se mantêm diante dos fatos.

A psicose pode ser decorrente de depressão, pode ser efeito colateral pelo uso de medicamentos ou drogas, ser consequência de um problema médico ou até mesmo de privação de sono. O transtorno mais frequentemente associado à psicose é a esquizofrenia.

A esquizofrenia é uma doença incapacitante. É como se seus fios fossem desconectados, e você não conseguisse organizar pensamentos, dar seguimento a intenções, conectar os pontos da vida, articular suas ideias ou experiências ou, ainda, manter relacionamentos. Mães com esquizofrenia, mais do que os outros tipos de mães disfuncionais (talvez a exceção seja as que têm depressão grave), tendem a ser internadas por causa da doença com certa recorrência. Geralmente são incapazes de manter um emprego e, portanto, dependem de seus parceiros financeiramente e para qualquer tipo de estabilidade. Se não têm um parceiro ou alguém que cuide delas, podem não ser capazes de sustentar uma casa.

As mães esquizofrênicas podem ser ativamente psicóticas apenas uma pequena fração do tempo, mas sua ligação com a realidade é tão frágil que, em geral, elas têm um funcionamento baixo, e é certo dizer que elas nunca se desenvolveram realmente. Não podem oferecer estabilidade para seus filhos, e seu humor instável e reações infundadas provavelmente assustarão as crianças.

Ter uma mãe inadequada e inválida desse modo fere profundamente o senso de confiança e normalidade da criança. Não tendo crescido com rotinas normais, os filhos muitas vezes lutam na idade adulta para encontrar a quantidade certa de estrutura para a vida cotidiana, caindo nos extremos do contínuo – vivendo sem nenhuma rotina ou disciplina, ou agarrando-se a estrutura e regras, tentando achar um modo de viver.

A face mutável da Mãe

Crianças precisam de consistência. O senso de que sua cuidadora pode repentinamente voltar-se contra você faz com que seu sistema nervoso esteja sempre em alerta máximo, resultando em hipervigilância e ansiedade.

Você pode ver na descrição da mãe *borderline* que ela tem uma face mutável, às vezes doce e às vezes monstruosa. Isso também pode acontecer com a mãe bipolar e com aquelas que apresentam transtornos dissociativos, que vou descrever aqui.

Todos nós temos partes do eu, mas no caso do transtorno dissociativo essas partes são mais encapsuladas e desconectadas umas das outras. No transtorno dissociativo de identidade (TDI), anteriormente distúrbio de personalidade múltipla, muitas das partes não sabem que outras partes existem, e a comunicação e a coordenação entre as partes exigem muito esforço para serem estabelecidas. Uma "personalidade diferente" pode às vezes aparecer, como representado em muitos filmes a respeito desse assunto. O que é menos conhecido é que as diferentes partes não costumam ser tão óbvias como Hollywood as retrata. De fato, muitas vezes são necessários anos para que os terapeutas identifiquem as pessoas com TDI. Para as crianças, é ainda mais difícil entender por que a Mãe algumas vezes não se lembra de uma conversa ou acontecimento importante ou pode agir de modo radicalmente diferente em momentos distintos! A face mutável da mãe nessas circunstâncias cria um mundo muito instável, e a criança pode acabar se fragmentando também para lidar com a situação.

Ao contrário das mães que sofrem de esquizofrenia, que muitas vezes é confundida com os transtornos dissociativos, muitas das que têm transtornos dissociativos têm alto funcionamento, e um número desproporcional tem graus avançados. Então o fato de a Mãe ser uma médica ou uma juíza não significa necessariamente que ela esteja bem em termos da própria personalidade.

É claro que todos nós mostramos, às vezes, diferentes faces e temos lapsos de memória, então é importante não fazer diagnósticos precoces. Mas quando a pessoa muda radicalmente do médico para o monstro, provavelmente se trata de alguém que não está inteiro, para dizer o mínimo, e que pode ser assustador e desorientador para uma criança vulnerável.

Mães cegas nos relacionamentos

Às vezes a Mãe não está fora de sintonia com os filhos apenas, mas na maioria dos relacionamentos, porque não pode ler as pessoas. Ocasionalmente, isso pode resultar de uma infância com pouca socialização, enquanto outras vezes pode ser inerente a ela.

A síndrome de Asperger é o extremo de alto funcionamento do espectro do autismo, que em 2013 deixou de ser um diagnóstico separado, mas ainda é um modo útil de falar sobre um complexo específico. As pessoas com Asperger têm pelo menos inteligência e habilidades verbais medianas (e podem até mesmo ser brilhantes a seu próprio modo), mas são deficientes em diversas capacidades que ajudam os outros a se sintonizarem nos relacionamentos e a serem socialmente inteligentes.

Aqui estão alguns dos traços comuns da síndrome de Asperger que você pode notar em uma mãe emocionalmente ausente:

- Falta de contato visual e conversas em diálogo.
- Capacidade limitada de ler sinais não verbais, como gestos e expressões faciais e, portanto, pode interpretar erroneamente ou ficar confusa sobre o que os outros sentem e desejam.
- Não consegue seguir a conversa quando ela sai do domínio do fato e é mais metafórica ou não literal; não compreende o humor e a intenção por trás de brincadeira ou ironia.
- Tem dificuldade em entender a perspectiva das outras pessoas ou por que elas fazem aquilo que fazem.
- Não entende por que seu próprio comportamento é inadequado em uma dada situação porque não consegue realmente entender o campo relacional mais amplo.

Você pode ver como esse padrão pode facilmente parecer egoísta ou insensível aos outros. Observar se a Mãe tem essa síndrome pode ajudar a entendê-la.

O que a Mãe não pode se permitir ver

Existe uma outra situação única na qual a Mãe pode ser emocionalmente desligada de seu filho: quando ela não se permite ver que seu filho está sendo abusado por outra pessoa próxima a ela. Na maioria das vezes, acontece quando o marido ou parceiro está abusando sexualmente do filho.

Existem várias razões pelas quais a Mãe não desejaria enxergar esse fato. Uma razão óbvia é a proteção de seu relacionamento primário. Quem gostaria de acreditar que seu parceiro está abusando do filho? Ela pode se sentir dependente e incapaz de sobreviver sem o parceiro e, portanto, ser incapaz de ver o que é inaceitável. Para se permitir enxergar o abuso, ela tem de se importar mais com o filho do que com o parceiro e, infelizmente, esse nem sempre é o caso.

Com frequência, o cônjuge não abusador também tem uma história pessoal da qual está se protegendo. Muitas mulheres que se casam com homens abusivos também foram abusadas quando crianças, e muitas vezes esse abuso é totalmente reprimido e desconhecido para elas. Abuso sexual acontecendo em seu lar mais uma vez é algo que a Mãe não quer enxergar. Em um esforço para manter isso afastado, ela pode se endurecer diante de qualquer criança que seja colocada na posição de sua criança interior não curada.

Embora odiemos pensar nisso, em raras ocasiões existem mães que permitem que um filho seja o alvo de algum tipo de abuso por outra pessoa (algumas vezes, um irmão) porque esse filho representa seu ódio a si mesma.

É doloroso olhar a profundidade da perturbação da Mãe, mas ver a Mãe claramente é um passo para a cura. Você não tem de diagnosticá-la com um transtorno psiquiátrico, mas precisa ver (e entender) como ela está machucada para que você possa parar de interpretar o comportamento dela de um modo tão pessoal. Esse é um passo importante da cura e o abordaremos a seguir.

Parte 3

Curar as feridas da Mãe

9

O processo de cura

Para nos voltarmos para a tarefa da cura, vamos começar com uma visão geral. Neste capítulo, examinamos como nos protegemos de nossas feridas mais profundas e como precisamos revelá-las a fim de drenar as emoções guardadas e começar o processo da recuperação. Também falaremos do hábito de escrever um diário como parte desse trabalho com sentimentos, e examinaremos a raiva e o pesar, duas das emoções primárias que precisamos confrontar em nossa jornada de cura.

O encobrimento

Provavelmente é evidente para si mesmo que você ou alguém com quem se importa tem uma "ferida materna". Você pode ficar surpreso ao saber que alguns adultos que sofrem com feridas maternas não têm consciência disso e as negam completamente. Os terapeutas reconhecem que muitas vezes aqueles com mais feridas criaram os maiores encobrimentos para ocultar os danos. Os clientes podem chegar ao ponto de idealizar seus pais, como se quisessem criar um monumento que não pode ser questionado.

Infelizmente, é isto que é – um monumento, uma história maior que a vida. Mas a negação nunca é à prova de revelações, e frequentemente haverá pistas de que faltava algo no relacionamento mãe-filho. Além dos problemas descritos até agora, outros indicadores são os seguintes:

- Quando vê uma interação terna mãe-filha, você é ativado emocionalmente. Você pode se sentir sufocado e lacrimoso ou afastar a dor, tornando-se crítico e desdenhoso (dói ver o que você não teve).
- Você preferiria não examinar profundamente o relacionamento com sua mãe. Melhor "não cutucar onça com vara curta".
- Quando visita sua mãe, você se sente entorpecido ou entrando em um estado de transe no qual você não está plenamente presente. Visitas são sempre perturbadoras, e você retorna aos sentimentos dolorosos da infância.
- Quando lhe pedem para dar exemplos de como a Mãe era maravilhosa ou momentos em que se sentiu amado, você não consegue encontrar muitos exemplos, embora tenha acabado de dizer que tudo era ótimo.
- Você anseia pela verdadeira proximidade, mas se sente pouco à vontade e tem medo dela. Ela é desconhecida para você.
- Você evita ter filhos, sentindo de algum modo que não tem "instinto parental".

Descobrir a ferida

Criar algum tipo de proteção para os locais que doem é natural, e pode levar algum tempo para revelar o que está por baixo da dor.

Algumas vezes, as circunstâncias da vida levam a ferida para o primeiro plano. Uma das mais poderosas é ser deixado por um parceiro quando adulto. Isso evoca o buraco de não ter alguém presente para amá-lo e apoiá-lo, e você pode experimentar um senso de abandono similar ao que sentia quando era criança, que pode acontecer independentemente de o parceiro ter escolhido ir embora ou ter morrido.

Sentimentos não resolvidos sobre sua mãe também podem ser evocados por situações que tenham a ver com maternidade, como ter um filho ou a perda que acontece quando seu filho mais novo sai de casa. Outras vezes, o envelhecimento da Mãe, que agora deseja sua ajuda, pode ser o gatilho.

Você pode começar notando que o relacionamento com sua mãe não parece simples para você. Se ainda está mesclada com ela de algum modo, o relacionamento pode parecer pegajoso e incluir os sentimentos que você associa à sua mãe. Se ela parecia tensa e deprimida, por exemplo, você pode sentir algo parecido quando pensa sobre o relacionamento e ter dificuldade de vê-la com objetividade. Os sentimentos dela podem ter se tornado seus sentimentos, a opinião dela (especialmente sobre você) é a sua opinião.

É o que comumente chamamos de *codependência*: uma situação na qual você não é realmente livre para viver sua própria vida porque está preso na mente de outra pessoa. Se você está compensando as falhas da Mãe ou cuidando dela, ou se ela o marcou com um senso de que a lealdade à família ou especificamente a ela é o mais importante, desenredar-se dessa teia pegajosa não será fácil.

Muitas vezes será preciso um bom tempo em terapia para que alguém com ferimentos maternos significativos realmente comece a falar a verdade sobre sua infância. Existe uma distância considerável entre a história que se conta no início e a experiência vivida; e é a experiência vivida, guardada no inconsciente, que leva tempo para ser acessada. À medida que ela é revelada, a história que foi construída para proteger a ferida de forma lenta desmorona.

Mesmo para aqueles que têm consciência de que o relacionamento com sua mãe tem alguma falha, abrir-se para a plena profundidade do que faltava provavelmente enfrentará resistência e acontecerá apenas lentamente, com o tempo. Como a ferida é tão dolorosa, naturalmente nos afastamos dela. Conforme parte da dor é cuidadosamente drenada, nos tornamos menos sensibilizados e ficamos mais fortes.

Recontextualizar "defeitos" como déficits

Embora quem recebeu maternagem inadequada muitas vezes tenha algum senso de que havia algo faltando e que esse "algo" ainda os afeta, raramente vemos as correlações de um modo direto.

Espero que os primeiros capítulos deste livro tenham ajudado a estabelecer conexões entre o que estava faltando no ambiente inicial e as dificuldades que você enfrenta agora. Um dos benefícios que os leitores mais apreciaram em meu livro *Healing from Trauma* foi que, ao descobrir como seus sintomas se relacionam ao trauma, eles podem parar de culpar a si mesmos. Do mesmo modo, saber como as insatisfações e limitações em sua vida se relacionam às feridas maternas pode ajudar a perceber que suas lutas são o resultado natural de certas condições. Do mesmo modo que uma planta cultivada em um solo deficiente de minerais terá algumas fraquezas, uma pessoa que não teve cuidado, apoio, espelhamento e outros nutrientes essenciais será pouco desenvolvida em algumas áreas. Na linguagem de John Bradshaw, seus *defeitos* podem então ser reconhecidos como *déficits* – coisas que você não teve.

Trabalhar com os sentimentos

Existem muitas formas de se manter fora de contato com os sentimentos mais profundos: podemos nos manter ocupados, sem tempo para nos perder em sentimentos; podemos ficar presos em pensamentos (obsessões podem ser muito úteis); podemos tensionar nosso corpo, bloquear as contrapartes fisiológicas das emoções; e até mesmo respirar superficialmente para minimizar e conter a experiência.

A maioria das linhas de psicoterapia e programas como o movimento de recuperação de doze passos considera que você não pode curar aquilo que não sente. O entorpecimento e os encobrimentos protegem a ferida, mas impedem a cura.

Quando finalmente rompemos as autoproteções e nos conectamos com a experiência viva da infância, isso dói. Existe um poço de pesar que não queremos tocar. Esse poço contém sentimentos que eram dolorosos demais para serem vivenciados na época e estão encapsulados em algum ponto de nosso sistema, e pesam agora, quando reconhecemos pelo que passamos e quanto perdemos. Essas lágrimas que derramamos quando assistimos ao filme da criança com a mãe amorosa são lágrimas de pesar transbordando por causa do que poderia, e deveria, ter sido.

Bradshaw chama isso de *trabalho com a dor original*. "O trabalho com a dor original envolve vivenciar realmente os sentimentos originais reprimidos. Eu o chamo de processo de descoberta. É o único fato que trará uma 'mudança de segunda ordem', o tipo de mudança profunda que realmente resolve os sentimentos".[1]

O trabalho com a dor original envolve um grande número de sentimentos a serem elaborados, incluindo choque, raiva, solidão, medo, vergonha, confusão e dor, pura e indiferenciada. Ele também envolve pesar, mas o pesar é apenas parte da história.

Precisamos de apoio e ferramentas para esta parte da jornada. Geralmente nos afastamos de nossa dor quando é possível, e assim podemos precisar da presença de outras pessoas, carinhosas ou facilitadoras, para fornecer o suporte necessário para fazer esse trabalho. Penso que a psicoterapia individual é provavelmente o melhor ambiente para isso, mas não é o único. Terapia em grupo, grupos e fóruns de apoio, *workshops* e relacionamentos amorosos, tudo isso pode ajudar. Revelar essa dor para outra pessoa e deixá-la tocar outra pessoa (ao contrário da própria mãe, cujo coração muitas vezes não podia ser tocado) é muito curativo.

Por causa da natureza dos ferimentos de que estamos falando, você pode ter sentimentos intensos e não ser capaz de conectá-los a nenhum conteúdo. Isso não é razão para deixá-los de lado. Podemos ter emoções separadas de conteúdo porque elas são parte de lembranças pré-verbais que aconteceram antes de nossa mente conseguir delineá-las e mantê-las. Se observar, você pode identificar que se sente muito pequeno nesses momentos. Uma separação similar de sentimentos e conteúdos acontece em nossos momentos mais traumáticos, quando a experiência se despedaça em trilhas diferentes, como um filme no qual a imagem e o som ficam desconectados. Nesses momentos, você provavelmente também se sentirá perturbado e não inteiro. É por isso que ao recuperar as lembranças traumáticas você pode ter os "fatos", mas não o sentimento, ou pode ter a memória corporal, mas não as imagens, e assim por diante.

Embora possa parecer que a dor vai durar para sempre, não vai ser assim. Não se você puder se manter com ela. Quando emoções de qualquer tipo são contatadas (sentidas) de um modo genuíno, elas mudam. Ajuda se

---

[1] John Bradshaw, *Homecoming: Reclaiming and Championing Your Inner Child* (Nova York: Bantam, 1990), p. 75.

você puder dar um passo para trás, afastando-se o suficiente para notar o processo e não ficar apenas colado nos sentimentos. Isso o desvia da identificação com o conteúdo e o leva para uma parte de si mesmo que está consciente, mas não envolvida, muitas vezes chamada de "testemunha". Também lhe dá alguma distância emocional para ajudar na exploração dos sentimentos difíceis. Às vezes, chamo esse comportamento de "ficar maior do que os sentimentos", porque parte de você está situada fora deles.

Os modernos autores espirituais se envolveram bastante em ajudar as pessoas a encontrar maneiras de trabalhar com as emoções difíceis. Michael Singer, em *The Untethered Soul*, convida os leitores a "reduzir a energia" quando começam a ser arrastados para sentimentos intensos. Relaxe seus ombros e seu coração, instrui ele, e deixe que tudo passe por você como o vento.

Outro método para não se afogar nas emoções é oscilar para trás e para a frente entre o sentimento intenso e algum outro canal sensorial (visão, audição ou tato, por exemplo), muitas vezes focalizando algo em seu ambiente físico imediato. Você pode se movimentar para o canal do pensamento, o que frequentemente acontece sem esforço, mas que também pode ser usado intencionalmente. Se você puder prender sua mente a algo fora de sua perturbação por um tempo suficiente, seu sistema vai se acalmar. Ou você pode permanecer em seu canal emocional, mas oscilar para uma lembrança positiva. A oscilação o ajuda a não ficar preso.

Outra estratégia útil é incluir um Outro amoroso, ou em pessoa ou por meio de um diálogo em seu diário. Quase sempre uso esta última técnica quando trabalho com meus sentimentos dolorosos, pois ela ajuda a encontrar uma âncora em um mar turbulento.

Existe uma arte no trabalho habilidoso com sentimentos dolorosos e, embora diversas receitas tenham sido oferecidas nos últimos anos, nem todos os métodos podem funcionar bem para você. Eu o incentivo a experimentar. O lado bom é que você vai ficar mais forte com a prática.

Escrever um diário

O diário representa um lugar seguro para seus sentimentos enquanto você passa pelo trabalho com a dor original. Você não quer desgastar seus amigos, e seu terapeuta (se você tiver um) nem sempre estará disponível. Pesquisadores reconheceram que expressar os sentimentos em papel (bem como expressá-los verbalmente) é útil, enquanto segurar os sentimentos está correlacionado com níveis mais altos de estresse e doença. O diário pode servir como confidente, espelho e guia. No seu diário, você está livre de julgamentos e críticas, e com técnicas avançadas, como diálogos, você pode aprender a se reconfortar e se apoiar.

Como seu diário é seu confidente e um lugar para curar velhas feridas, essa é uma ferramenta apropriada para expressar sua dor. Pode ser a dor do pesar, decepção, perda, vitimização, traição – qualquer coisa que o machuque. Você honra o diário ao partilhar sua dor, e seu diário o honra ao aceitá-la.

Escrever seus sentimentos pode trazer lágrimas, e está tudo bem se isso acontecer. Você pode fazer uma observação curta, entre parênteses, no diário, dizendo que está chorando enquanto escreve uma passagem específica, o que mais tarde o ajuda a identificar o que exatamente parece liberar mais sentimentos. Obviamente, é melhor estar em um lugar seguro para fazer esse trabalho, e é útil ter lenços de papel e, talvez, alguns objetos de conforto perto de você.

Percebo que, muitas vezes, as lágrimas marcam um ponto de virada. As lágrimas me mostram que acertei "na mosca", e continuar a escrever enquanto elas caem ajuda a abrir meu coração, que então está lá como um recurso para mim. O coração aberto, com sua compaixão, talvez seja o recurso mais importante que temos para trabalhar com nossa dor.

Embora possamos sentir que vamos chorar para sempre, em geral esse é um tempo bem limitado quando medido pelo relógio. E em termos de intensidade, geralmente podemos lidar com muito mais dor do que imaginamos. Evitar a dor parece ser um reflexo tão forte que raramente testamos nossa capacidade.

Saiba que você pode fazer um intervalo quando precisar. Pode guardar o seu diário e fazer outra coisa por algum tempo. Pode preferir pensar sobre uma lembrança agradável (por exemplo, uma lembrança de alguém que realmente se importe com você). O que muitas vezes chamamos de distração pode ser uma tentativa natural da mente de nos dar uma pausa.

Você pode estabelecer um diálogo no diário entre duas partes de si mesmo – por exemplo, entre uma parte que está sentindo a dor e uma representação interna de alguém que está recebendo sua dor (como seu terapeuta, se tiver um) ou com uma figura de sabedoria que esteja fora da dor. Ao escrever diálogos, você simplesmente alterna a expressão de diferentes aspectos de algo, geralmente iniciando uma nova linha a cada vez que muda as vozes.

Quando você está escrevendo em seu diário, não está mais sozinho com suas emoções. Você está muito mais sozinho quando está segurando os sentimentos dentro de si mesmo.

O poder curativo da raiva

John Bradshaw diz: "Está tudo bem em ficar com raiva, mesmo se o que foi feito a você não foi intencional. Na verdade, você *tem de* ficar com raiva se quiser curar sua criança interior ferida".[2]

Pode ser difícil ficar com raiva de sua mãe, a mulher que o pôs no mundo e que colocou curativos em seus joelhos machucados. É especialmente difícil sentir raiva quando você acredita que ela *tentou* ou que ela o amava – mesmo que ela não tenha conseguido demonstrar de um modo que você pudesse sentir. É importante lembrar que a raiva não é o objetivo nem um estado permanente; ela é simplesmente parte do processo de cura.

Se você ainda está tentando conseguir alguma coisa de sua mãe (amor, respeito, validação, conexão...) e precisa evitar perturbá-la, sua raiva pode parecer perigosa demais até para admitir para si mesmo. Se você tiver de manter certa autoimagem que exclua a raiva, também precisa manter essa emoção sob controle. Mas se quiser defender sua criança interna ferida, se quiser abrir espaço para sentir aquilo que era ameaçador demais para sentir antes, se quiser liberar o sentimento (em vez de ficar inconscientemente preso nele), você precisa se dar permissão para sentir a raiva.

A origem de sua raiva da Mãe provavelmente é muito precoce, como é também o hábito de desligar a raiva. John Bowlby, o pioneiro da teoria

---

2 Ibid., p. 78.

do apego, disse que a raiva é uma resposta natural quando as necessidades de apego da criança não são satisfeitas. Quando uma criança sente que a raiva só vai provocar mais distanciamento por parte da Mãe, a criança aprende a desligá-la. Mais uma vez os dois estilos primários de apego inseguro entram em jogo. Aqueles com um estilo autossuficiente e evitante têm mais probabilidade de reprimir ou ocultar sua raiva e a acreditar que ela só pode ferir um relacionamento, enquanto aqueles com o estilo mais ambivalente e preocupado aprenderam a usar a raiva para obter a atenção dos outros.

A partir da infância e também na vida adulta, podemos usar a raiva para nos ajudar a afastar outra pessoa e a nos separar dela. Portanto, a raiva tem um papel de desenvolvimento positivo a desempenhar, e possibilita encontrar sua própria experiência, o que algumas vezes é diferente do mito da família. Agora, como um adulto, a raiva vem quando você diz: "Esta foi a minha experiência, e o que recebi não foi o bastante".

É importante que você saiba que tem direito a ter raiva e que sentir-se com raiva não significa que você seja uma pessoa ruim nem uma pessoa geralmente raivosa. A raiva é uma mensagem de que algo não está certo. É uma resposta saudável à violação que é integrada em nós, se não a suprimirmos.

Temos de deixar de ser fóbicos diante da raiva e perceber que não é a raiva que é perigosa, mas que um relacionamento pouco saudável com ela é. Quando não conseguimos conter nossa raiva com sobriedade, mas deixamos que ela vaze indiscriminadamente, nossa raiva nos controla. Quando uma pessoa que suprimiu a raiva por anos chega a um ponto de ruptura e age violentamente, a raiva pode se transformar em um ingrediente de uma tragédia. A raiva é perigosa nessas situações. Existe também uma *raiva limpa* que é uma força positiva em nossos relacionamentos ao trazer mais sinceridade para eles de um modo que não seja humilhante, mas ainda transmita respeito.

Um exemplo de raiva saudável é quando acontece algo que é desrespeitoso ou violador de alguma maneira, e a raiva surge para dizer: "Isto não está certo". É para isso que a raiva serve, para criar limites necessários.

Também é importante liberar a raiva que ficou bloqueada em seu corpo, raiva que pode ter sido suprimida ainda antes de ser sentida. Isso pode até incluir a raiva que você sentiu quando era bebê ou criança pequena. Acredito que essa raiva pode ser metabolizada e liberada ao ser sentida ou expressa com habilidade. Algumas vezes, contudo, a liberação da raiva se transforma em um ciclo que se autorreforça, e nós queremos evitar isso. É mais seguro fazer esse trabalho de liberação com um terapeuta habilidoso.

A raiva vem em diversos tipos, representando outra distinção importante. Existe um tipo de *raiva de vítima* que se sente chorosa e impotente, e uma raiva poderosa que parece defender você. Estou falando de alcançar a *raiva poderosa*, mesmo que você possa começar com a outra.

Algumas pessoas acham que a raiva é fácil e a usam como sua emoção para todos os propósitos, em vez de decepção, tristeza, medo, todos os tipos de emoções. Outros seguram a raiva com tudo que podem por um medo subconsciente de que permitir-se sentir raiva signifique abrir comportas que não podem ser fechadas novamente. Curar ferimentos emocionais de qualquer tipo envolve tornar-se emocionalmente fluente, capaz de experimentar e distinguir entre uma vasta gama de emoções sem se deixar escravizar por nenhuma delas.

O diário é um ótimo lugar para depositar a raiva, especialmente porque muitas pessoas sentem-se pouco à vontade com ela, e podemos ter menos amigos dispostos a dar apoio para a raiva do que para uma emoção mais suave como a tristeza. A raiva é dura e, algumas vezes, odiosa. Esses não são sentimentos nobres que você demonstra facilmente para as pessoas, mas o diário as guarda sem julgamento.

Trabalhar com a raiva tem muito a ver com permissão. Muitos de nós aprenderam a engolir a raiva, e geralmente leva muito tempo para desaprender. Se praticarmos escrever no diário consistente e sinceramente, isso ajudará a desfazer o hábito da autocensura.

Se a raiva é uma das emoções que você não consegue conter e explode de maneiras danosas, você pode precisar tomar precauções especiais. É importante que você seja capaz de calibrar a raiva, deixá-la correr em um contínuo em vez de ser algo que está "desligado" ou "ligado". Você precisa reconhecer a raiva quando ela surge e ter ferramentas para regulá-la, sendo capaz de controlar quanto está passando a cada momento determinado, usando distração, respiração ou pausas para interromper um aumento indesejado. Você pode considerar um curso de administração da raiva ou trabalhar com um terapeuta se sentir que não tem controle sobre ela ou nem mesmo ousar tocá-la.

Explorar sua raiva (um exercício)

Neste exercício, vamos trabalhar com o que chamamos de uma haste de frases na escrita de diário. A primeira parte da frase é fornecida, e você deve completá-la com o que vier à sua mente, trabalhando rapidamente para não se censurar. Eu o incentivo a completar esta frase 10 vezes ou mais (quanto maior a lista, mais efetivo será o exercício) e a voltar seus pensamentos para sua mãe:

Tenho raiva de...

Depois de terminar, leia todas as suas respostas e observe como se sente. Se você quiser fazer alguma escrita livre, este é um bom momento. Também o incentivo a refletir sobre uma outra questão:

Por trás da raiva, sinto...

Complete essa haste da sentença pelo menos 10 vezes. Você também pode fazer uma lista das coisas pelas quais não perdoou sua mãe.

Luto

Além de fazer o trabalho com a raiva, a cura das feridas maternas também envolve um profundo pesar. Lamentamos o que estava faltando, lamentamos a angústia sofrida por aquela criança que fomos, e lamentamos quão pequena ou distorcida a vida se tornou por causa disso. Pode parecer um rio infinito de lágrimas.

É provável que você tenha ouvido falar do trabalho da Dra. Elisabeth Kübler-Ross que delineia os estágios do luto, embora haja uma tendência a pensarmos nisso de um modo mais linear do que era a intenção dela. Mas os elementos de negação, raiva, negociação, depressão e aceitação são relevantes aqui. Para passar pelo luto, temos de nos desprender das esperanças irreais (negação daquilo que é mais fundamentalmente verdadeiro) e dos *"se apenas"* que constituem a negociação. No caso com a Mãe, os *se apenas* começaram muito cedo: *se apenas* eu pudesse ser bom e não perturbar a Mãe; *"se apenas"* eu não chorasse; *se apenas* eu pudesse reconfortá-la; *se apenas* eu pudesse deixá-la orgulhosa. Essas são tentativas sinceras, mas desesperadas, de extrair dessa mulher a Boa Mãe de que precisamos.

O que precisamos, no final, é nos desprender da fantasia dessa mãe tão esperada. A autora e psicoterapeuta Lindsay Gibson foi assertiva ao escrever: "Sem perceber a magnitude das limitações de desenvolvimento de seus pais, muitos filhos de pessoas emocionalmente imaturas pensam que deve haver uma pessoa genuína e totalmente desenvolvida oculta dentro do pai ou da mãe, um eu real com quem poderiam se conectar *se apenas* o pai ou a mãe permitissem".[3]

Ah, como queremos que essa pessoa intacta, calorosa, disponível, responsável e sintonizada exista! E pode haver alguns momentos de responsividade suficientes para manter a fantasia, apesar da grande maioria de nossa experiência em contrário. Mas, em última instância, o luto é aceitar aquilo que é, mesmo se, no princípio, parecer ser algo a que não podemos sobreviver. É por isso que a depressão, nossa resposta afetiva a essa perda, geralmente vem antes da aceitação. Sentimos nosso coração quebrar, e se isso for tratado com compaixão e tivermos apoio, acabaremos por encontrar a paz.

---

3 *Gibson,* Adult Children of Emotionally Immature Parents, *p. 41.*

Se apenas (um exercício)

Vamos explorar três conjuntos de *se apenas*.

Os primeiros *se apenas* se relacionam à Mãe e ao bem-estar dela. Você pode ter pensado neles antes ou ter consciência de que ainda pensa neles. Aqui estão alguns exemplos:

- *Se apenas* ela pudesse tomar os remédios certos.
- *Se apenas* ela pudesse superar a depressão dela.
- *Se apenas* ela fizesse terapia.
- *Se apenas* ela pudesse ter um casamento estável.

Em sua esperança de ter mais da Boa Mãe a que responder, quais *se apenas* você mantém? Faça uma lista.

Nossa segunda exploração refere-se a quais *se apenas* você mantinha como criança. Dei exemplos deles acima. Alguns podem ser deduzidos a partir de seu comportamento.

Por último, quais *se apenas* você mantém para o relacionamento agora? A primeira parte da frase, *se apenas X acontecesse*, é seguida por uma suposição relacionada ao efeito sobre o relacionamento ou seu próprio senso de eu. Veja se você consegue identificar essa parte também.

- *Se apenas* eu pudesse fazê-la ver como estou indo bem, ela teria orgulho de mim, e me sentiria amado.
- *Se apenas* tivéssemos um tempo de qualidade juntos, ela veria que ótima pessoa eu sou e iria querer ficar perto de mim.

Essas afirmações supõem que você ainda deseja algo da Mãe. Mas isso pode estar oculto da vista ou ter sido destruído há muito tempo. Se você sente basicamente aversão, seu *se apenas* pode ser mais como:

(continua)

> ### *Se apenas* (um exercício) (continuação)
>
> - *Se apenas* ela estivesse morta, eu nunca teria de pensar nela de novo e poderia ser mais feliz.
> - *Se apenas* ela parasse de querer algo de mim, eu poderia ser livre.

A cura exige o desprendimento das fantasias e do *se apenas*, e a aceitação das circunstâncias e limitações reais. Essa é uma questão incrivelmente espinhosa que discutirei novamente no capítulo da criança interior, na seção "Soltar-se da Mãe" (p. 183).

Deixar o passado

Aqueles que preferem não entrar nesses recessos internos muitas vezes usam palavras como *chafurdar* quando falam sobre sentimentos ou nosso relacionamento com o que está inacabado em nosso passado. Eles despejam palavras como essa para evocar nossa vergonha e transmitir a mensagem "Supere isso!".

E é claro, tem a pergunta que fazemos a nós mesmos: Por quanto tempo isso vai durar? Minha opinião é que *nós nos soltamos do passado quando acabamos com ele*. Quando estamos completos. É simples assim.

Em algum ponto, outras coisas se tornam muito mais interessantes e a atração das emoções passadas não podem mais competir. Nós trabalhamos o terreno, retiramos grandes pedras e novas coisas estarão crescendo – coisas que atraem e enriquecem nossa vida.

Isso não quer dizer que não vacilaremos se alguém tocar o centro dessa ferida (embora talvez não vacilemos), mas teremos completado nosso luto ativo e seguido em frente. Até então, tente rebater esses pensamentos de que você deveria superar o passado e lembre-se de que, embora nem todos possam precisar fazer isso, é parte do seu território. Não, você não pediu e não teria escolhido isso. No entanto, porque você tem esse legado específico e não quer passá-lo adiante (está em um papel de pai ou mãe) ou porque em algum lugar profundo interno tem uma conexão com aquela criança que conviveu com uma maternagem inadequada e quer acertar as coisas, você está fazendo o trabalho – "lutar a boa luta", por assim dizer. Esse não é o trabalho inteiro, o trabalho com o luto e a dor original, mas é parte dele.

É verdade que existe algum perigo de ficar parado. Podemos criar uma identidade a partir de qualquer experiência forte, especialmente de uma que acontece no início de nossas vidas e deixa cicatrizes profundas. Elaborar essas feridas maternas não é fácil, e exigirá enorme compromisso e recursos. Um desses recursos potentes é a "energia da Boa Mãe".

10

Conectar-se com a energia da Boa Mãe

A fim de curar, precisamos não só reconhecer e lamentar o que estava faltando, mas também encontrar maneiras de compensar essa falta. Para compensar um déficit de cuidados e uma mãe que não esteve plenamente presente, precisamos nos conectar com a "energia da Boa Mãe". Felizmente, existem muitas maneiras de fazer isso (além da terapia), e este capítulo vai se concentrar em três delas: conectar-se com o arquétipo de Boa Mãe, encontrar outros que substituam a Boa Mãe e elaborar as questões não resolvidas e as necessidades insatisfeitas nos relacionamentos primários.

Abrir-se para a Boa Mãe

Se você reprimiu suas necessidades e seu anseio por uma boa mãe, como tantos de nós fizemos, pode ser muito intenso quando os sentimentos perdidos emergirem. O anseio pode parecer desconhecido, perigoso e embaraçoso, mas é vital para o processo de cura. O desejo de maternagem é natural; ele estava presente quando você era criança, mesmo que você tenha aprendido a desligá-lo como uma estratégia de sobrevivência. Como uma terapeuta lembra a seus clientes, o próprio anseio é saudável. É parte do ser humano querer ser nutrido e cuidado.

Embora esse anseio possa ter sido frustrado no passado, ele pode dar frutos agora. Podemos receber carinho, cuidado, orientação, proteção, espelhamento, e assim por diante, de outros a quem agora *escolhemos* para cumprir esses papéis. No final, podemos desenvolver uma Boa Mãe forte dentro de nós, modelada sobre o melhor do que vivenciamos ou talvez em nossas experiências com a Boa Mãe arquetípica.

Independentemente de em qual desses níveis você estiver trabalhando, a dinâmica é a mesma. A Boa Mãe não pode dar nada a você se você estiver preso em uma reclamação sobre como se sente sem mãe. Ela não pode tocar ternamente sua face quando você se afasta. Você deve se permitir ser vulnerável e deixar que ela se aproxime. Só então você receberá os seus presentes.

Arquétipos

Os arquétipos são padrões monumentais que nós, como seres humanos, incorporamos de modo imperfeito. São monumentais porque são mais amplos do que qualquer expressão relacionada a eles. Por exemplo, uma anciã não é incorporada de um único jeito; uma idosa sábia pode ser mais extrovertida ou idiossincrática do que outra. Os arquétipos são como os papéis básicos desempenhados por novos atores em cada peça. Cada cultura, como cada diretor de teatro, os representa de um modo um pouco diferente, mas vemos os mesmos tipos básicos de personagens repetidamente.

Isso não é apenas uma questão de convenção, segundo aqueles que vivenciam os arquétipos nos domínios de energias sutis. Os mesmos arquétipos aparecem repetidamente porque existem como padrões de energia no domínio interpessoal mais amplo. Muitos desses arquétipos têm sido reconhecidos desde o início da cultura humana, embora nas épocas primitivas essas energias básicas estivessem associadas mais com o mundo natural. Muito antes de a Virgem Maria incorporar o arquétipo de mãe, havia a Mãe Terra. As culturas das deusas relacionavam-se com a Terra como a fonte do alimento e recursos e imagem primária da mãe. Cada uma delas tinha seu próprio nome e própria imagem desse arquétipo, mas todas elas a conheciam.

Quando o psiquiatra suíço Carl Jung trouxe os arquétipos para a psicologia moderna no início do século XX, ele os descreveu como resíduos de memória ancestral preservados no inconsciente coletivo (mente mais ampla) que todos nós partilhamos. De um ponto de vista junguiano, nascemos com um modelo de Boa Mãe como uma estrutura psíquica. Esse arquétipo é como uma matriz que é ligada, ou se torna operativa, quando encontramos uma maternagem que é "suficientemente boa".[1]

Quando isso não acontece em nossa família de origem, podemos encontrar outra pessoa para ativar esse arquétipo, como um terapeuta. O terapeuta então se torna a corporificação e o portal para as energias mais profundas do arquétipo que podem mais tarde ser vivenciadas de maneiras adicionais, como descrito posteriormente.

Trabalho com imagens e símbolos

Muitas vezes, vivenciamos os arquétipos por meio de imagens poderosas. Isso pode acontecer em sonhos, em imaginação guiada e em trabalhos artísticos. Algumas das forças arquetípicas que podem aparecer incluem a Boa Mãe, aspectos específicos da mãe como os enumerados no capítulo 2, a bruxa/mãe ruim, a criança abandonada, e o eu instintivo primitivo e faminto.

Carla, uma mulher de 40 anos, relatou que muitas vezes encontrava uma figura protetora da mãe-ursa em todas essas situações (meditações, sonhos e criações de arte). Ela se descobriu criando pares mãe-bebê e desenhando círculos, que muitos associariam com um seio materno e que ela associou com a mãe, o útero e estar contida em um espaço seguro. Para Carla, isso expressava o anseio pelos aspectos maternais que tinham faltado na vida dela. Ela não tinha sido protegida e tinha recebido pouco carinho e quase nenhum tempo sozinha com a mãe.

Carla experimentou seu desejo instintivo interrompido como uma criatura-filho primitiva tão voraz que poderia comê-la viva. Lembre-se de que aquilo que é mantido no inconsciente reúne forças.

Não podemos interromper nossas necessidades instintivas e flutuar acima delas sem que algum tipo de contraponto irrompa periodicamente de nosso submundo pessoal.

---

[1] Dennis L. Merritt, PhD, "Brief Psychotherapy: A Jungian Approach", acessado em dennis-merrittjungiananalyst.com/Brief_Psychotherapy.htm em 24 de junho de 2008.

Fazer uma representação da Boa Mãe é uma boa maneira de trazer esse arquétipo mais profundamente para sua consciência e eu o incentivo a separar algum tempo para fazer isso. Pode ser uma colagem, um desenho, uma escultura – muitas coisas. A ideia é ancorar a mãe ideal e lhe dar uma forma. Então, você pode usar essa forma para evocar a energia dela quando estiver fazendo o trabalho interior.

Você também pode fazer uma lista de mensagens da Boa Mãe e das características associadas com esse arquétipo. Escrevi minhas mensagens da Boa Mãe na colagem que fiz.

Ajuda da Mãe Divina

Uma das imagens clássicas associadas com o arquétipo da mãe é a Virgem Maria da tradição cristã. *A Madonna e o Menino* é uma das imagens mais frequentemente pintadas. É uma imagem encontrada muito antes da era cristã e parece ter apelo universal. *Maria é um dos muitos nomes que começam com a sílaba Ma*, que significa "mãe". A Virgem Maria é muitas vezes associada com a rosa que está ligada com a mesma energia da Mãe Divina.

Muitas pessoas relataram ter recebido conforto e orientação de Maria ou de figuras maternas de outras tradições religiosas, como Kuan Yin (ou Guan Yin) a bodisatva da compaixão. A maioria das tradições, se não todas, tem imagens da Mãe Divina, e os seguidores dessas tradições muitas vezes têm experiências nas quais se sentem amados e cuidados por essa energia maternal.

Uma mulher descreveu sentir-se como um bebê irritado que era capaz de se soltar e relaxar ao se sentir acolhida por uma presença amorosa que se parecia com a Virgem Maria. Outra experimentou algo semelhante quando se imaginou estar envolta em faixas pela Deusa Mãe. Uma terceira mulher, Ann, descreveu ter feito um trabalho de jornada interior e encontrado a figura de uma deusa que parecia afastar seus fardos e absorver sua dor. Ann descobriu que ela podia chamar esse ser em momentos de necessidade. Eu classificaria todas essas experiências como o equivalente da Mãe como moduladora vivenciada internamente.

Algumas vezes, a resposta é ser cuidado por uma mãe, e outras vezes, é se tornar a mãe. Isso é verdade no nível humano, mas também pode acontecer no nível espiritual. Ariel, que teve uma maternagem muito inadequada, voltou-se para a tradição da deusa para fornecer um modelo positivo da mãe e o feminino profundo, considerando-a curativa e transformadora. Ela se considera uma sacerdotisa agora, que não é uma designação atribuída por nenhuma autoridade religiosa, mas simplesmente significa ser um canal para a energia feminina divina. Seu trabalho é incorporar essa energia. A Mãe Divina é a matriz, a teia de interconectividade que nos mantém.

Práticas devocionais a qualquer uma das figuras da Mãe Divina ajudam a abrir o coração para o arquétipo da Boa Mãe e podem, no final das contas, substituir a imagem de uma mãe restritiva com algo mais generoso e caloroso. Necessitamos de modelos para desenvolver a Boa Mãe interior, e aqueles que vêm das tradições espirituais são potentes para muitos.

Aceitando o "bom" da Boa Mãe

Quer se sinta um filho da Mãe Cósmica ou estabeleça um vínculo com uma pessoa (de qualquer gênero) que assuma o papel da Boa Mãe, existem benefícios definidos para um relacionamento seguro.

Conectar-se com a Boa Mãe permite que nos apropriemos de algumas das qualidades dela, seja a confiança, a graça, a generosidade ou outras qualidades desejáveis. Do mesmo modo que crianças com apego seguro sentem que a morada física em que vivem com sua família é delas também (um sentimento nem sempre partilhado por aqueles com um complexo de órfão), aqueles plena e seguramente apegados à Mamãe são livres para partilhar a natureza dela e ficar à vontade ali. Isso pode tomar a forma de imitar os comportamentos externos da Mãe, o modo como ela fica em pé ou inclina a cabeça, mas também pode ocorrer em um nível mais profundo em que a criança sinta que é parte do coração da Mamãe e que as qualidades da Mãe parecem ser parte dela também.

A criança que adora sua mãe também assume parte do halo ao redor dessa idealização. Uma criança apegada de modo seguro, que sente que "Minha mamãe é realmente especial", pode também sentir que "eu sou especial porque sou parte dela". Isso se relaciona com a Mãe como fonte (p. 18).

Uma segunda chance para encontrar uma Boa Mãe

Felizmente, temos uma segunda chance como adulto para receber a maternagem que faltou mais cedo em nossas vidas. Podemos até mesmo vivenciar isso em mais de um relacionamento. Podemos encontrar amor, cuidado amoroso, orientação, incentivo, espelhamento, proteção e as outras funções da Boa Mãe em diversos lugares: em nossos parceiros, terapeutas, amigos próximos, parentes por afinidade, professores espirituais, mentores e na mãe que finalmente desenvolvemos dentro de nós mesmos.

Ter alguém consistentemente presente para nós é uma grande bênção, se pudermos aceitar. Se nos agarrarmos a uma falta anterior de amor e não aceitarmos, então isso não poderá nos curar. Pode ser necessário suportar o desconforto, lutar com os sentimentos de desmerecimento e aprender a confiar, mas receber esse cuidado amoroso é essencial para curar as feridas da mãe.

Quando vemos que aquilo que é oferecido é dado *por amor* mais do que por obrigação, nós nos sentimos profundamente sensibilizados (filhos de mães emocionalmente ausentes muitas vezes sentem que qualquer cuidado de suas mães vem da obrigação). Se pudermos aceitar o amor e o cuidado dados livremente, no fim das contas vamos desenvolver um senso saudável de direito, o senso de que nossas necessidades importam e que temos o direito de sermos apoiados e nutridos. Lentamente nossa posição mudará para um senso de expectativa positiva de que nossas necessidades serão satisfeitas.

Para que isso aconteça, nossa substituta de Boa Mãe precisa ser generosa conosco: generosa com atenção, afeto, elogios e nos dar o espaço de que precisamos para elaborar tudo. Já que nossas mães negligentes, emocionalmente ausentes e não expressivas não dão muito, essa generosidade torna-se um ingrediente essencial na cura. Muitas vezes ficamos surpresos ao saber que a mãe generosa encontra prazer em satisfazer nossas necessidades. Esse prazer é parte do desenvolvimento dela também.

Obviamente, as pessoas nesses papéis de Boa Mãe têm de lhe passar segurança. O que está acontecendo é nada menos do que uma transformação radical, que muda sua autoimagem, o modo como você é nos relacionamentos e desperta os estados infantis que estão congelados dentro de você. Se você desenvolveu uma estrutura de defesa endurecida e assumiu as vozes críticas do que o rodeavam, a cura vai exigir que saia disso. Você precisa ser suave e receptivo, como uma criança que confia e adormece nos braços da Mãe, precisa encontrar pessoas que evoquem isso em você e que sejam confiáveis.

Lembre-se de que esta é uma jornada – uma longa jornada. As crianças não crescem do dia para a noite. E embora a meta seja curar as partes feridas de sua psique e se tornar um adulto íntegro e saudável, isso acontece em estágios. Acho muito útil pensar em termos da cura da criança interior, mas você pode pensar nisso simplesmente como um preenchimento dos déficits ou fortalecimento de seu sistema de modo que possa absorver os nutrientes que faltaram antes.

Satisfazer necessidades de maternagem com parceiros

Naturalmente, um lugar a que recorremos para que nossas necessidades não satisfeitas sejam preenchidas são nossos relacionamentos com parceiros românticos. Isso é tanto uma escolha excelente quanto perturbadora. Relacionamentos amorosos podem representar um espaço onde nos sentimos cuidados, ternamente mantidos, valorizados. São ótimos para aconchegar-se, para satisfazer necessidades de toque e para que nossos *eus* suaves e indefesos se manifestem. Mas eles também são muito mais. Muitas vezes são parcerias em termos de vida doméstica e material, e frequentemente incluem a criação de filhos. Os relacionamentos com parceiros são o lugar primário onde nossas necessidades sexuais são satisfeitas. Também são o lugar onde temos responsabilidade de cuidar amorosamente um do outro. A existência de tantos papéis simultâneos cria algumas exigências especiais para satisfazer as necessidades da infância.

A seguir estão algumas questões que podem ajudar você a olhar para seu relacionamento atual se estiver em um. Se não estiver com um parceiro, você pode usar as mesmas perguntas para refletir sobre um relacionamento passado:

- Quais necessidades psicológicas e materiais são preenchidas pelo seu relacionamento? Um de vocês assume funções da Boa Mãe com o outro? Quais delas?
- Um de vocês oferece mais cuidado amoroso do que o outro, ou trocam de papéis? Existe um componente pai-filho no relacionamento?

Pode haver problemas quando estamos tentando satisfazer necessidades anteriores, mas não temos acordos conscientes sobre isso. Quando começamos a dança dos encontros, normalmente não perguntamos: "Você será minha mãe?" Parceiros podem se sentir ressentidos quando se percebem nesse papel sem consentimento. Especialmente se não têm folga.

Isso funciona mais quando damos escolhas a nossos parceiros e negociamos as necessidades específicas a serem satisfeitas. Podemos pedir isso de um modo adulto: "Você pode me abraçar um pouco? Estou me sentindo sozinho e inseguro." "A criança dentro de mim está assustada agora e gostaria de ouvir você dizer que tudo vai dar certo." "Preciso que você espelhe meus sentimentos agora, então eu saberei que sou ouvida." É melhor quando o "eu adulto" pode fazer a negociação. Existem livros excelentes e aulas que podem ajudá-lo a aprender a pedir aquilo que deseja (se falar sobre a criança interior ou "partes infantis" parecer totalmente estranho para você, vá direto para a p. 171 e, depois, retorne).

Isso não quer dizer que as suas partes infantis não possam também ter um relacionamento com seu parceiro. Pode ser útil para que seu eu adulto seja suficientemente protetor a essa criança para avaliar o que é razoável dentro de um relacionamento específico e assumir a iniciativa nessa negociação. As partes infantis podem vir à frente e fazer pedidos, também, mas é melhor entender que o parceiro não é o único adulto por perto. Você pode decidir que a maior parte de seu trabalho com a criança interior e a recuperação da maternagem podem ser mais bem-feitos em outro lugar, mas também é bom que seu parceiro cuide carinhosamente de sua criança de vez em quando.

Em relacionamentos românticos, precisamos estar dispostos a trocar de papéis e dar amor, proteção e cuidado a nossos parceiros, o que pode ser feito como uma troca entre adultos ou como uma troca amorosa entre pai e filho, na qual um parceiro age como um pai amoroso para a criança no outro. Pode haver, também, trocas entre estados infantis em cada um dos parceiros adultos. Quando vocês dois são crianças feridas, pode haver muita mágoa e culpa, mas duas crianças aprendendo sobre resiliência e confiança podem se divertir juntas.

É importante lembrar que nossos parceiros adultos não nos devem o amor altruísta que queríamos receber de nossa mãe. Eles têm necessidades e limitações, e somos adultos agora, responsáveis por nós mesmos. Isso não significa que você não pode ter sentimentos vulneráveis, até mesmo algumas necessidades enraizadas na infância, mas significa que seu parceiro tem uma escolha em relação a responder a essas necessidades, que em última instância são de sua responsabilidade. Pedir a seu parceiro que supra essas necessidades é só uma das muitas opções. Se ele não puder em algum momento, existem outras opções. É importante que você não fique tão absorvido em seus sentimentos infantis que se esqueça disso.

Um exemplo de padrão da infância que pode ser representado entre parceiros é tentar permanecer dentro da unidade do estado inicial fundido em que os bebês se sentiam como parte da Mãe. Isso é chamado de um relacionamento de "fusão". Quando duas pessoas estão fundidas, elas não se conhecem como indivíduos separados e distintos. Parte do que torna a paixão tão intensa, para muitas pessoas, é o que propicia uma nova experiência desse senso de unidade. Com o tempo, surgem diferenças suficientes naturalmente para que o senso de unidade desapareça e cada parceiro se sinta separado. Se não teve fusão suficiente, você pode resistir e tentar se agarrar no senso de unidade. Isso pode provocar problemas porque, se não puder ver seu parceiro como separado de você, não poderá realmente dar atenção às necessidades dele.

Quando as necessidades iniciais são proeminentes em um relacionamento, podemos nos tornar reféns dessas necessidades. Algumas pessoas acham difícil deixar relacionamentos porque projetaram no parceiro muitas das necessidades de maternagem básicas e estão despreparadas, em seu desenvolvimento mental, para se afastar da Mãe.

Repetir o passado

Muitos terapeutas acreditam que adultos inconscientemente repetem padrões não saudáveis de seus primeiros relacionamentos pai-filho – por exemplo, escolhendo parceiros que estão indisponíveis assim como um dos pais estava. Nesses casos, a cura muitas vezes é uma questão de se tornar consciente do padrão, trabalhando essas feridas da infância em terapia ou em outros lugares, e de fazer novas escolhas em termos de relacionamentos amorosos. Tentar extrair de um parceiro, que é parecido com a Mamãe, aquilo que você não teve da Mamãe geralmente não tem sucesso.

No entanto, é comum. Existem terapias inteiras que giram ao redor da ideia de que somos atraídos por pessoas que têm os mesmos déficits que nossos pais em uma tentativa inconsciente para curar a ferida original. Em abordagens como *Imago Relationship Therapy* (terapia de relacionamento com imagens), os terapeutas ajudam os parceiros a usar as dificuldades no relacionamento para evocar os primeiros ferimentos e curá-los. A *Emotionally Focused Couples Therapy* (terapia de casais com foco emocional) é outra abordagem que usa o relacionamento de casal para reparar ferimentos de apego. A partir dessa visão, não é que os parceiros tenham feito uma escolha errada – eles fizeram a escolha perfeita para a cura.

As perguntas a seguir podem ajudá-lo a examinar seus próprios padrões.

Escreva um parágrafo descrevendo como experimentou sua mãe quando era uma criança pequena. Não precisa ser em sentenças inteiras; você até poderia fazer uma lista de adjetivos. Então, escreva um parágrafo sobre como você experimentou seus parceiros românticos significativos e procure semelhanças (observe que parceiros significativos não são necessariamente relacionamentos de longa duração, mas muitas vezes são os mais emocionalmente carregados).

- Quais são as fontes do conflito e dos problemas em seu relacionamento? Elas espelham qualquer elemento de sua primeira infância?

- Quais indicações das primeiras questões inacabadas ou de apego inseguro você pode ver em seu relacionamento atual?
- Nesse ponto de sua vida, você pode estar com alguém cujo coração seja estável, paciente, acolhedor, com muito amor, ou tende a encontrar pessoas que sejam inquietas e não plenamente presentes?

Alguns exemplos de necessidades de infância insatisfeitas que aparecem na vida adulta incluem as seguintes:

- Precisar de uma quantidade incomum de apoio e tranquilidade.
- Sentir-se inseguro, ciumento e com raiva quando seu parceiro não é responsivo a suas necessidades de imediato.
- Ser incapaz de tolerar a ausência de seu parceiro.
- Manter um relacionamento fundido – "unha e carne", como se costuma dizer.
- Projetar sobre seu parceiro as características negativas de sua mãe.
- Elevar seu parceiro a uma posição acima da sua e sentir que ele é mais inteligente, mais capaz ou de algum modo tem mais valor do que você.
- Tolerar uma quantidade incomum de abandono ou incapacidade de seu parceiro ou reagir a isso de maneiras que lembrem como você se sentia quando criança.
- Não esperar intimidade emocional de seu parceiro (porque não a recebeu de sua mãe e não a espera de ninguém).

O poder curativo de apegos românticos seguros

A autora Susan Anderson diz em *The Journey from Abandonment to Healing* (A jornada do abandono à cura) que em um relacionamento seguro, o parceiro romântico tem função similar àquela que a mãe realiza para uma criança com apego seguro. Nos dois casos, o relacionamento fornece um senso primário de pertencimento, segurança e conexão. Falando de adultos, ela escreve: "Muitas pessoas funcionam assim porque se sentem muito seguras em seus relacionamentos primários. Elas são autoconfiantes, autodirecionadas e alegres porque sabem que alguém está presente por elas".

Rupturas em um relacionamento desses pode sabotar gravemente essa confiança e bem-estar.[2]

Sem dúvida, os relacionamentos de parceiros muitas vezes são bons para as pessoas, levando a benefícios como melhor saúde e tempo de vida mais longo. Eles também podem ser o caldeirão em que adultos inseguramente apegados finalmente se tornam seguramente apegados e colhem seus muitos benefícios.

Uma chance de ser abraçado (um exercício)

Eis um exercício que você pode fazer com um parceiro ou um amigo. É uma chance de ser abraçado por uma pessoa segura e se permitir receber sem, nesse momento, precisar ganhar ou dar algo em troca. Talvez seja mais curativo se você imaginar sua criança interior recebendo esse abraço. Pense como é frequente ouvir mulheres reclamando que querem ser abraçadas, mas que é difícil conseguir esse abraço sem que o parceiro o transforme em uma oportunidade sexual. Bom, aqui está uma chance de satisfazer algumas dessas primeiras necessidades.

Para este exercício, encontre um parceiro que concorde com as orientações e a intenção de proporcionar um abraço seguro e não sexual. Este é um exercício recíproco no qual cada um tem uma chance de abraçar e ser abraçado, então decida qual papel você quer assumir primeiro. É útil concordar em um tempo definido para que cada parceiro seja abraçado; 20 minutos é um bom limite.

(continua)

---

2 Anderson, *Journey from Abandonment*, p. 76.

Uma chance de ser abraçado (um exercício) (continuação)

A instrução básica é que a pessoa que dá o abraço não afague nem conforte a outra, mas esteja ali mais como uma presença simples e aceitadora. Muitas vezes, este exercício é feito com as duas pessoas sentadas no chão, com a "criança" na frente e o "bom pai" apoiado com as costas contra a parede. Podem ser usados travesseiros para fornecer um apoio macio e também para amortecer um pouco o contato corporal. A "criança" se inclina para trás, talvez apoiando-se sobre o peito da pessoa no papel de bom pai, e o "bom pai" coloca os braços ao redor da "criança". A pessoa que está sendo abraçada pode mudar de posição como desejar. Quando estiver no papel de quem recebe, faça o que puder para relaxar e realmente aceitar essa forma tão primal de suporte e cuidado. Não fale durante esse tempo.

Depois de vocês trocarem de papel, inclua algum tempo para conversar sobre como foi a experiência para vocês.

Agradeça a si mesmo por ter a coragem e o compromisso de tentar algo experimental. Se correu tudo bem e foi satisfatório para os dois, vocês podem marcar um horário para fazer isso de novo!

Uma mulher relatou que, durante sua primeira experiência desse exercício, ela ficou olhando ansiosamente para o relógio, preparando-se para ser abandonada. Depois de dez minutos da presença estável do parceiro, ela conseguiu relaxar e realmente aceitar que estava sendo abraçada e que o parceiro era seguro o bastante para que ela descansasse nele. Foi uma experiência profunda e um novo sentimento de que "valia a pena ficar" por ela. Pense agora em quantas crianças pequenas não tiveram esse tempo de qualidade e esse senso de serem importantes o bastante para que a Mãe lhes desse toda a sua atenção por mais de um breve momento. Exercícios como esse podem ajudar a mudar essa impressão profunda.

Sua Boa Mãe portátil

Do mesmo modo que se acredita que a criança pequena constrói uma imagem de sua mãe que carrega dentro de si, que ajuda no processo de se separar e se diferenciar da Mãe, construir um senso interno de uma figura da Boa Mãe cria, em essência, uma Boa Mãe portátil que você pode levar com você.

Pode simplesmente ser um apanhado de lembranças de todos os que preencheram esse papel de Boa Mãe, mas também pode ser mais do que isso. Pode ser uma internalização do amor e apoio de uma pessoa. Uma vez, eu tive uma imagem de minha terapeuta segurando meu coração nas mãos dela e me apoiando com grande ternura e devoção. Eu sentia que podia carregar essa imagem no meu coração, onde ela se tornou uma parte de mim. Também dialogo com minha terapeuta frequentemente em meu diário, onde às vezes ela diz coisas surpreendentes, embora sempre coerentes com a pessoa que eu sei que ela é.

O processo de absorver e internalizar a energia da Boa Mãe não é puramente mental ou psicológico. Imergir em qualquer desses bons sentimentos exige deixar que eles saturem o corpo. Aqui está uma breve prática que você pode usar para ajudar o processo de internalização de qualquer sentimento ou estado de recurso que você queira fortalecer. Você pode usá-lo para absorver o cuidado de uma pessoa em sua vida, ajudando-o a se conectar com o arquétipo da Boa Mãe, ou mesmo com uma das funções da Boa Mãe descritas no capítulo 2.

Fortalecendo um estado de recurso (um exercício)

- Comece escolhendo de forma consciente o que você deseja sentir mais profundamente e incorporar em si mesma. Ao começar com a simples intenção de se sintonizar, note como registra primeiro sua consciência. Isso surge como uma imagem visual, uma sensação específica no seu corpo, por outro canal sensorial ou como uma combinação de canais?
- Observe como isso afeta sua respiração e seu tônus muscular. Seu corpo se aquece ou se resfria? Alguma outra sensação?
- Você pode levar essa sensação a todo o seu corpo e aos dedos dos pés?
- Como essa sensação afeta a sua postura? Abre ou apoia lugares específicos?

Note quaisquer lembranças ou imagens que surjam em sua mente. O que você pode usar para se lembrar dessa experiência? (Pode ser uma imagem, uma palavra, uma lembrança de uma sensação em seu corpo).

Naturalmente, quanto mais você usar uma prática como essa, mais vívido e duradouro será o resultado.

Quando você internalizar uma figura de apego, ou qualquer figura de sabedoria, você poderá se voltar para ela em momentos de necessidade. Ter isso como parte de você lhe dá mais resiliência. No próximo capítulo, vamos expandir esse exercício para incluir a Boa Mãe que você cultiva dentro de si mesma.

11

Trabalho com a criança interior

Você pode ter ouvido a frase *a criança é o pai do homem,*[1] que significa que a criança é a base sobre a qual a vida adulta é construída. O tipo de base que temos é crucial. Uma criança resiliente serve como base para um adulto resiliente.

Infelizmente, alguns de nós nunca tiveram esse nível de resiliência na infância. As partes da criança sofrem ferimentos demais e, assim, são a base de um adulto ferido. Mesmo que esses ferimentos sejam, em sua maioria, bem administrados e estejam fora da vista, às vezes eles sangram, e nós agimos de modo imaturo.

Por sorte, nunca é tarde demais para curar esses ferimentos da infância e deixar emergir uma criança resiliente, que serve como base para um adulto saudável e bem resolvido.

Uma introdução ao trabalho com a criança interior

Toda essa conversa sobre a criança interior ferida cria muito desconforto para alguns, que têm pouca paciência para crianças, internas ou não. A ideia de uma criança interior é encarada com a mesma irritação com que muitas crianças reais foram vistas.

---

[1] Acredito que Freud usou isso; certamente seu discípulo Theodore Reik o fez. Os poetas William Wordsworth e Gerard Manley Hopkins fizeram isso nos anos 1800 e, mais recentemente, foi usado como título de uma música, um álbum e até mesmo um episódio de TV.

No entanto, milhões de pessoas acharam útil trabalhar com a criança interior ou o que prefiro chamar de *estados infantis*. Uso essa expressão porque não encontro apoio para a noção de que só existe uma criança interior. Quando usada deste modo, é muitas vezes confundida com a vida interior em geral e, mais especificamente, com sentimentos e impulsos. Creio que isso é um erro. Todas as vezes em que se sente triste ou com raiva, não é necessariamente sua criança interior.

Somos seres muito complexos. Longe de ter uma personalidade estável, temos muitas partes diferentes, que entram em jogo em momentos diferentes. Temos estados infantis que mantêm crenças, sentimentos e lembranças diferentes, algumas vezes agrupados ao redor de uma certa idade. Alguns desses estados infantis são sábios, alguns são criativos e alguns têm experiências específicas, como o trauma ou o ferimento de abandono. Se realmente quisermos nos entender e sermos o mais inteiro que pudermos, será útil conhecer esses diversos estados infantis. Como geralmente é desajeitado usar o plural, às vezes volto a me referir à criança interior no singular. Os métodos básicos usados no trabalho com a criança interior têm sido os seguintes:

- Usar meditação guiada, imagens ou transe hipnótico para encontrar os estados infantis e interagir com eles.
- Pegar fotos antigas da infância para ajudar a acessar lembranças e sentimentos daquela época.
- Trabalhar com bonecas, ursos de pelúcia ou outros acessórios (que representam um estado infantil) para ajudar a acessar sentimentos infantis ou dar à sua parte adulta prática em uma função de cuidado paterno.
- Usar arte como um meio, especialmente para que os estados infantis se expressem.
- Escrever cartas para uma criança interior ou de uma criança interior como um meio de estabelecer contato.
- Dialogar entre os estados adultos e infantis por meio de escrita em diário, conversa interior ou por meio de técnicas como as do *Voice Dialogue Method* (Método do diálogo de voz).

O trabalho da criança interior é algo que você pode fazer sozinho, em *workshops* ou com um terapeuta. É bem importante pois, mesmo que seja apresentado a ele por um professor ou terapeuta, e mesmo que você use as sessões de terapia para ir mais fundo, vai desejar ter métodos para também continuar esses relacionamentos em casa.

O livro que acho que oferece a orientação mais prática e útil nisso é *Recovery of Your Inner Child* (Recuperação de sua criança interior) de Lucia Capacchione. Ele reúne mais de 40 exercícios que cobrem uma gama de atividades. Capacchione fez um ótimo uso da arte e da escrita para se comunicar com os estados da criança interior e popularizou a prática de trocar de mãos para ajudar a distinguir entre o adulto e a criança internos, usando a mão não dominante para expressar a criança.

O livro best-seller de John Bradshaw, *Homecoming: Reclaiming and Championing Your Inner Child* (Recuperar e defender sua criança interior) utiliza bastante a escrita de cartas e o uso de afirmações para suprir as mensagens do Bom Pai que faltavam antes. Ele trabalha pelos diferentes estágios de desenvolvimento – uma boa ideia –, embora eu ache as descrições desses estágios mais freudianas do que gostaria. Acho que você pode se tornar responsivo às crianças internas e suas necessidades sem o filtro teórico de coisas como o complexo de Édipo.

Muitas vezes, não temos consciência desses estados da criança interna, no entanto, estamos fundidos com eles, sentindo os mesmos tipos de emoções e necessidades que vivenciamos quando éramos crianças. Podemos estar presos em uma irritação adolescente ou um ataque de birra de uma criança de dois anos, nos sentimos pegajosos ou inseguros, ficamos fixados em autotranquilização ou nos sentimos jovens demais para estar no mundo. É útil diferenciar e identificar cada um dos estados que são parte de nós. Isso nos permite estabelecer relacionamentos conscientes com eles e estar cientes de onde estamos vindo.

Alguns acreditam que nunca superamos nossas crianças interiores, e a meta é que elas sejam felizes e saudáveis. Outros veem o processo de trabalhar com os estados da criança interior como idealmente levando à integração dessas partes no adulto. Eu realmente não tenho uma preferência: é bom de qualquer desses modos. É ótimo ter uma criança interior meiga e impetuosa, e é ótimo incorporar suas características positivas em seu eu adulto.

Do mesmo modo como as crianças crescem quando suas necessidades são satisfeitas, satisfazer as necessidades anteriormente insatisfeitas das crianças interiores permite que elas amadureçam. As partes do eu que giram ao redor dessas necessidades podem então desaparecer ou se dissolver. Outros estados infantis trazem presentes importantes, qualidades que muitas vezes foram cortadas e perdidas em nossa infância e que agora podem ser recuperadas. Algumas delas são as qualidades da criança natural descritas a seguir.

A criança como mãe para o eu

Do mesmo modo que temos a compreensão de que a criança é o pai do homem, podemos dizer que a criança é a mãe do eu real. Como é geralmente expresso, a criança é a essência desse eu real. Foi assim que Carl Jung descreveu o arquétipo da criança, que ele via como o símbolo da totalidade.

Esse arquétipo também é chamado como a *criança natural* ou a *criança divina*. Algumas das características dessa criança incluem:

- Sinceridade e autenticidade.
- Doçura e generosidade, um coração amoroso.
- Inocência e "mente de iniciante".
- Abertura e confiança.
- Imaginação e conhecimento intuitivo.
- Curiosidade.
- Admiração, reverência e uma atitude de jogo.
- Espontaneidade e os comportamentos naturais e desarrumados de que gostamos nas crianças pequenas.
- Vitalidade e animação.

A maioria dos que defendem o trabalho da criança interior faz isso com a esperança não só de curar a criança ferida, mas também de recuperar essas maravilhosas características infantis.

"Trabalho com partes"

Muitos estados da criança interior foram identificados: a criança natural (acima), a criança vulnerável, a criança ferida, a criança negligenciada/abandonada e a criança brava, para nomear os mais comuns. Também temos várias partes "adultas" – por exemplo, partes que são cuidadoras e outras que são críticas.

Com a percepção desses muitos aspectos diferentes, é natural falar em "trabalho com partes". Esse é um modo comum de as pessoas pensarem em si mesmas, e é também a linguagem que está sendo adotada por muitos terapeutas.

Muitas vezes tudo o que é preciso para começar uma exploração dessas partes interiores é simplesmente a permissão para pensar nesses termos e a disposição para deixar de lado o ceticismo e o medo, e começar a dar atenção. Ao dar atenção a seus sentimentos, seus padrões comportamentais, seus comentários interiores e sua linguagem corporal, você pode começar a sintonizar com as várias partes de si mesmo que estão moldando sua experiência. Essas partes têm suas próprias necessidades, motivações, crenças, lembranças e um sabor particular.

Algumas pessoas acham perturbador pensar nessas partes distintas, e aparentemente independentes, que funcionam dentro delas como personalidades separadas. Pensam no que costumávamos chamar de *distúrbio de personalidade múltipla* (agora chamado de *transtorno dissociativo de identidade* ou TDI) e se assustam. A diferença é que as partes de uma pessoa com TDI são mais completamente separadas da consciência e não se relacionam nem coexistem facilmente. Com TDI, uma pessoa "perde tempo" e fica surpresa ao encontrar evidências de comportamentos sobre os quais não sabe nada. A alternância de uma parte para a outra é involuntária, e as partes geralmente nascem do trauma. À medida que as pessoas com TDI trabalham com essas partes, estas podem se tornar mais cientes umas das outras e trabalhar de modo mais cooperativo, o que é a meta da maioria das terapias de trabalho com partes, aplicáveis a todas as populações.

Algumas das terapias mais novas enfatizam que, em todos nós, esses *eus* alternativos são "como pessoas reais", com seu próprio estilo e impressão energética. Parecemos estar nos movendo na direção de mais entendimento e aceitação da multiplicidade natural em todos os sistemas, inclusive nos seres humanos. Se você não encontrar roupas estranhas no seu armário, e as pessoas não o chamarem por um nome diferente, sua multiplicidade não tem de interferir com a sua vida.

Quem não tem uma criança amuada? Um crítico irritado? Está tudo bem em ter essas partes, mas é preferível conhecê-las, "pegar nós mesmos em flagrante" e escolher a partir de onde queremos agir.

Acho útil dar nome às partes e associá-las com algum tipo de imagem. Você pode usar materiais de arte e incorporar fotos de si mesmo se isso parecer útil. Você também pode usar objetos de vários tipos (como um animal de pelúcia). Muitas vezes, você vai começar com uma representação particular que, como qualquer imagem, é um instantâneo de um momento no tempo e vai mudar. Você pode ter múltiplas representações que combinem e evoluam em todo tipo de maneiras criativas. Esta é a história do meu trabalho com Maria.

A história de Maria: de criança de pedra a criança meiga

Maria começou seriamente a fazer o trabalho com partes quando reconheceu o vazio deixado por uma mulher emocionalmente ausente. Ela também tinha vivenciado abuso físico na família e, quando incentivada na terapia a contatar uma criança interior, a única criança que ela conseguiu achar era uma "criança fantasma", que parecia frágil e insubstancial. Maria quase não tinha lembranças felizes da infância em que se apoiar para encontrar as partes infantis resilientes. Ela concordou em comprar alguns materiais artísticos para o trabalho com partes futuras.

Imediatamente depois de comprar os materiais artísticos, Maria ficou surpresa ao ouvir uma voz interior insistente instruindo-a a fazer uma representação de si mesma. Com papel vermelho de construção, *glitter* e imagens cortadas de papel de presente, ela fez a imagem de uma criança cujo nome era Morango. Maria reconheceu Morango como a criança resiliente que nasceu de nossos vários anos de trabalho juntas e de seu apego seguro em relação a mim, sua terapeuta. Morango era cheia de coragem, sabedoria inata e afeto. Muitos diriam que Morango era a criança natural; Maria a via como a criança que teria sido se tivesse recebido o cuidado que teria permitido que ela florescesse. Morango se tornou uma fonte de conforto e orientação para Maria e diversas partes infantis feridas.

Algumas dessas partes feridas incluíam o Bebê Abandonado (com um buraco vermelho e escorrendo em seu coração); a Criança de Pedra, que representava um estado de choque; e a Fúria Sagrada, a raiva relacionada ao abuso. Maria também fez uma representação de uma parte que chamou de Doce Inocência, que representava sua natureza original não machucada, e dialogou com ela.

Com o tempo, trabalhando em casa e na terapia, a Criança de Pedra foi dissolvida. Fúria Sagrada também recuou e desapareceu do palco. Antes disso, a Fúria Sagrada pediu para ser reconhecida por todas as outras partes.

A representação do Bebê Abandonado continuou a mudar com o tempo, tornando-se mais brilhante e mais complexa. Maria encontrou uma antiga foto de si mesma e usou-a em uma representação à qual se referia como a "criança ferida original". Ela colou a foto em uma pequena carta e colocou várias imagens das partes infantis feridas, restantes, nela.

Essa criança ferida (agora composta) tinha três fontes principais: seu eu adulto, que estava aprendendo a ser uma figura paterna interna mais amorosa; eu (a terapeuta dela); e Morango. Com o amor das três, a criança ferida tornou-se mais brilhante e mais feliz com o tempo.

Algum tempo depois, Maria fez uma união da criança ferida (agora chamada por seu nome natural) com Morango, indicando que o limite entre elas tinha se tornado mais permeável. Ela também trabalhava com representações do eu adulto (que também evoluíram com o tempo) e um eu espiritual central, que chamava de O Ancião.

Como acontece com muita frequência, o trabalho com partes de Maria passou ao segundo plano conforme as partes se tornaram mais integradas.

Seu eu adulto assumiu cada vez mais as características de Doce Inocência conforme Maria deixava suas defesas. Isso foi apoiado pelo espelhamento que eu fazia em terapia, por Morango e por sua capacidade de se defender adequadamente em seus mundos interior e exterior. Poderíamos dizer que Maria evoluiu de uma criança de pedra para uma criança doce e para um adulto mais amoroso. O trabalho com partes não foi o único fator na cura de Maria, mas foi importante.

Dons e fardos

Partes dissociadas geralmente carregam fardos psicológicos. É como se elas carregassem algum material emocional tóxico e se tornassem o portador exclusivo dele, portanto, em essência, contendo-o para que o resto do sistema não tenha de lidar com isso. Quando essas partes podem se livrar do fardo, compartilhando o que têm carregado e processando os sentimentos associados, elas mudam. Elas se tornam mais leves, mais livres, mais felizes.

As partes evoluem de maneiras fascinantes. Elas podem ir desde sentir-se como entidades dormentes ou não humanas a *eus* que evoluem no decorrer do tempo. Conforme as necessidades insatisfeitas dessas partes são supridas e sentimentos ocultos são reconhecidos, as partes podem deixá-los ir. Os papéis e características que definem essas partes então podem mudar.

Em nosso trabalho mais profundo, atingimos algo que é mais amplo do que nossa história pessoal. O que é acessado tem uma natureza que é tanto a essência mais profunda da pessoa como algo além dela, um estado transpessoal que descrevo na história de Sophia na p. 184. Isso também pode ser considerado uma energia arquetípica e pode ser parte do que Jung chamou de a criança natural ou divina (veja a p. 174). Em algumas tradições, isso é chamado de *Self*. Qualquer uma dessas energias mais essenciais tendem a ser profundamente enraizadoras.

Esses são os dons. Não importa realmente se dizemos que são as partes feridas em evolução ou se estão mergulhando abaixo das partes para dimensões mais profundas. O importante é recuperar os dons, tornando-os uma parte permanente de nós.

Quando o trabalho com a criança interior fica complicado

Internal Family Systems (Sistemas internos de família) e *Voice Dialogue* (Diálogo de voz) são duas das terapias mais conhecidas centradas no trabalho com as partes. Uma terapia que aplica muito do que é potente no trabalho com as partes aos danos de desenvolvimento (déficits do início da vida) é a *Developmental Needs Meeting Strategy* (Estratégia de satisfação de necessidades de desenvolvimento). Ela usa protocolos específicos para identificar e curar necessidades de desenvolvimento insatisfeitas, utilizando um *Nurturing Adult Self* (Eu adulto cuidador), um *Protective Adult Self* (Eu adulto protetor) e um *Spiritual Core Self* (Eu central espiritual) como recursos importantes para fazer isso. Você pode reconhecer o adulto cuidador e o adulto protetor como aspectos do que chamei de Boa Mãe. As partes pequenas sempre precisam do cuidado das partes que assumem uma atitude paternal. O *Spiritual Core Self* (Eu central espiritual) é uma versão do Eu transpessoal que acabei de descrever.

Muitos terapeutas, como eu mesma, consideram o trabalho com partes como algo valioso, mas não aderem a uma estrutura estabelecida. É raro que minha terapia com adultos com maternagem inadequada não inclua pelo menos algum trabalho com partes infantis. Muitas vezes, é um aspecto substancial da terapia.

Embora o trabalho com a criança interior possa ser apresentado de forma bastante simples, muitas vezes ele é tudo, menos simples. Descobri que os clientes com o trabalho mais longo diante deles são aqueles que vivem nos estados infantis na maior parte do tempo ou que têm sistemas interiores muito complexos, com pouca comunicação e muito conflito. Vamos olhar para ambos.

Não há adulto suficiente presente

As crianças não devem navegar no mundo adulto e não estão preparadas para isso. Os adultos que passam a maior parte do tempo em estados infantis sentem o que as crianças inseguras sentem: eles muitas vezes têm medo de ter problemas, sentem-se inadequados, sentem-se sozinhos e pouco amados (e muitas vezes indignos de amor), temem a rejeição, muitas vezes são emocionalmente desregulados e incrivelmente impotentes. Alguns têm dificuldade para controlar os impulsos, pois se encontram no "tempo infantil" no qual tudo precisa acontecer agora ou não vai acontecer. Algumas crianças interiores que vivem em corpos adultos estão presas na autotranquilização, quer seja com comida ou drogas, ou fazendo apenas o que querem fazer. Muitas vezes resistem aos esforços da autodisciplina. Em termos freudianos, são inteiramente id: eu quero o que quero quando quero.

Em termos psicodinâmicos, os adultos que vivem de uma perspectiva infantil têm falhas no desenvolvimento do ego. Na estrutura que estou usando aqui, não existe adulto suficiente presente.

Eles precisam aprender a adiar a gratificação; a parar de "pensar com os sentimentos" e se tornar mais objetivos; aprender a assumir riscos, sabendo que vão sobreviver à decepção; e assumir mais responsabilidade por seu próprio bem-estar.

Muitas vezes, se forem casados, eles colocam o cônjuge em uma função paternal e podem ficar com raiva do cônjuge de modo similar ao que as crianças ficam quando estão com raiva dos pais.

Alguns podem não ter nenhuma dessas habilidades adultas, enquanto outros, de modo interessante, podem ter um desempenho adequado em alguns aspectos da vida, mas não em outros – mesmo sem essas habilidades. Penso em um homem que, de modo geral, se sai bem no trabalho e como pai, mas não pode se arriscar em seus relacionamentos pessoais porque a criança interior assume e ele é avassalado por sentimentos de não ter valor, de não merecer amor e não ser o bastante.

Se alguém tem pelo menos parte dessa capacidade adulta, ela pode ser usada para ajudar suas partes menos desenvolvidas. Gosto das expressões do psicoterapeuta e autor Arnie Mindell "borda dianteira" e "borda arrastada". Como vemos com o trabalho com partes, nós não somos uma única coisa. Nosso funcionamento mais capaz é nossa borda dianteira e nossas partes mais novas são geralmente nossa borda arrastada. É essa borda arrastada que dificulta seguir em frente na vida.

Desenvolver uma voz de Pai Cuidador – que incentive, apoie e cuide – ajuda essas partes pequenas a sentir o apoio necessário para diminuir seu apego excessivo. Auxilia a desligar a resposta de medo que os mantém congelados e incapazes de agir. Com apoio e a habilidade crucial de "absorver", a criança pode continuar seu desenvolvimento. Praticar a função paterna também fortalece o adulto.

Sistemas desorganizados

Como o *Internal Family Systems* (Sistemas internos de família), de Richard Schwartz, e o trabalho com distúrbios como o TDI têm demonstrado, a psique individual pode se tornar incrivelmente complexa. Estamos muito além do simples mapa criança-adulto-pai encontrado na Análise Transacional há quase 50 anos. Agora reconhecemos que pode haver uma centena de partes em vários níveis de diferenciação. Em um sistema desorganizado, parece um hospício com todo mundo gritando ou querendo falar ao mesmo tempo.

Trabalhar com um alto nível de desorganização é uma tarefa lenta e desafiadora. Não é suficiente que uma parte mais dominante e consciente aprenda algo, mas uma nova informação muitas vezes precisa ser aprendida várias e várias vezes por outras partes que não estão conectadas. Um exemplo é uma mulher com quem trabalho e cuja mãe morreu há um ano; no entanto, continuamos a encontrar partes que ficaram chocadas ao descobrir a morte de sua mãe.

Acrescente a complicação de partes protetoras que acham que algumas coisas precisam ser mantidas ocultas e que controlam as vias de comunicação, e você entenderá por que muito do sistema está no escuro. Esses sistemas têm de ser descritos como *dissociados*, pois as partes não estão conectadas. A dissociação é um estado de desconexão em algum lugar do sistema: quer seja no ambiente, no corpo, sentimentos ou, neste caso, uma falta de conexão entre as partes.

Problemas de agora vêm de problemas anteriores

Com grande frequência, descubro que, quando uma pessoa está em um estado de descontrole emocional real, isso se relaciona com uma experiência dolorosa anterior. Não estou dizendo nada de novo. Muitos diriam que isso ativa as mesmas vias nervosas ou que está vinculado a uma experiência antiga. Um modo um pouco diferente de olhar para isso revela que os eventos estão ligados por um elemento comum: a parte que experimentou o primeiro e o está revivendo de alguma forma agora, no presente.

Uma situação que já vi algumas vezes é quando uma parte não está feliz com a escolha do parceiro de uma pessoa. Pode ser que, na maior parte do tempo, a pessoa está contente com o parceiro, mas às vezes uma antiga visão com os sentimentos anteriores irrompe essa sensação, como uma falta de segurança ou uma necessidade de se afastar. Ao identificar a parte que está perturbada e trazer essa parte do passado para o presente, ela pode se adaptar a uma nova realidade e não continuar a voltar àqueles sentimentos mais perturbados e medos. As partes tendem a se congelar em momentos específicos. Uma pessoa sempre tem mais capacidades no presente do que em uma idade mais nova, e é por isso que trazer partes passadas para o presente pode ajudá-la a considerar novas informações e capacidades, e responder de uma fase com mais recursos.

Outro exemplo é quando alguém tem uma reação desproporcional, como quando um adulto reage à solidão como se fosse uma ameaça avassaladora. Quando encontro um adulto que se sente aterrorizado ao ficar sozinho, na maioria das vezes isso vem de uma parte infantil. Essa criança pode ter vivenciado um trauma quando fisicamente sozinha, e o senso de perigo que se seguiu foi associado à condição de estar só. É o medo e as associações com a solidão que formam o problema, não a ausência das outras pessoas. Uma parte infantil, aterrorizada diante da solidão, pode precisar ser resgatada da situação anterior ou pode precisar ser acalmada agora, o que você pode fazer se desenvolveu uma voz paterna cuidadora interior. Esse pai cuidador pode lembrar à criança de que não existe perigo agora.

Soltar-se da Mãe

Uma das dinâmicas mais difíceis e perniciosas é quando uma dessas partes infantis se recusa absolutamente a se soltar da Mãe. Essa criança sente: *Mas ela devia estar aqui para mim!* e não vai deixá-la, apesar das inúmeras falhas da Mãe. A criança pequena pensa: *Se eu gritar mais alto e por mais tempo, ela vai ter de vir.*

Infelizmente, isso não funciona desse jeito. A Mãe geralmente não responde bem à demanda de um filho adulto que deseja que ela esteja atenta da maneira que a criança interior quer, o que deixa as duas partes em um estado de frustração e conflito.

Aqui está uma solução de três pontas:

1. Ajudar o adulto com quem estou trabalhando a ver que as demandas estão vindo de uma parte infantil, que não são necessariamente apropriadas agora e que provavelmente não serão satisfeitas.
2. Contatar a frustração e a raiva da criança e qualquer desesperança ou desamparo que também estejam ali. Também existirá pesar para processar quando aceitamos que o que queremos não vai acontecer.
3. Ajudar essa criança a registrar que agora ela vive dentro de um adulto. Se não houver ainda uma parte cuidadora desenvolvida, ela precisará ser desenvolvida. Muitas vezes, ela já está lá (por exemplo, a pessoa pode ser um pai cuidador para seus filhos na vida real), mas não se conectou com as partes infantis interiores. Pode demorar algum tempo para que as partes infantis confiem nesse adulto, criando o que se chama de apego seguro interno. Em essência, soltamos o agarramento da criança interior da mãe histórica e, em vez dela, nos apegamos a uma mãe mais responsiva que estimulamos no interior.

Parte do passo 1, acima, pode também envolver ajudar o adulto a ter uma imagem mais objetiva da Mãe (e é preciso ter uma mente mais madura para fazer isso). Quando podemos ver qual é a estrutura da Mãe, do que ela é capaz e do que ela não é, podemos parar de personalizar sua negligência ou abuso emocional e levar nossas necessidades para onde podem ser satisfeitas.

A história de Sophia: reunir-se com um eu perdido

Sophia tinha feito muitos tipos diferentes de psicoterapia quando me procurou. Nosso trabalho juntas envolveu muitos métodos, entre os quais o trabalho com as partes. Também usamos muitas das ferramentas clássicas: examinar crenças, processar sentimentos, identificar recursos, visualizar, dramatizar, encontrar novas estratégias para enfrentar problemas, decifrar roteiros de vida iniciais e renegociar o trauma passado.

Como observei com os clientes que fizeram mais progresso na terapia, Sophia fez uma enorme quantidade de processamento emocional entre as sessões, mostrando um incrível compromisso com sua saúde. Conto aqui um trecho muito abreviado de sua história (com a permissão dela), relacionado ao trabalho com as partes, para dar a você uma compreensão de como esse exercício pode ser profundo e extenso.

Quando começamos, Sophia estava muito empolgada para trabalhar com suas partes infantis interiores. Havia uma enorme clareza em sua experiência sobre as partes. As descrições que ela fez das interações pareciam indistinguíveis das interações externas, mas essas ocorreram no plano interior.

Uma das primeiras partes com que trabalhamos foi um feto no útero, que não olhava para ela. É importante saber que, quando Sophia estava no útero da mãe, o médico aconselhou seus pais a abortarem, em virtude de uma complicação que poderia provocar defeitos congênitos. Não é de surpreender que ela tivesse lutado anteriormente com um sentimento de não querer viver. Então, estávamos trabalhando com a parte que sustentou esse sentimento.

Sophia colocou um berço em um canto de um quarto e começou a passar um tempo ali, falando e cantando para a parte que estávamos acolhendo. Como já havia alguma experiência de se fundir com os sentimentos dessa parte, lembrei a ela sobre isso e expliquei que, se ela começasse a se fundir, podia pedir a essa parte não nascida que não a "invadisse com os seus sentimentos".

Com esse ambiente acolhedor, em uma questão de semanas, o não nascido havia nascido, embora a princípio não parecesse plenamente humana. Era mais como uma caricatura, um esboço em preto. Sophia podia sentir suas reações e que ela carregava muito medo, raiva e vitimização. Sugeri ir bem devagar, dando tempo para cada ajuste.

Em alguns meses, essa forma não muito humana havia se transformado em uma criança de cerca de 7 ou 8 anos, sem um nome, mas a quem chamávamos "a sem teto". Sophia me disse que essa parte infantil senta-se de costas para ela, mas gosta de poder se inclinar e ouvir Sophia falar com ela. Essa "sem teto" senta-se na ponta da cama enquanto Sophia abraça duas outras partes infantis interiores. Ela tentava lhes dar todo o amor que havia faltado e criar um ambiente seguro para que crescessem. Com o decorrer do tempo, todas essas partes continuaram a evoluir, tornando-se mais leves e mais felizes à medida que soltavam seus fardos nesse ambiente sustentador e compassivo.

O trabalho de cura continuou, oscilando entre problemas atuais e da primeira infância, trabalhando com as funções dela na família e como isso tinha prendido suas asas. Sophia tinha uma lembrança muito clara de ter cerca de 6 anos e de fazer um "pacto" (em um nível interior) de que ela desistiria de si mesma. Ela tinha sido uma criança muito ativa e cheia de energia, mas sentiu que precisava se tornar cuidadora não só para seus irmãos, mas também para sua mãe. Depois disso, ela ficou muito mais fraca fisicamente, perdendo muito de sua energia de vida e ficou sujeita a desmaios.

No modo fascinante como nossos mundos interior e exterior se entrelaçam, Sophia passou por experiências extremamente aterrorizantes no momento atual, tentando ajudar sua mãe. Pareceu que essa experiência lancinante a levou a desistir desse pacto com o contrato de cuidadora de sua mãe e irmãos.

Quando fez isso, aconteceu uma coisa maravilhosa: ela se reconectou com a verdadeira natureza que tinha quando criança antes de desistir de si mesma. Sophia sentiu muita liberdade e felicidade (como muitas crianças pequenas), mas não eram apenas os pensamentos e sentimentos de uma criança que Sophia estava vivenciando. Era um estado transpessoal (além de sua experiência como indivíduo): ela se sentia ilimitada, sem limites no corpo, sem problemas ou necessidades, contente e com uma mente que parecia espaçosa e tranquila. A felicidade que sentia era uma felicidade incondicional, que não dependia de nada. Eu observei para ver se esse estado acabaria logo, mas isso não aconteceu. Como um episódio, isso ia e vinha, mas ela aprendeu modos de navegar de volta.

Era claro para mim que essa expansividade não era um estado dissociado. Sophia podia ainda sentir seu corpo e seus problemas atuais, mas era como se o primeiro plano e o plano de fundo se alternassem e, então, durante esses momentos ela estava vivendo em uma grande expansão.

É a esse ponto que nossa cura profunda pode chegar — muito além de "mergulhar" no passado pelo qual a psicoterapia muitas vezes é criticada. Isso vai além do passado, além do eu condicionado, além mesmo das limitações de ser uma pessoa neste tempo e lugar até uma maior liberdade que se apoia no que muitos chamam de *ser*.

Sophia enfatiza que essa liberdade veio de elaborar sua dor, não por desviar-se dela. No início de nosso trabalho, reunimos alguns recursos. Ela tinha aprendido a expressar sua dor em vez de afastá-la. Foi um trabalho difícil, cheio de "suor e lágrimas", como alguns gostam de dizer. Conforme Sophia tirava cada camada de seu passado, mais energia era liberada, havia mais expansão e mais paz. Foi como se ela tivesse vivido em uma caixa muito apertada durante todos esses anos e tivesse finalmente encontrado uma saída.

Como geralmente acontece no trabalho profundo, nós não saímos da escuridão para nunca mais voltar, mas continuamos explorando novas dores, muitas vezes descobrindo novas partes no processo. Sophia me contou recentemente que está feliz por essas partes "terem alguém com quem contar". É isso que todas as crianças precisam, e também todas as nossas partes. Aqueles que não puderam contar com ninguém quando eram crianças geralmente ainda precisam de um adulto saudável a quem recorrer. Como a história de Sophia nos mostra, esse adulto saudável está bem aqui, dentro de nós.

Tornar-se sua própria melhor mãe

A renomada analista junguiana e autora Marion Woodman disse: "Crianças que não são amadas na essência de seu ser não sabem como amar a si mesmas. Como adultos, elas têm de aprender a cuidar, a serem mães de suas próprias crianças perdidas".[2]

Isso acontece em estágios. Nós, em essência, crescemos com o trabalho. Do mesmo modo que uma mulher não sabe automaticamente como ser mãe de seus filhos, mas seus instintos e coração podem ser despertados, é assim com nossa própria capacidade de estabelecer um vínculo com os estados infantis dentro de nós e sermos "mãe" para eles.

Pode ser estranho no início, e pode haver inúmeros obstáculos. Além das obstruções que surgem quando iniciamos essa maternagem interior, podemos ser interrompidos antes de começar por uma voz que condena (mais provavelmente um pai ou protetor crítico) e diz: "Isso é ridículo". Sua tática é negar a necessidade. "Você está fazendo uma tempestade em um copo d'água." "Não era tão ruim. Anime-se." É aqui, onde estar ciente das partes representa uma vantagem. Só se pudermos reconhecer que isso é uma parte falando — uma parte que tem uma intenção — teremos uma escolha de deixar esses pensamentos de lado e seguir em frente com nosso objetivo.

Uma das próximas barreiras que podemos confrontar é um sentimento de inadequação. Se não teve uma boa maternagem, você pode facilmen-

---

2 Citado em Bradshaw, *Homecoming*, p. 205.

te sentir que não tem ideia de como fazer isso. Você se sente pouco à vontade, não sabe o que dizer ou fazer, e se sente falso em tentar o que não vem naturalmente. Isso é suficiente para fazê-lo parar agora.

Se conseguir realizar uma conexão autêntica com as partes que tiveram maternagem inadequada em seu interior, você pode ser tomado por um senso de culpa de que inadvertidamente continuou o abandono ao não aparecer antes. Ninguém gosta de sentir a dor aguda de causar dano a outra pessoa.

E como mencionei mais cedo, a mãe pode inconscientemente manter uma distância do filho de modo a não tocar seu próprio ferimento, e você pode sentir que abrir a dor trancada em seu coração é um preço alto demais a pagar para se reconectar com as partes infantis dentro de você.

Além da dor, tememos ser tomados. Quando empurramos qualquer aspecto de nós para o inconsciente, muitas vezes tememos que, se nos abrirmos para ele, isso será avassalador (isso é verdade, seja raiva reprimida, tristeza, sexualidade e assim por diante). De um modo similar, podemos temer que as necessidades de nossa criança interior sejam mais do que estamos preparados para enfrentar e que possam nos dominar.

Na extensão em que ainda estiver inconscientemente identificado com a criança que teve maternagem inadequada (e usualmente somos por muito tempo), você não se sentirá como uma fonte abundante com muito a dar, mas sim como alguém que está seco e exaurido. Você pode pensar: *Não tenho o bastante para mim. Como posso cuidar de outra pessoa?* Identifiquei diversos obstáculos que você pode encontrar para se tornar sua própria melhor mãe.

- Quais você reconhece em si mesmo?
    - Mensagens desmerecedoras e humilhantes que interferem com assumir um papel de cuidador.
    - Sentir que não sabe como ser mãe.
    - Culpa por não ter aparecido antes.
    - Autoproteção, não querer sentir seu próprio ferimento.
    - Medo de tudo que foi reprimido.
    - Sentir que você não tem o bastante para dar.

- O que poderia ajudá-lo a trabalhar nisso?

O passo mais importante para se tornar sua própria melhor mãe é ir além de suas fraquezas, medos e defesas, e deixar que seu coração se suavize. O coração que está aberto é um coração que pode amar.

Sua criança interior vai ajudá-lo. Uma criança é como um "banco de amor": quanto mais você deposita, mais você terá de volta. As crianças são inatamente amorosas, então quando você estende mesmo que um fiapo de amor à criança não amada dentro de você, em geral essa criança retornará seu amor. Contudo, no início, pode ser um pouco tumultuado. Frequentemente, uma criança interior vai responder com desconfiança. Como uma criança que foi ferida ou abandonada muitas vezes pela Mãe não vai abrir os braços para ela, a criança interior pode reagir do mesmo modo. Se esse for o caso, persista em seus esforços para atingir essa criança do melhor modo que puder, percebendo que a construção de confiança leva tempo.

Conforme você se torna mais cuidador de si mesmo, pode desencadear reações internas paralelas a alguma coisa em seu ambiente inicial. Por exemplo, se seu pai não podia tolerar ninguém sendo tratado com gentileza ou "afagado", então quando começar a se tratar de uma maneira realmente gentil e cuidadosa, você poderá ouvir um diálogo interior que se parece muito com o Papai. Você vai precisar estar alerta e reconhecer quando os sentimentos e reações interiores não são realmente seus. Aprenda a ficar atrás da Boa Mãe que está lentamente se desenvolvendo dentro de você.

Muitas mulheres que receberam maternagem inadequada e que escolheram se tornar mães biológicas, lutaram com essas forças internas e se compromissaram profundamente, de alma, a não abandonar seus filhos como foram abandonadas. Elas se esforçam muito para aprender como se tornarem boas mães, procurando modelos para seguir, lendo livros, pedindo ajuda. Elas não esperam saber como fazer isso automaticamente.

De maneira similar, ao sermos mães para nós mesmos, podemos nos comprometer a nos desenvolver de uma forma que pode não nos parecer natural, a princípio. Procuramos modelos, lemos livros e pedimos ajuda. Também podemos usar capacidades que já temos dentro de nós e nunca usamos desse modo antes. Muitos que receberam maternagem inadequada paradoxalmente assumiram o trabalho de nutrir e cuidar dos outros, como um irmão ou companheiro. Ao ajudar os clientes a desenvolverem um pai amoroso dentro de si mesmos, uma abordagem terapêutica, a *Developmental Needs Meeting Strategy* (Estratégia de satisfação de necessidades de desenvolvimento), estimula os clientes a lembrar de um momento em que eles nutriram outra pessoa e usa esse fato como base para criar um pai amoroso dentro deles. Você pode experimentar isso por si mesmo.

> Lembre-se de uma época em que você se sentiu cuidador ou protetor de outra pessoa ou esteve realmente envolvido em cuidados. Traga esse sentimento o tempo todo com você. Intensifique-o.
>
> Você pode ter abafado suas inclinações naturais na época, mas dê-lhes um impulso extra agora. Sinta-se como um adulto amoroso que pode dar maternagem à criança interior que conviveu com uma maternagem inadequada. Como você sente isso em seu corpo? Tire uma foto interior de si mesmo nesse papel para ter uma imagem a que recorrer depois.

Aprender a dar atenção à criança pode exigir esforço a princípio, mas se torna uma parte mais automática e integral da vida. Esteja ciente da energia que você trouxe inicialmente. Você não quer repetir o tom emocional de uma mãe ressentida. Sua criança é uma alegria, não um fardo.

Felizmente, tornar-se uma boa mãe para suas crianças interiores é inatamente reforçador. Uma mulher relatou que isso estimulou sua autoestima. A sensação de ser atenta e amorosa é boa e, assim que o relacionamento estiver bem estabelecido, haverá muito amor vindo da criança.

Criar um lugar seguro para a criança

A cura começa quando encontramos as partes com as quais perdemos contato e que, dentro do contexto deste livro, são partes infantis. Muitas dessas são partes infantis que se cindiram e dissociaram porque o ambiente não era seguro para elas. Essas partes infantis vulneráveis precisam saber que estão seguras com você agora e que a situação é diferente.

Nancy Napier, que trabalha com estados auto-hipnóticos (que simplesmente são estados de profundo relaxamento e receptividade), escreveu em seu livro *Reclaiming Your Self* (Recuperar seu eu): "Trazer a criança para o presente é uma parte importante do processo. No inconsciente atemporal, a criança continua a experimentar o ambiente original da infância como se fosse presente. Quando as situações atuais se ligam àquele ambiente disfuncional, a criança não percebe que ela mora com você, agora, em um lugar diferente".[3]

Você tem de dar atenção extra à segurança para manter a criança ancorada no presente. Ao estabelecer um relacionamento forte e de cuidado entre os estados infantis e um pai amoroso interior, a criança pode se libertar do passado e ter uma vida familiar feliz. Isso acontece quando ouvimos com respeito e empatia as partes infantis e lhes damos vias para se expressarem, como arte ou uso de diálogos.

Você poderia reservar um tempo para dialogar com seus estados infantis interiores sobre o que eles precisam para se sentir seguros.

Tempo juntos

Uma vez que você tire a criança de um passado traumático (que pode exigir a ajuda de um terapeuta), você pode criar um ambiente mais amigável para a criança agora.

Isso pode envolver um pouco de tempo, simplesmente dialogando com esse aspecto infantil ou ficar junto de um modo relaxado e fazendo coisas que você sabe que essa criança gosta. Se a criança dentro de você gosta de ficar ao ar livre, tenha certeza de passar algum tempo na natureza. Ou talvez cavalgar ou andar de patins pareça amoroso. Algumas vezes nos fundimos com a criança quando estamos fazendo essas atividades, mas muitas vezes você também sentirá a presença de seu eu adulto. Ter o adulto por perto é bom em termos de supervisão e também para construir o relacionamento e recuperar a maternagem.

---

3 Nancy J. Napier, *Recreating Your Self: Help for Adult Children of Dysfunctional Families* (Nova York: W. W. Norton, 1990), p. 151.

Outra maneira muito efetiva é criar tempo em sua imaginação para satisfazer as necessidades das crianças. Uma mulher dedica um tempo com cada uma de suas três crianças interiores diariamente, tratando-as como trataria crianças reais dessas idades. Ela dá banho e colo ao bebê e leva o adolescente ao shopping. Cada uma das crianças interiores pode ser vista conforme passam pelos estágios normais de desenvolvimento que teriam ocorrido em um lar estável e amoroso. Elas estão se curando sob os cuidados da boa mãe.

Você pode curar a negligência de sua infância ao cuidar de suas crianças interiores agora.

Trabalhando com as mensagens da Boa Mãe

No primeiro capítulo, fiz uma lista de dez mensagens da Boa Mãe, repetidas abaixo. Elas podem ajudar a estabelecer você como uma mãe cuidadosa para qualquer criança em seu interior. Eu o incentivo a achar alguma maneira que o ajude a sentir a presença da criança (você pode trabalhar com uma boneca, uma imagem ou representação) e dizer essas frases em voz alta. Note se alguma delas for mais evocativa do que outras para a criança e quais são as mais difíceis para você. Essas são aquelas em que você terá de se concentrar.

Muitas vezes, quando um fato é novo para nós, precisamos entrar devagar, e isso é verdade quando lidamos com estados positivos que nos são desconhecidos. Precisamos nos acostumar com eles e lhes dar uma chance de se tornar entremeados e absorvidos dentro de nós. Então, dê bastante tempo e espaço a esse exercício. Quando sente uma experiência positiva plenamente, você, em essência, a "instala" em seu reservatório de recursos. Sintonize seu corpo e veja como ele responde a cada mensagem. Você deve trabalhar em um estado relaxado no qual é mais receptiva e mais capaz de observar suas reações.

- Estou feliz por você estar aqui.
- Eu vejo você.
- Você é especial para mim.

- Eu respeito você.
- Eu amo você.
- Suas necessidades são importantes para mim. Você pode buscar ajuda em mim.
- Estou aqui para você. Eu consigo tempo para você.
- Vou manter você em segurança.
- Você pode descansar comigo.
- Gosto de estar com você.

Não pare aqui. Você também pode criar suas próprias mensagens da Boa Mãe. Se fizer isso em conjunto com crianças interiores específicas, elas serão mais certeiras. Pergunte a esses estados infantis o que eles desejam ouvir.

Outro exercício é criar afirmações da voz infantil que sejam tranquilizadoras. Aqui estão alguns exemplos:

- Mamãe gosta de se doar e de me ajudar.
- Mamãe está disponível, pronta quando eu precisar de alguma coisa.
- Mamãe tem muito orgulho de mim.
- Mamãe gosta mesmo de mim!

Não pense nisso como uma experiência única. Quanto mais frequente e profundamente você trabalhar com elas, mais ficarão firmes dentro de você e se tornarão parte de uma nova base.

> ## Uma carta para seu filho (um exercício)
>
> Reserve algum tempo sem interrupções e crie uma atmosfera calma para fazer algum trabalho interior (isso pode envolver encontrar a música de fundo certa, acender uma vela, desligar seu telefone ou ir para um lugar especial). Depois de uma meditação breve e centradora, escreva uma carta para a sua criança interior (se não diferenciou vários estados infantis) ou para uma criança interior específica ou ainda para seu filho numa idade específica. Escreva a partir de seu estado adulto normal ou, se puder acessá-lo, a partir do lugar em que você possa ser um pai cuidador para essa criança. Diga a essa criança como se sente sobre o que ela passou. Se parecer apropriado e genuíno incluir algumas das mensagens da Boa Mãe, faça isso.

Cura da criança não amada

Para a maioria das pessoas que tiveram maternagem inadequada, o maior foco de recuperar a maternagem será curar a criança não amada. Existem outras necessidades, é claro – de orientação, incentivo, proteção, ancoragem – e cuidar delas pode ser parte da cura da criança não amada, mas o mais importante é oferecer uma conexão calorosa e de cuidado. Essa criança, como toda criança, precisa ser amada.

Uma criança interior me disse que só precisava de colo, sem intenções e sem limite de tempo. Ela precisava do "envelope" de uma Boa Mamãe. Alguns dos estados infantis são muito frágeis e delicados e precisam ser contidos de modo muito gentil para poder se desenvolver e amadurecer.

Ao expressar cuidado em relação à criança interior, é útil ter uma representação externa com que você possa ter contato físico. Você pode usar uma boneca ou um animal de pelúcia para representar um eu mais jovem. Objetos macios são os mais agradáveis para abraçar e acariciar, e eles absorvem suas lágrimas. Algumas vezes, as pessoas dormem com uma boneca ou a carregam aconchegada em um *sling*. A maioria pelo menos abraça ou fala com uma representação desse tipo.

Não é incomum que as pessoas primeiro encontrem uma criança interior que tenha entre 3 e 6 anos, mas em algum ponto um bebê vai aparecer. Trabalhar com o eu bebê muitas vezes traz os sentimentos mais dolorosos. Mesmo que você esteja indo para trás em termos de idade, trabalhar esses ferimentos primais é um sinal de sua força.

Mudar de ideia

Dar mensagens da Boa Mãe a sua criança interior, receber mensagens da Boa Mãe de outras pessoas e cultivar a Boa Mãe dentro de si mesmo faz mais do que apenas satisfazer as necessidades de sua criança interior. Isso literalmente muda a sua mente. Muda sua estrutura, suas crenças sobre si mesmo e o mundo.

Com o tempo, a voz da Boa Mãe que você cultivou pode substituir a voz do Pai Crítico que é um importante filtro na mente da maioria das pessoas. Se está preso em um Pai Crítico, então você será desse jeito (pelo menos, em sua mente) com os outros. Você será impaciente e crítico, e não será capaz de abrir seu coração para eles. É claro que você também será assim consigo mesmo – e provavelmente sabe como é isso. Não seria muito melhor ter um filtro amoroso em vez de um distorcido através do qual você vê o mundo?

Esse trabalho reparador leva tempo, mas vale a pena. Mudar a atmosfera interior de sua mente é o maior trabalho de remodelação que você pode assumir.

12

Psicoterapia: questões da mãe e necessidades de maternagem

Certamente, desde o início da terapia, os psicoterapeutas têm ouvido os clientes falarem sobre suas mães. Progredimos muito, desde então, em termos de proliferação de métodos terapêuticos, mas a Mãe ainda é uma figura importante nos consultórios dos terapeutas.

A maioria dos tipos de terapia tem métodos que podem ser úteis – terapias expressivas como arteterapia ou movimento, terapias somáticas que usam seu corpo como uma fonte de informação e aprendizagem, ou terapias direcionadas por protocolo como EMDR (Dessensibilização e Reprocessamento por Movimentos Oculares) e *brainspotting*. Também é importante mencionar as terapias de trabalho com partes (também chamadas às vezes de estados de ego), como discutido no capítulo anterior.

Outras terapias que são relevantes incluem o trabalho voltado para o trauma do parto e experiências pré-natais, terapia orientada para o apego com parceiros (qualquer apego seguro vai ajudar a compensar alguns desses déficits) e as terapias em que o próprio terapeuta deliberadamente funciona como uma figura de apego e tenta suprir algumas dessas necessidades anteriores (veja Rematernagem, p. 204).

Essas opções não são exclusivas, então, por exemplo, você pode estar trabalhando com uma terapeuta na construção de sua mãe interior ao mesmo tempo que você vivencia a terapeuta como uma figura da Boa Mãe. E lembre-se de que, embora mais espaço seja dado a nossos primeiros ferimentos de apego neste capítulo, as questões com que lidamos em terapia e nossas necessidades de desenvolvimento vão muito além dos primeiros anos de vida.

Geralmente, as terapias breves e as terapias cognitivo-comportamentais não têm como proporcionar muito àqueles que lidam com ferimentos da primeira infância. Dito de outro modo, essas terapias podem afetar o neocórtex, o cérebro racional, mas nunca atingir o cérebro emocional. Na maioria dos casos, o cérebro emocional vai precisar descarregar seus traumas e liberar suas defesas, e isso acontece mais facilmente em um relacionamento seguro e acolhedor, que se desenvolve no decorrer do tempo. Além disso, segundo os psiquiatras Thomas Lewis, Fari Amini e Richard Lannon, autores de *A General Theory of Love* (Uma teoria geral do amor), o que permite que o cérebro emocional (cérebro límbico) de uma pessoa mude é entrar em ressonância límbica com o terapeuta e ser sintonizado pelo cérebro emocional do terapeuta, do mesmo modo que o cérebro do bebê foi originalmente sintonizado pelo da mãe. Isso geralmente leva alguns anos; não há um modo rápido para reprogramar o cérebro emocional.

Entre as centenas de tipos de psicoterapia, existem fortes discordâncias sobre questões como tocar nos clientes e até que ponto o terapeuta deve ir ao satisfazer diretamente as necessidades. A maior parte da minha discussão vai ficar com a corrente dominante, embora eu também dê exemplos de trabalhos que ficam bem longe disso.

Alguns outros termos podem ser úteis aqui. O termo *psicodinâmica* muitas vezes é usado quando se fala de terapias que exploram profundamente as raízes infantis do comportamento; quando essas terapias se concentram nos efeitos reparadores do relacionamento com o terapeuta, os termos *terapia relacional* e *psicoterapia com base em apego* são usados às vezes. Essas técnicas são todas muito diferentes da *terapia de apego*, uma terapia controversa usada principalmente com crianças adotadas que não estabeleceram vínculo com seus novos cuidadores.

A discussão que se segue relaciona-se com terapias profundas de longo prazo sintonizadas com o apego inicial.

Paralelos com a Boa Mãe

A terapia é paralela ao relacionamento mãe-filho por existir para suprir as necessidades do cliente, não as do terapeuta, do mesmo modo que a mãe existe para satisfazer as necessidades da criança e não vice-versa. Como a Boa Mãe, o terapeuta o atende de um modo sintonizado, dando-lhe o espaço para expressar qualquer coisa e tudo, está interessado em sua experiência interior, ajudando-o a negociar o que é difícil. Alguns clínicos pesquisadores até sugeriram que do mesmo modo que a mãe funciona como uma parte do sistema nervoso do bebê (embora uma parte externa) e é uma base para o crescimento da criança, o terapeuta tem um papel similar com o cliente, oferecendo um gosto de novos estados de consciência e de novas maneiras de se relacionar ao entrar em estados compartilhados no decurso da terapia (lembre-se da ressonância límbica).[1]

O psiquiatra e pediatra D. W. Winnicott falou a respeito de o terapeuta proporcionar um ambiente sustentador, do mesmo modo que a mãe faz com o bebê. Ele acreditava que o terapeuta precisa ter a mesma paciência, tolerância e confiabilidade como uma mãe devotada a seu bebê; deve tratar os desejos do cliente como necessidades; e tem de deixar de lado outros interesses a fim de estar disponível.[2] Do mesmo modo como a Boa Mãe deve, a princípio, se acomodar às necessidades do bebê, mas com o tempo permite que surjam frustrações naturais (embora de um modo calibrado), o terapeuta pode dar um pequeno passo atrás conforme o cliente se torna mais independente.

Outro paralelo entre o terapeuta e a Boa Mãe é que o terapeuta, sintonizado de maneira relacional, mantém uma consciência dupla, sempre dando atenção ao que está acontecendo entre eles ao mesmo tempo que ajuda o cliente a lidar com um problema específico. Embora a sintonia com os sentimentos do cliente seja padrão em todas as terapias, nem todas as terapias observam a dança do relacionamento, especialmente no que se relaciona às questões de apego. O foco de resolução de problemas da maioria das formas de terapia breve, comportamental e cognitiva geralmente não dá atenção a esse aspecto mais subterrâneo.

---

1 Edward Z. Tronick, "Dyadically Expanded States of Consciousness and the Process of Therapeutic Change", *Infant Mental Health Journal* 19, n. 3 (1998): pp. 290-299.

2 "Donald Winnicott", acessado em en.wikipedia.org/wiki/Donald_ Winnicott em 12 de abril de 2008.

Para os clientes que tiveram os tipos de mães descritos neste livro, uma terapia que não dá atenção às questões relacionadas ao apego é semelhante a uma mãe que, de alguma forma, não tem ideia das necessidades relacionais da criança. A mãe emocionalmente ausente tem espaço em sua consciência apenas para a tarefa imediata à mão, e aquelas que estão muito estressadas mal podem fazer isso. Ela pode ser responsiva às necessidades externas (em algum grau), mas não aos sentimentos e às necessidades interiores. O terapeuta emocionalmente presente deve estar sintonizado a ambas.

Ao contrário da mãe que é relacionalmente "cega", o terapeuta relacionalmente sintonizado sabe que é uma fonte importante de constância para o cliente. Isso é algo que estava faltando para aqueles que receberam maternagem inadequada. Eles não tiveram alguém presente desse modo consistente com que você pode contar e que é a base para um senso de segurança. Os terapeutas que estão disponíveis podem se tornar essa fonte de constância e ajudar a preencher o buraco do que faltava no ambiente inicial e na psique do cliente.

Com frequência um filho adulto que recebeu maternagem inadequada tem uma grande necessidade de sentir que o terapeuta não está só oferecendo cuidado porque é seu trabalho (como a Mãe), mas que desta vez o cuidado é pessoal. Muitos adultos que receberam maternagem inadequada não têm um senso de que sua mãe realmente o conhecia e, consequentemente, não têm um senso de que sua mãe gostava dele. Eles podem sentir que a mãe de algum modo os amava como devia (em um nível superficial), mas as pessoas não podem se sentir verdadeiramente amadas (ou mesmo que alguém gosta delas) se não se sentirem vistas como são. Para que uma cliente realmente sinta-se querida pelo terapeuta, deve saber que seu potencial também é visto, além de sua dor.

Tudo isso requer muita habilidade por parte do terapeuta. O terapeuta deve mostrar que se importa genuinamente, mas deve manter alguns limites a fim de que o relacionamento permaneça claro, profissional e não se enrede nas necessidades do terapeuta.

Considerações especiais no trabalho orientado de apego

Na terapia orientada de apego, o terapeuta funciona como uma nova figura de apego, permitindo uma oportunidade para formar um vínculo de apego e elaborar algumas das questões não resolvidas dos relacionamentos anteriores. Essa é uma forma muito profunda de trabalho, que requer diversas habilidades especiais por parte dos terapeutas.

Em primeiro lugar, deve ser entendido que clientes com ferimentos de apego muitas vezes não têm consciência do quanto isso os afeta. Como grande parte de nossa experiência infantil é pré-verbal, isso não é codificado e armazenado como lembranças explícitas e não é algo sobre o que possamos falar, ou nem mesmo percebemos conscientemente. Esses padrões inconscientes provavelmente serão atualizados pelo cliente tanto na terapia como na vida.

Um terapeuta habilidoso observa repetições de padrões e reações, lê a linguagem corporal do cliente e dá atenção cuidadosa a sua própria experiência como informação sobre o que está acontecendo para o cliente e o que está acontecendo entre eles. Como o psicoterapeuta e autor David Wallin escreve em *Attachment in Psychotherapy* (Apego em psicoterapia): "O que não podemos verbalizar, tendemos a despejar sobre os outros, a evocar nos outros e/ou a somatizar".[3] A qualidade de nossos relacionamentos de apego é em grande medida determinada pelas interações não verbais que os fazem, explica ele.[4] O contato visual, expressões faciais e aproximar-se ou afastar-se fazem parte de uma dança deliciosa entre bebê e mãe, entre apaixonados e entre terapeuta e cliente.

Por causa da regressão que acontecerá em alguns momentos (o cliente volta a estados muito iniciais), pode haver sentimentos de fusão no relacionamento; esses sentimentos podem embaçar os limites normais. Os terapeutas precisam ser impecáveis para não alimentar a dependência além do que é curativo e para não usar o toque nem nenhum outro aspecto de

---

3 Wallin, *Attachment in Psychotherapy*, p. 121.
4 Ibid., p. 119.

seu relacionamento para satisfazer suas próprias necessidades de afeto, poder, contato e assim por diante. Como você pode imaginar, um terapeuta codependente, que precisa ser necessário, poderia se tornar uma armadilha e ferir em vez de curar.

Nas formas mais intensas de terapia, haverá alguma idealização do terapeuta que, por algum tempo, será visto através de lentes cor-de-rosa. O terapeuta está sendo visto através dos olhos do amor e da necessidade de amor do cliente. Como precisamos muito desse amor para superar o que não tivemos quando criança, desconsideramos o que falta em nossos terapeutas, atribuindo-lhes mais do que eles realmente possuem. Nós os vemos não como são, mas como precisamos que sejam.

Essa idealização é, por algum tempo, vantajosa, pois ajuda a nos apegarmos ao terapeuta, do mesmo modo que se acredita que a idealização dos pais por um bebê o ajude a se apegar aos pais. Embora alguns possam dizer que todas as crianças, por pura necessidade, idealizam os pais, não tenho tanta certeza disso. Uma mulher compartilhou comigo que a primeira experiência de que se lembra sobre a mãe era de alguém com capacidade muito limitada. Aos três anos, ela se sentia mais inteligente do que sua mãe. Naturalmente, uma criança de três anos não terá mais conhecimento de vida do que sua mãe, mas algo a respeito dessa experiência é sinistramente profético. A mulher tornou-se médica, enquanto a mãe era uma mulher de maturidade muito limitada.

Embora todas as formas de terapia envolvam alguma vulnerabilidade por parte dos clientes, o fato de lidarmos com nossas feridas de abandono mais iniciais e permitirmos que surjam sentimentos de carência e dependência no relacionamento terapêutico realmente acentua esse sentimento de vulnerabilidade. É preciso imensa confiança por parte do cliente para tolerar e expressar esses sentimentos, e os terapeutas devem saber como lidar com isso de modo habilidoso e respeitoso.

Trabalhar com questões de apego inicial é algo muito delicado, e claramente nem todos os terapeutas ou formas de terapia são adequados para isso. No trabalho orientado de apego que estou descrevendo, o relacionamento se torna o veículo para cura. Em outras terapias, o relacionamento tem de ser forte o bastante para sustentar os outros elementos, mas se acredita que as diversas intervenções sejam o veículo mais específico para a cura.

Toque em terapia

A maioria dos terapeutas recebe treinamento para restringir ou evitar tocar seus clientes. Na terapia psicodinâmica, a necessidade de toque é explorada, mas essa ação é considerada mais como uma representação, para trazer as necessidades de toque para o relacionamento, do que para ajudar o cliente a "elaborá-las". Os terapeutas que são mais "centrados no corpo", ou cujo treinamento foi menos tradicional, muitas vezes se sentem de modo diferente sobre isso. Alguns vão empregar o toque para ajudar a acalmar um cliente que esteja extremamente agitado; outros podem usar o toque como um recurso para ajudar os clientes a sintonizar com sua experiência, e outros podem sentir que oferecer um toque ocasional é importante para os clientes que, por causa de sua história, sentiram-se tantas vezes como intocáveis. Um especialista em trauma observou que pode chegar um momento em que não tocar seu cliente torna-se não ético porque significa negar um elemento de cura essencial.

Ao lidar com ferimentos de apego iniciais, as questões relacionadas ao toque estão mais ampliadas do que o usual. Muitas vezes, os clientes podem ter uma privação de toque e uma fome de toque maior do que a média. Eles sentem uma necessidade maior de toque, e o toque tem mais impacto sobre eles.

Uma terapeuta permitiu que sua cliente expressasse suas necessidades de contato e apoio e deixou que ela segurasse sua mão ou fizesse contato com o pé da terapeuta encostando seu pé no dela. A necessidade primal de contato foi satisfeita, e os medos da cliente a respeito de rejeição e as restrições quanto ao contato foram facilmente acessados sem a necessidade do tipo de contato corporal que poderia ter sido confuso.

Os adultos que foram tocados de forma inadequadamente sexualizada quando crianças ou que são exageradamente estimulados pelo toque, ou que se sentem defensivos em relação ao toque, terão vulnerabilidades específicas. O toque pode parecer poderoso demais para eles ou ameaçador demais. É uma questão muito complexa.

A maioria dos terapeutas cujo treinamento inclui toque aprendeu a sempre pedir permissão antes de tocar e a verbalizar o que vão fazer ("Tudo bem se eu tocar seu ombro enquanto fazemos isso? Vou só tocar você aqui, deste modo. Qual é a sensação?").

Um terapeuta pode aceitar que o cliente inicie o toque quando isso reflete um passo importante para o cliente, como por exemplo, a cliente acima que queria pegar a mão do terapeuta, ao trabalhar em questões da vida inicial dela em que parecia perigoso demais tocar alguém ou ter necessidades. Se o toque de um cliente parecer sedutor, manipulador ou se o cliente não respeitar limites, o terapeuta terá de confrontar isso.

Rematernagem

Às vezes, encontramos um terapeuta que está disposto a assumir de modo mais direto o papel de "mãe substituta" e também mais disponível a tocar. Uma dessas terapeutas oferece "terapia de rematernagem" a mulheres adultas. Ela incentiva clientes suas a relaxar em suas necessidades de dependência e apego, e deixar que sejam satisfeitas. "Em vez de julgar as mulheres que receberam maternagem inadequada por serem famintas por amor, eu levo a fome de amor delas a sério", escreveu a terapeuta Soonja Kim.[5] Ela está ali, como a Boa Mãe, disposta (do modo mais radical) a amá-las. Isso inclui abraçar as clientes que quiserem ser abraçadas e afirmá-las com o que chamei de mensagens da Boa Mãe.

Soonja Kim convida suas clientes a relaxar e absorver esta atenção amorosa:

> O amor passivo é o tipo de amor em que o cuidado é oferecido, sem que você tenha de fazer muito para evocá-lo. Isso requer mais intuição e empatia por parte de quem oferece, e mais receptividade por parte de quem recebe. Receber amor passivo pode ser profundamente curativo para as

---

5 Soonja Kim, "Sweet Re-Mothering for Undermothered Women", publicado primeiro em *Open Exchange Magazine* e acessado no site da autora, motheringwomen.com, em 27 de janeiro de 2017.

mulheres que receberam maternagem inadequada e que tiveram de ser tão ativas ao tentar merecer amor. Elas têm tanta vergonha por causa de sua carência emocional que, receber, sem ter de revelar suas necessidades diretamente, é extremamente reconfortante.[6]

Kim continua e diz:

Quando você sente suas necessidades de dependência e apego suavemente acolhidas por uma figura maternal e se permite receber amor passivo, há um relaxamento gradual em seu corpo, coração, mente e espírito. Nesse relaxamento, você pode primeiro passar pelo período de pesar por não ter tido o cuidado e o amor doce de que precisava enquanto crescia. Contudo, conforme permite que o pesar flua e seja liberado, você pode se mover para um nível mais profundo de relaxamento no qual pode acessar quem realmente é. Você também pode vivenciar a verdade de sua conexão com todos os seres, o que o liberta do senso profundo de solidão que você sentiu.[7]

Muitos concordariam que relaxar em uma conexão mais profunda e na própria natureza subjacente essencial é uma cura extremamente necessária. Alguns diriam que é nosso direito de nascença, perdido quando as mães não podem dar sustentação à presença de um bebê.

Um trabalho dessa natureza algumas vezes requer algo fora da tradicional hora/consulta de 50 minutos. Isso pode exigir sessões que duram várias horas e que podem, de vez em quando, assumir formas especiais. Uma mulher, com quase 50 anos, relatou uma série de sessões que teve com sua terapeuta depois de trabalhar por mais de um ano, por telefone, em questões relacionadas a sua mãe emocionalmente ausente. Ela viajou para a cidade de sua terapeuta, hospedou-se em um hotel próximo para poder ter várias sessões longas, que até incluíram algum tempo de não terapia com a família da terapeuta (tenha em mente que estamos falando so-

---

6 Ibid.
7 Ibid.

bre contato humano amoroso e inclusão para uma pessoa que nunca se sentiu querida pela mãe).

Esta é a descrição da mulher sobre penetrar em seu núcleo mais profundo da dor infantil e o que significou ser abraçada por sua terapeuta.

> Eu estava chorando do fundo do meu ser e, nesse momento, mais do que qualquer coisa, eu precisava de um abraço de amor que me sustentasse, me contivesse, e foi isso que minha terapeuta fez. Depois de algum tempo, foi como se não fosse apenas minha terapeuta me abraçando, embora eu soubesse que ela estava lá.
>
> [Mais tarde] Tive um senso incrível de que estava sendo abraçada pelo próprio Amor, que isso ia além de minha terapeuta e sua família, e era algo muito mais profundo. Nós tínhamos tocado uma realidade central, e aquele abraço de amor, para mim, é uma metáfora do amor e acolhida que precisei por toda a minha vida. O anseio de ser querida, realmente querida; de ter o reconhecimento de que eu mesma existo e não tenho de merecer o direito de existir e estar viva; que eu sou bonita e digna de amor (de ser abraçada e não tratada como veneno) – bem, o que mais pode ser dito?

Essa rematernagem inicial é um remédio poderoso que nem sempre é bem manipulado. Soube que diversos terapeutas fornecem abraço, contato visual sustentado, mensagens verbais de cura e, algumas vezes, mesmo uma mamadeira. Os clientes têm reportado resultados mistos, e soube de alguns danos sérios quando a terapeuta abandonou um cliente que tinha anteriormente sido incentivado a regressar para um estado de dependência. Outras vezes, o trabalho foi benigno, mas nem sempre adequado para o cliente. A primeira regra da boa maternagem é a sintonia, então até terapeutas bem intencionados e compassivos, que não estejam em sincronia com um cliente, não terão os melhores resultados.

Acredito que é a conexão autêntica, sintonizada, confiável e respeitosa que cura e isso não é algo que um terapeuta possa tirar de seu bolso como alguns outros tipos de intervenções. Assim, confio mais em necessidades e respostas que surgem organicamente na terapia em vez daquelas que são aplicadas seguindo uma receita.

Foi essa a minha própria experiência de receber rematernagem de uma terapeuta. A necessidade sentida para a rematernagem surgiu de dentro de mim depois de trabalhar em outros traumas iniciais por vários anos. Como outros já relataram, parecia que eu tinha um buraco no meu coração no lugar em que a Mãe deveria estar. Quando eu disse à minha terapeuta que queria que ela assumisse o papel de minha mãe, ela foi momentaneamente relutante (isso vai contra muitas coisas em nosso treinamento profissional). Mas, então, ela respondeu do modo que seu coração mandava e realmente esteve presente para mim. Ela não se ofereceu para me abraçar (e eu nunca perguntei), mas ela não tinha medo de toque, o que foi realmente curativo para mim. Acho que nosso vínculo mais profundo aconteceu ao olhar profundamente nos olhos uma da outra. A conexão passou pelos olhos e foi direto para o meu coração. Foi uma experiência profunda para mim, e esse vínculo (que eu reforcei internamente) resultou, no decorrer do tempo, na reorganização de toda a minha experiência de mim mesma e da vida. Isso me proporcionou a chance de vivenciar os ingredientes essenciais que me faltaram, o que permitiu meu desenvolvimento para seguir em frente a passos largos. Falando sobre isso depois, eu disse que o elemento mais importante nessa terapia tinha sido o fato de que, de um modo muito real e tangível, eu me senti amada.

Do isolamento ao apego seguro

Quando as coisas vão bem na terapia, crescemos e desenvolvemos novas opções. As pessoas que evitavam a vulnerabilidade podem aprender a tolerá-la o suficiente para deixar que alguém se aproxime delas. Aqui está um exemplo da progressão que uma pessoa com estratégia autossuficiente poderia vivenciar com um terapeuta:

Isolamento protetor

A postura autoprotetora é não se abrir. Essa é uma defesa contra a dor de rejeição possível. A pessoa autossuficiente concluiu que o amor não estará lá, então o melhor é nem desejá-lo. Qualquer expressão de calor e afeto perturba essa postura.

Fendas na armadura

O terapeuta que for tranquilo e sintonizado acabará encontrando maneiras de ajudar o cliente a se sentir visto e entendido, fundindo parte da armadura protetora.

Ambivalência e anseio

Conforme mais contato passa a ser tolerado, os anseios reprimidos vêm para a superfície e lutam contra as antigas defesas. Então, existe tanto uma mensagem "pare" como "vá", o que provoca ambivalência.

Fusão

Como o anseio foi tão reprimido, ele é muito forte quando liberado. Na verdade, é forte o bastante para fundir a resistência, o que deixa o cliente se sentindo exposto e vulnerável.

Medo

Sentir-se vulnerável e dependente pode desencadear intensos sinais de alarme. Isso é algo que alguém autossuficiente aprendeu a evitar a todo custo.

Insegurança

Se o medo puder ser navegado, mais apego continua a se formar, e o terapeuta se torna muito importante para o cliente. Muitas vezes, o cliente tem dificuldade para tolerar isso. Os terapeutas saem (de férias ou vão para o trabalho) e estão disponíveis em uma base limitada. A parte adulta do cliente entende isso, mas as necessidades de apego do bebê que são evocadas vão muito além de uma hora por semana. Absorvido nos sentimentos do eu bebê, o cliente pode sentir como se necessitasse do terapeuta para sua própria sobrevivência. Quando o terapeuta se afasta, o cliente preso nesses estados pode temer que o terapeuta não vá voltar ou talvez que não vá se importar com ele da mesma maneira.

Absorver a sustentação

Mesmo com sentimentos de insegurança, o cliente é cada vez mais capaz de absorver e aproveitar a sustentação que é oferecida, sentindo gratidão e satisfação.

Segurança crescente do vínculo

Conforme o vínculo entre terapeuta e cliente continua a se fortalecer, ele se torna mais firme e mais resiliente. As perturbações no relacionamento (férias, um mal-entendido) são mais facilmente toleradas, e o cliente precisa de menos tranquilização.

Direito saudável

Com o tempo e com respostas positivas consistentes, o cliente começa a se sentir mais confiante e merecedor e a pedir aquilo que deseja. Isso tem um efeito positivo sobre sua autoconfiança e sobre os outros relacionamentos.

Internalizar a figura de apego

Tanto a presença da figura de apego quanto os bons sentimentos que constituem o relacionamento tornam-se parte da psique e da estrutura do cliente. Em um apego seguro, essa pessoa se torna parte de seu coração (ver "Sua Boa Mãe portátil", p. 168).

Embora esteja descrevendo um estilo autossuficiente que começa com isolamento protetor, esse isolamento nem sempre é óbvio. As feridas de apego podem permanecer ocultas por um longo tempo. O cliente que passa por esses estágios pode ter amizades confortáveis e íntimas que não perturbam e que não têm o mesmo poder de curar as feridas de apego que existem abaixo da superfície. Um adulto com um estilo autossuficiente pode até ter um casamento estável que dure décadas, mas distante o suficiente para não balançar o barco do apego. Embora eu tenha descrito esse processo no contexto de um relacionamento terapêutico próximo, um processo similar poderia acontecer com qualquer figura de apego em potencial que esteja consistentemente presente e sustente essa evolução.

Da frustração à satisfação

Para aqueles com um estilo de apego preocupado (ansioso), o progresso será diferente. Em vez de precisar ser acordado, o sistema de apego está "ligado demais". Ele está fixado na conexão, obcecado com isso. A tarefa aqui, segundo Diane Poole Heller (ver referência na p. 212), é aceitar o contato oferecido para que um estado de satisfação possa ser alcançado. Embora sempre busquem a conexão, aqueles que têm essa estratégia de apego desconsideram ou não registram a conexão que é oferecida, e assim sua fome de apego não é saciada, e eles permanecem num estado de ansiedade elevada. Isso não é diferente de um bebê exigente que está tão perturbado que não consegue aceitar a tranquilização. A perturbação fica no caminho da aceitação. Mais uma vez, sintonia, consistência, paciência, e encontrar um modo para que o cliente "se sinta percebido" e assumir o cuidado (tanto na relação terapêutica quanto em outros relacionamentos importantes), são cruciais. No decorrer do tempo, esses sentimentos permitem que a pessoa chegue a um apego seguro conquistado.

Terapeuta como "Mamãe que ensina"

Uma das coisas mais difíceis para os clientes em um processo intensamente relacional como este é entender que mesmo que o terapeuta esteja fornecendo uma experiência deliciosa e muito esperada da Boa Mãe, uma experiência que o cliente desejaria que durasse para sempre, o terapeuta está ali como um substituto temporário. O terapeuta está presente enquanto você desenvolve sua própria Boa Mãe interior. A terapeuta, com toda sua ternura, sabedoria e paciência, está simplesmente mostrando a você como isso é feito quando realizado do modo certo. Ela é o que eu chamo de "Mamãe que ensina", o que significa que ela está ali para ser um modelo, para mostrar ao seu eu adulto como fazer isso.

É a mãe interior que estará no dia de Natal ou em um fim de semana prolongado ou no meio da noite, não a terapeuta. É claro que, na medida em que você tiver internalizado a terapeuta, você poderá recorrer a ela a qualquer momento.

Mesmo sem se referir diretamente a uma mãe interior, podemos dizer que a terapeuta ativa aspectos seus que não estavam funcionando, como ser capaz de dar suporte ou de se proteger adequadamente. Não queremos que isso só esteja disponível no consultório do terapeuta. Um terapeuta habilidoso ajudará o cliente a incorporar essas capacidades para que estejam disponíveis 24 horas por dia, 7 dias por semana.

Conselho aos terapeutas

Em minha experiência, trabalhar com negligência e abuso emocional é um trabalho muito lento e, frequentemente, doloroso. É importante que você tenha recursos emocionais internos para suprir as demandas e suportar a dor emocional que faz parte do ofício. Os clientes podem ser muito prejudicados por terapeutas que não têm a amplitude emocional necessária e que acabem replicando uma mãe rejeitadora ou indisponível.

O trabalho exige gentileza e paciência: gentileza porque estamos lidando com lugares incrivelmente tenros e delicados no interior de nossos clientes, e paciência porque reconstruir a base de alguém é trabalho em longo prazo. Você pode até ter trabalhado durante vários anos em terapia antes que os exemplos mais severos de abuso ou negligência venham à tona. Demora para que a cliente confie em você e para que ela esteja pronta para confrontar o que foi mais avassalador no seu passado. Enquanto isso, você nunca sabe quando existe uma mina terrestre por baixo de algo que parecia ser inócuo.

Além de saber que você tem a paciência, força interna, conhecimento das questões e habilidades terapêuticas necessárias, é importante entender sua própria dinâmica de apego. A maioria dos terapeutas tem uma história de apego inseguro; é crucial que você tenha elaborado isso. Você precisa estar disponível para que os clientes desenvolvam um apego seguro com você e para ajudar a promover esse apego por meio de sua postura acolhedora, com receptividade, empatia e sintonia, e capacidade para lidar com as necessidades dos clientes e com as frustrações deles em relação a você.

É bom saber como suas próprias sensibilidades de apego podem ser ativadas, por exemplo, por um cliente que se agarre a você ou, pelo contrário, por um cliente que não permita que você se aproxime. Suas forças funcionarão melhor com alguns tipos de clientes do que com outros. Por exemplo, reconheço que os clientes com uma estratégia de apego mais preocupada, que precisam de muita tranquilização verbal, ficam menos satisfeitos comigo do que aqueles que precisam aprender a confiar. Minha presença geralmente pretende dar mais espaço e não tanto buscar, como alguns clientes precisam.

Pode ser útil fazer algum treinamento focado no trabalho com questões relacionadas ao apego. Diane Poole Heller oferece vários níveis de treinamento e certificação para terapeutas que usam seu método DARE (Experiência de repadronização de apego). Isso inclui aprender sobre as diversas estratégias de apego e intervenções terapêuticas úteis para cada uma delas.[8] Você também pode encontrar informações sobre o trabalho com os diversos estilos de apego no livro de David Wallin, *Attachment in Psychotherapy* (Apego em psicoterapia), ou nos treinamentos presenciais que ele oferece.[9]

Autores e terapeutas que trabalham com tipos específicos de pais também podem oferecer treinamentos. Por exemplo, Karyl McBride oferece treinamento breve para terapeutas com base em seu trabalho de cura com mães narcisistas.[10] Quanto mais familiarizado você estiver com o terreno

---

8 dianepooleheller.com.
9 "David Wallin's Schedule of Upcoming Public Presentations, Workshops, and Conferences", davidjwallin.com/calendar.cfm.
10 "Workshop Overview: Therapist Training", site da Dra. Karyl McBride, willieverbegoodenough.com/workshop-overview-therapist-training.

da negligência e abuso emocional, e com os tipos de paternagem inadequada, mais útil você poderá ser.

É um trabalho recompensador, mas exigente, então é importante conhecer suas capacidades e limitações. Estar em supervisão pode ajudar você a ampliar suas habilidades e elaborar as inevitáveis "oportunidades de crescimento" que aparecerão quando você realiza este tipo de trabalho.

Como sempre, neste trabalho, seu próprio grau de cura e de inteireza é o elemento mais importante que você pode ter. Toda a aprendizagem acadêmica do mundo não compensa um sistema que seja reativo em vez de calmo ou um ego que não aceite as próprias deficiências. Não existe nada melhor do que continuar a "fazer seu próprio trabalho", o que pode acontecer informalmente por meio de seus modos pessoais de processamento, por meio de um relacionamento terapêutico e até mesmo por meio de trabalho espiritual. Como David Wallin diz: "Somos as ferramentas de nosso ofício".

13

Mais passos de cura e estratégias práticas

Eu lhe dei muitas opções para trabalhar com suas feridas maternas, mas estaria em falta se não incluísse esta abordagem proativa construída sobre as necessidades que identificamos. Pense no seguinte:

- Nem todos terão a sorte de encontrar alguém que esteja disposto a funcionar como uma substituição para a Boa Mãe que não tiveram na infância.
- Nem todos têm um parceiro que deseje um relacionamento consciente e esteja disposto a deixar que esse relacionamento seja um lugar para trabalhar com as feridas e necessidades insatisfeitas da infância.
- Nem todos se sentirão atraídos para a Grande Mãe ou para trabalhar no domínio arquetípico.
- Nem todos têm recursos, compromisso ou inclinação para fazer psicoterapia.
- Nem todos se sentem à vontade no trabalho com a criança interior.
- *Mas todos podem*, além do mencionado acima, empregar a perspectiva deste capítulo para identificar proativamente e satisfazer as necessidades que ficaram da infância.

Identificar "buracos" específicos

Para a criança que recebeu maternagem inadequada, o buraco onde a Mãe deveria estar parece tão grande quanto o universo. Quando voltamos a ele como adultos, podemos sentir que não existe um modo de preencher esse buraco.

É essencial reconhecer isso como um sentimento (não uma verdade) e perceber que o buraco *pode* ser preenchido. Isso ajuda quando nos lembramos que esse ponto em nossa psique é simplesmente um lugar em que parte de nós mesmos ainda não foi preenchida porque não tivemos o suporte de que precisávamos. Não é um abismo infinito, mas é feito de buracos específicos em que as funções da Boa Mãe não foram satisfeitas. Há terra firme entre esses espaços! Apesar do que faltou, existem lugares em que seu desenvolvimento foi apoiado e, consequentemente, existem partes de você que são sólidas e reais. É importante sentir o que está lá além do que ainda está faltando ou ainda não se desenvolveu.

Aqui está uma lista de dez necessidades que todos tivemos quando crianças. Você vai notar que existe sobreposição com as dez funções da Boa Mãe listadas no capítulo 2.

- Sentir que você pertence a algum lugar e que é parte da teia de vida mais ampla.
- Apegar-se aos outros de uma maneira segura e saber que é seguro estar vulnerável e mostrar suas necessidades.
- Ser visto como é e ter seus sentimentos supridos (espelhamento).
- Ter ajuda e orientação calibrada para suas necessidades.
- Receber incentivo e apoio, sentir que alguém está atrás de você.
- Ter pessoas que representem um modelo para você e lhe ensinem as habilidades de que você precisa para ter sucesso.
- Ter as necessidades satisfeitas no momento necessário e ser confortado e tranquilizado quando estiver perturbado, estabelecendo assim uma capacidade de se tranquilizar e trazer seu sistema de volta ao equilíbrio (autorregulação).
- Ter proteção adequada de modo a ficar seguro e não sobrecarregado.
- Ser tratado de uma maneira que comunique respeito (por seus limites, necessidades, sentimentos e assim por diante).
- Sentir-se amado e cuidado.

Outra necessidade universal é se sentir valorizado, mas não a incluí como um item separado porque acho que o senso de valor é o resultado de tudo isso. O valor acontece quando sentimos que pertencemos e somos parte de um grupo positivamente valorizado. O valor vem com o apego seguro. O valor vem com o espelhamento positivo que nos ajuda a conhecer e aceitar todas as partes de nós mesmos. Quando outros dedicam algum tempo para nos guiar, apoiar e incentivar, eles comunicam que nos valorizam. Quando outros fornecem proteção adequada e querem nos manter em segurança, nos dizem que somos preciosos para eles. Do mesmo modo, quando as pessoas nos tratam com respeito, ajudam a construir um senso de valor. E, certamente, ser amado nos dá um senso de sermos dignos de amor e de termos valor.

Identificar suas necessidades (um exercício)

Leia a lista das dez necessidades acima. Para cada necessidade, pense em como ela foi preenchida em sua infância e onde você está agora a esse respeito. Se você achar que é útil aplicar um sistema de notas, aqui está um que pode usar:

1. Intensamente não satisfeita.
2. Um pouco não satisfeita.
3. Um pouco satisfeita.
4. Intensamente satisfeita.

Seja qual for o modo como você decida fazer o exercício, o objetivo é terminar com uma lista de necessidades que ainda estão ativas.

Assumir uma atitude proativa

Em vez de olhar para trás para uma mãe ausente e ficar preso nos sentimentos do buraco que não pode ser preenchido, é mais frutífero dar um passo para trás em relação aos sentimentos, avaliar quais buracos específicos precisam ser preenchidos e, com responsabilidade, ir atrás do que você precisa em cada uma dessas áreas.

Em *Growing Up Again: Parenting Ourselves, Parenting Our Children* (Crescendo novamente: sendo pais de nós mesmos, sendo pais de nossos filhos), as autoras Jean Illsley Clarke e Connie Dawson falam de curar um buraco por vez. "Não tem um remendo rápido", escrevem elas. "Não existe um modo mágico e repentino de tomar emprestadas as habilidades necessárias e recuperar nossa autoconfiança e autoestima. Precisamos fazer isso por nós mesmos, passo a passo; precisamos construir a partir de dentro".[1]

Essa construção começa com a identificação daquilo de que precisamos. Então, por exemplo, se você sabe que nunca teve muito incentivo e reconhece que muitas vezes evita fazer coisas que sejam novas ou para as quais não tenha desenvolvido habilidade, você pode perguntar a si mesmo: "Do que eu preciso como apoio? Preciso que alguém seja meu mentor? Preciso de alguma torcida? Como posso trabalhar para desenvolver mais autoapoio?"

Se você se sente desconectado, como se não pertencesse a lugar algum, poderia procurar lugares onde pudesse desenvolver relacionamentos e, no final, experimentar um senso de pertencimento. Você também poderia pensar como o trabalho ou atividades de voluntariado poderiam lhe dar um lugar na teia.

Muitas dessas coisas têm tanto um nível externo quanto interno. Então, por exemplo, se você sentir que se beneficiaria mais de amor, pense em como cultivar relacionamentos amorosos e também em formas de nutrir seu próprio autoamor.

O ponto que quero frisar é que podemos ser proativos. Em geral, penso que existem três maneiras pelas quais podemos ir atrás das peças que nos faltam:

- Podemos identificar aquilo de que precisamos e pedir diretamente.
- Podemos procurar pessoas e situações em que aquilo que buscamos seja encontrado com facilidade (por exemplo, uma situação na qual o toque seguro seja abundante).
- Podemos dar a nós mesmos aquilo que faltava.

---

[1] Jean Illsley Clarke e Connie Dawson, *Growing Up Again: Parenting Ourselves, Parenting Our Children* (Center City, MN: Hazeldon, 1999), p. 8.

Descobri que quando sou específica em minhas necessidades com os outros e peço exatamente o que desejo (de um modo não exigente), tudo funciona muito bem. Algumas vezes até digo às pessoas "o que dizer" (muitas vezes fazendo uma brincadeira a respeito) e, depois, peço que só falem isso se puderem fazê-lo sinceramente. É comum que as pessoas respondam dizendo: "É claro que posso dizer isso" e, depois, repitam aquilo que eu pedi para ouvir. Quando os outros começam em uma direção que não é útil, tento gentilmente guiá-los para aquilo que eu procurava. Então posso, por exemplo, dizer a alguém que não é a hora em que desejo ouvir suas críticas sobre minha ideia para um novo livro e todos os desafios que podem surgir; nesse momento, preciso do apoio dela. Posso dizer algo assim: "Quero que você diga que é uma ideia empolgante e que você está do meu lado".

Se pudermos dizer às pessoas quando queremos ser abraçados, quando precisamos que nossos sentimentos sejam espelhados, quando precisamos de apoio verbal, e assim por diante, então não nos sentiremos tão impotentes. Outra vantagem é que não parecemos como buracos "sem fundo" para as outras pessoas, que provavelmente responderiam com algum tipo de afastamento daquilo que é percebido como uma necessidade infinita. Necessidades específicas são geralmente menos ameaçadoras e avassaladoras para a grande maioria das pessoas.

O buraco do apoio

O buraco do apoio é um dos mais comuns em filhos de pais emocionalmente desapegados. Muitas vezes não tivemos uma pessoa que desse apoio a nossos esforços e nos aceitasse quando nossos esforços fracassavam. Não havia ninguém torcendo e dizendo: "Sim, você pode fazer isso!" ou "Estou aqui do seu lado". Na situação desejada, essa pessoa é a mãe, junto com o pai e também com outras pessoas. Sem pessoas que comuniquem que acreditam em nós, fica mais difícil acreditarmos em nós mesmos.

Essa falta de apoio muitas vezes significa que nossa confiança não se desenvolve normal nem plenamente. Podemos sentir como se faltasse uma peça em nós – e falta mesmo! Falta algo dentro de nós que se desenvolve quando uma criança recebe apoio consistente. Falta nosso senso de capacidade e apoio interno. Isso faz com que nos sintamos intimidados, inadequados e inseguros. Quando sentimos o buraco do apoio, dizemos a nós mesmos coisas como: "É grande demais. Acho que não consigo" ou "Eu me sinto tão sozinho nisso".

Questões de apoio muitas vezes surgem quando estamos enfrentando algo novo e o resultado não é garantido ou quando enfrentamos desafios. Muitas vezes precisamos de apoio quando temos algum tipo de "fracasso".

Em vez de se culpar por sua falta de confiança e ficar pensando por que não pode simplesmente ir em frente como os outros parecem fazer, pode ser útil examinar quanto apoio você recebeu quando criança. Vou manter as perguntas amplas para que você possa respondê-las pensando em qualquer figura paterna e materna que teve.

- Um dos pais costumava ir a qualquer apresentação ou eventos em que você estivesse envolvido? O que eles diziam depois? O que a linguagem corporal deles transmitia? Você sentia que eles davam apoio quando iam?
- Como seus pais respondiam a suas realizações? Suas conquistas eram reconhecidas e celebradas?
- Deixando de lado as conquistas, você tinha um senso de apoio dos pais só por ser quem era e para os desafios inerentes ao crescimento?
- Como seus pais respondiam a sentimentos de medo, insegurança ou inadequação? E nas vezes em que você estava um pouco para baixo e só precisava saber que alguém se importava?
- Você tem um senso de que havia uma figura paterna ou materna que você podia procurar em momentos de necessidade?

Como ocorre com qualquer área que exploramos, vemos o legado familiar em ação. Rejeitamos ou deixamos de apoiar nós mesmos e nossos filhos naquilo que não fomos apoiados por nossos pais que, por sua vez, não eram apoiados pelos deles. Podemos romper essa cadeia por meio de uma decisão consciente.

Conseguir apoio agora

Se quer reverter um padrão de apoio inadequado, você precisa primeiro examinar quais são suas necessidades e se comprometer a construir mais apoio. Também precisa observar como você aceita, ou não, o apoio quando ele é oferecido. Muitas vezes quando não recebemos muito quando éramos pequenos, nossa capacidade de receber fica bloqueada pelas defesas que desenvolvemos.

Existem muitas abordagens para estimular seu senso de apoio, tanto na literatura de autoajuda quanto na terapia. Aqui está a minha lista de estratégias úteis:

Pedir apoio aos outros

Esta não é uma habilidade opcional, mas sim, essencial. Você precisa ser capaz de pedir apoio e incentivo, da forma que precisar, às pessoas que tenham uma chance razoável de oferecê-lo.

Aprender a acessar os outros mesmo quando eles não estão presentes

Quando os outros não estão disponíveis, você pode levar o processo para seu interior. Você pode fazer isso como um diálogo interior ou como um diálogo escrito em seu diário. Se estiver escrevendo no diário, simplesmente imagine o que essa pessoa diria. Você pode fazer isso com qualquer pessoa, inclusive uma figura da Boa Mamãe ou guia imaginário ou Eu Superior.

Encontrar estruturas de apoio

Seja criativo em relação a coletar ou desenvolver estruturas de apoio, incluindo grupos de apoio, classes, grupos de trabalho, um amigo de exercícios, um parceiro de responsabilidade ou qualquer outro que seja útil em uma situação específica. Pense em como você pode estabelecer uma série de metas e recompensas, e quais rotinas e situações de aprendizagem podem ajudá-lo.

Afastar-se de seus sentimentos e ser objetivo

Lembre-se de suas capacidades reais. O senso de que você não tem apoio suficiente é, no fim das contas, apenas um sentimento. Como um sentimento, isso pode limitar você, mas só se você der mais atenção a esse sentimento do que às suas capacidades de lidar com uma situação.

Apoiar sua criança interior

Como muitas vezes é um estado infantil interior que fica preso nos sentimentos de medo e insegurança, você pode acessar sua própria Boa Mãe e estabelecer um diálogo com a criança, ouvindo os medos dela, oferecendo empatia, abraçando e tranquilizando.

Dizer coisas boas a si mesmo

Observe se você está repetindo mensagens desanimadoras para si mesmo e as substitua por afirmações positivas. Pergunte-se: "O que uma Boa Mãe diria nesta situação?" Aqui estão algumas frases com que você pode trabalhar:

- Acredito em você.
- Sei que você pode fazer isso.
- Estou do seu lado, aconteça o que acontecer.

Tornar real por meio de imagens

Imagine ter o apoio de que precisa. Sinta isso tão nitidamente quanto possível. Veja você mesmo movimentando-se facilmente pelo que lhe parece desafiador.

Sentir medo e agir mesmo assim

Se existe uma tarefa específica difícil, pode ser útil mergulhar nela. O próprio envolvimento e qualquer progresso que você faça podem lhe dar apoio. Se o medo fizer você retroagir e se fechar, ele terá vencido e será usado de novo.

Acessar o apoio de seu corpo

Nem todos sentem que seu corpo é um recurso, mas se você puder senti-lo como tal, representará um grande apoio. Por exemplo, sentir seus ossos pode lhe dar um senso de solidez. Existem outras dicas sutis que você também pode usar, como pressionar os lábios um contra o outro. Sentir os músculos pode dar uma boa sensação, e fazer um pouco de exercício pode ajudar a quebrar o feitiço da inadequação.

Buscar ajuda no espiritual

Milhares de pessoas se voltam para o espiritual em busca de ajuda em tempos de necessidade. Isso pode assumir a forma de seres espirituais externos a você ou contatar a parte de seu próprio ser que está muito além daquilo que você vivencia normalmente. Posso dizer inequivocamente que o apoio está disponível, com certeza.

Para quem recebeu maternagem inadequada, o apoio muitas vezes é uma questão que requer atenção contínua. Mas o esforço vale a pena. Conforme aprendemos a buscar e aceitar o apoio externo e lentamente desenvolvemos mais apoio interno, descobrimos que seguimos em frente com mais facilidade. Os limites não são mais os mesmos, e a vida se torna menos uma luta.

Um senso de confiança

O que é confiança e de onde ela vem? A confiança não é tudo ou nada, mas algo que sentimos mais ou menos em diferentes áreas de nossa vida.

Como adultos, podemos nos sentir confiantes em nossas habilidades de relacionamento, mas não em nossas habilidades de informática, ou confiantes em nossa tomada de decisão, mas não em nossa capacidade de ir agressivamente atrás daquilo que queremos.

Observei que, para algumas pessoas, a confiança está mais intimamente associada com fazer (e depende de habilidades e desempenho), enquanto para outras ela se relaciona mais com a segurança que sentem com os outros. Minha suspeita é que a confiança se prende ao fazer quando os pais colocavam muita ênfase na competência. Quando as crianças não são envergonhadas por terem habilidades pouco desenvolvidas, mas são amadas plenamente por serem quem são, então a competência se torna menos importante. A pessoa segura simplesmente diz: "Não sei o que fazer com isso" e olha para a situação com curiosidade. A competência de uma criança, em qualquer nível, precisa ser espelhada para que ela a absorva em sua identidade; caso contrário, a criança muitas vezes se sentirá inadequada.

Embora fosse um erro tornar nossa confiança como adulto dependente de como os outros se sentem sobre nós (do mesmo modo como é um erro torná-la dependente de nosso desempenho), ter um apego seguro serve como base para o senso de confiança da criança. O apego seguro lhe dá um lugar no mundo, o senso de que alguém o valoriza e está interessado por você, e o senso de que você tem direito de estar aqui e ocupar espaço. Um modo capaz de definir a confiança é observar como a coragem se apresenta e se expressa. Isso é mais fácil quando os outros o apoiam.

Podemos olhar para nossa lista de necessidades e dizer que a confiança surge com quase todas elas. Ela surge quando nos sentimos queridos e somos aceitos como parte de um grupo maior com que nos sentimos bem. Ela surge quando somos vistos e aceitos como somos e quando somos tratados com respeito. Quando os outros nos incentivam e nos elogiam, nossa confiança aumenta. Quando sabemos que teremos a ajuda e o apoio de que precisamos, nossa confiança aumenta. Quando podemos regular nossa própria fisiologia, nossos altos e baixos, e nos trazer de volta ao equilíbrio, temos firmeza e confiança.

Você pode perguntar para sua criança interior do que ela precisa para desenvolver mais confiança. Uma dessas crianças disse que precisava se sentir segura, se sentir amada, ter alguém empolgado com o que ela podia fazer e ter alguém que reconhecesse a sua força.

Do que você precisa para desenvolver mais confiança?

Encontrar o seu poder

É difícil ter sucesso na vida quando você não tem todo o seu poder. Sem seu poder, você se atrapalha em suas tentativas de competir nos muitos palcos da vida, seja no campo atlético, no mercado de trabalho ou mesmo na arena dos encontros românticos. Os terapeutas às vezes se referem ao senso de poder como autoeficaz ou como um senso de "ação" (ser um agente ativo em seu ambiente). Muitas vezes pensamos nisso em termos do poder para mudar nossas circunstâncias, mas é também capacitador saber que podemos mudar nossa experiência interna, como nossos padrões mentais ou nosso humor. Quando sabe que pode mudar as coisas, você não é mais uma vítima.

Existem inúmeras maneiras pelas quais você pode aumentar seu senso de capacitação, incluindo:

- Desenvolver habilidades de comunicação que o ajudem a defender suas necessidades e limites.
- Encontrar o poder de dizer não (por meio de treinamento de assertividade ou aulas de autodefesa, por exemplo).
- Escolher situações em que você pode fazer diferença e minimizar as situações em que não pode. Algumas situações são inerentemente incapacitantes.
- Observar quando você tem um efeito sobre uma situação. Você não pode aumentar seu senso de poder se continuar a não perceber as vezes em que é efetivo. Você deve absorver as experiências de sucesso de modo que elas se integrem ao seu autoconceito.
- Aprender a mudar seu diálogo interior. O diálogo interior é o diálogo contínuo que você tem em sua mente sobre as coisas e, especialmen-

te, sobre si mesmo. Existem aulas, livros, *blogs* e artigos que podem ajudá-lo a passar de um padrão de avaliação e comentários negativos para algo mais positivo, compassivo e objetivo.

- Sentir a força em seu corpo. Não significa praticar musculação, embora isso possa ser incluído. Muitas vezes, só sentir nossos músculos ou sentir a sustentação dos ossos nos dá um senso de solidez e poder. Existe também uma capacitação sentida que vem com a "corporificação", que é simplesmente ter mais consciência em seu corpo. As terapias centradas no corpo podem ajudar, como também qualquer coisa que amplie sua percepção do corpo, como uma boa prática de ioga.
- Trabalhar com as questões que bloquearam seu poder, utilizando vias como a psicoterapia.
- Aprender como localizar recursos para ajudar com necessidades específicas. Ser capacitado não significa que você tem de fazer tudo sozinho. Pense nos CEOs do mundo!

Proteger o que é precioso

Como aprendemos, uma das funções da Boa Mãe é oferecer um lugar seguro, um ambiente protegido em que seu filho possa crescer e florescer. Continuamos a precisar disso como adultos. Precisamos de um ambiente que nos sustente de modo seguro e confortável e no qual possamos nos sentir nutridos. Do mesmo modo que a Boa Mãe fornece isso para o bebê, precisamos aprender a fornecer isso para nós mesmos como adultos.

Esses são vários aspectos de um ambiente sustentador e do senso de um espaço seguro e protegido. Um desses espaços é a nossa casa, o lugar em que vivemos. Sua casa lhe dá a sensação de segurança e nutrição? Ela é um lugar onde você gosta de estar? O que acontece quando você se move para a área circundante, próximo ao local onde mora? Você se sente em casa no seu bairro?

E em relação aos limites, no que diz respeito aos outros tocando o seu corpo e também em relação aos limites psicológicos? Você consegue manter os outros à distância correta? Você deixa que os outros invadam sua privacidade ou seu espaço psíquico com perguntas intrometidas e conselhos indesejados? Se alguém invadir seu espaço pessoal, física ou emocionalmente, de uma maneira que você não queira, você consegue levá-la de volta a uma distância mais confortável?

Os limites, de modo geral, serão mais difíceis para aqueles que tiveram pais invasores e cujas famílias foram emaranhadas em vez de emocionalmente desapegadas; mas, mesmo as famílias emocionalmente distantes podem ter violações de limites. A fim de liberar suas partes mais ocultas e vulneráveis, é essencial que você sinta que pode se proteger, se necessário.

Do mesmo modo que a Boa Mãe cuida do ambiente para a criança pequena de modo que nada seja vivenciado como áspero ou invasivo, e que aquilo de que a criança necessita esteja disponível, parte do que nos alimenta é dar atenção ao que é demais e ao que é certo para nós. Assim, por exemplo, é saber o que é contato social demais, o que é suficiente e o que é mais satisfatório. Obviamente, não é só uma questão de quantidade, mas qualidade, então examinamos quais tipos de contato são satisfatórios e quais não e, depois, ajustamos nossa vida a partir daí. Aqui o papel de proteção e o papel de modulação estão combinados. Modulação é tornar as coisas certas. Nem muito nem pouco.

Aqui estão algumas perguntas para ajudá-lo a avaliar como você está desempenhando os papéis da Boa Mãe protetora e moduladora:

- Em que área de sua vida, se houver alguma, você não está protegendo o que é precioso em você?
- Se você fosse criar um "suporte" exatamente certo para você, o que seria diferente do que existe atualmente? Pense no máximo de níveis que puder, incluindo o ambiente físico, o ambiente social e o ambiente emocional.

Aparecer e ser visto

Muitas vezes, quando não somos espelhados, perdemos contato com partes de nós mesmos. É uma jornada para recuperá-las, uma jornada que envolve ser visto agora. É claro que ver a si mesmo é parte disso, e qualquer tipo de autoexploração ajudará, mas fazer com que os outros vejam e reconheçam essas partes perdidas ajuda a firmá-las no lugar.

Embora a invisibilidade possa ter começado com pais ocupados demais, pressionados demais ou incapazes de realmente ver você, ela pode ser mantida por seus próprios hábitos e um certo afastamento do mundo. Muitas vezes, para sobreviver à esterilidade emocional de pais emocionalmente ausentes ou qualquer ambiente inicial que não parecesse acolhedor, nós nos voltamos para dentro. Em vez de buscar relacionamentos, nós nos retraímos. Parte da cura é sair da clausura e voltar para o mundo.

Ao expandir suas oportunidades de ser visto, você pode considerar atividades expressivas e até de performance, como teatro, canto coral e dança. Minha mãe é uma mulher muito convencional que mostra muito pouco de si mesma, e descobri que era muito liberador participar em atividades que me tiravam de uma tendência similar a me controlar, atividades em que as pessoas são espontâneas e desinibidas.

Alguns grupos dão oportunidade para que uma pessoa ocupe o palco (a plena atenção do grupo) por um momento e seja vista. A pessoa no centro pode expressar qualquer coisa que queira. Muitas vezes, o que é mais curador é simplesmente ser transparente naquele momento, mostrando os sentimentos verdadeiros.

Ter intimidade emocional com até mesmo uma outra pessoa, alguém para quem você possa mostrar todo o seu mundo interior, também proporciona um senso de ser visto.

Um lugar na teia

Muitos que não experimentam uma conexão forte com a mãe também sentem falta de conexão com outros membros da família ou com a família como um todo. Isso deixa um buraco, algo fica faltando. Nós dependemos da família para nos conectarmos com o mundo de uma maneira significativa que nos dá muitas coisas: um porto na tempestade, um senso de pertencimento, identidade, apoio. Procuramos a família para encontrar um lugar em que somos conhecidos e sustentados.

Se você tem um companheiro e/ou filhos agora, isso pode ajudar a compensar a desconexão anterior, mas e se você só tiver sua família de origem à qual se sente tão pouco ligada? E se você não tiver um lugar que seja o lar, no sentido de tribo ou família?

Vejo que algumas pessoas se sentem totalmente desprovidas quando não têm um senso de família ao seu redor. Embora certamente a família e o companheiro sejam vistos como uma parte importante de uma rede de segurança, nenhum deles é tão essencial como poderíamos acreditar. Nossa rede de segurança e de senso de comunidade pode mudar com o tempo. Precisamos enxergar que as pessoas podem entrar e sair com regularidade e que, o mais importante, na hora de necessidade, qualquer pessoa – até mesmo um estranho ou quase estranho – pode pedir ajuda.

Ouvi uma história tocante de uma amiga minha. Uma mulher que minha amiga tinha conhecido recentemente a havia contatado, dizendo que precisava de ajuda. Essa mulher era nova na comunidade, ia ser operada e estava escrevendo a oito mulheres para saber se alguma delas poderia ajudá-la. Ela não conhecia bem nenhuma delas e se sentia um pouco constrangida de pedir, mas não tinha mais ninguém a quem recorrer. Todas as oito disseram sim.

As pessoas que parecem constantemente ocupadas, e não tão atentas quanto gostaríamos que fossem, com frequência respondem a uma necessidade específica. De modo geral, as pessoas gostam de ser úteis. É verdade que, quando o período de necessidade se estende por meses, elas podem se afastar, mas isso não acontece necessariamente porque elas não se importam. Mas porque elas têm outras coisas que exigem sua atenção.

Os medos que vejo naqueles que se sentem tão vulneráveis, tão desprotegidos, tão expostos, sem pais nem irmãos com quem contar, são basicamente os medos de nossas partes infantis. Não estamos em perigo por não termos essa rede protetora da família ao nosso redor se tivermos a capacidade de estender a mão e pedir ajuda, como essa mulher recém-chegada em sua comunidade. Quanto mais nos sentimos enraizados em nosso eu adulto, menos à deriva nos sentimos sem outras pessoas à nossa volta.

A família nuclear assumiu uma importância desproporcional conforme o senso mais amplo de tribo ou comunidade diminuiu na cultura ocidental. Em algumas culturas, toda a aldeia assume o papel da família, mas aqui estamos falando sobre um número muito limitado de indivíduos. Em vez de sermos conectados por dezenas ou centenas de fios, somos sustentados por meia dúzia – ou talvez apenas por um ou dois. Isso não é o bastante para sustentar um senso saudável de conexão e pertencimento.

A solução é construir linhas adicionais de conexão e pertencimento. Estas são algumas das maneiras básicas como fazemos isso:

- Um círculo de amigos próximos pode funcionar como uma "família de escolha" que está presente em momentos de necessidade e celebra conosco passagens importantes em nossa vida.
- Laços com grupos ajudam a nos dar um lugar na teia da vida. Podem ser grupos de interesse, grupos de cura, grupos sociais ou qualquer outro. Para alguns, pode ser sua comunidade cujas interações acontecem na internet. Embora possam faltar alguns aspectos importantes em uma comunidade apenas virtual, ela oferece um senso de conexão que é significativo para muitas pessoas.
- O trabalho significativo (voluntário ou pago) nos dá um lugar e um propósito no mundo.
- Laços com lugares nos ancoram de uma maneira física ao planeta e assim não estamos apenas vagando nem "perdidos no espaço". Pode ser um senso de conexão com sua casa ou com a área que circunda sua casa. Muitas pessoas sentem uma forte conexão com a terra que as rodeia.

Navegar no mundo das emoções

Os seres humanos vivem em um mundo preenchido com emoções, mas para muitas das pessoas que receberam maternagem inadequada esse mundo é desconfortável. Aprender a navegar nessas águas é uma parte importante para atuar bem no mundo e ser um indivíduo pleno.

John Bradshaw explica como muitas pessoas se sentem separadas deste mundo: "Crianças que crescem em famílias disfuncionais são ensinadas a inibir a expressão das emoções de três maneiras: primeiro, por não receberem resposta nem serem espelhadas, literalmente, não sendo vistas; segundo, por não ter modelos saudáveis para dar nome às emoções e expressá-las; e terceiro, por serem realmente constrangidas e/ou punidas por expressar emoção".[2] Ele continua: "Quanto mais cedo as emoções forem inibidas, mais profundo será o dano".[3]

Quando as emoções foram cortadas dessa maneira, tornar-se parte do mundo das emoções pode exigir aprendizagem significativa. Temos de romper o feitiço de nosso próprio "rosto imóvel" e nos tornarmos transparentes. Isso pode ser mais difícil de fazer com algumas emoções do que com outras. Os sentimentos que nossos pais tinham dificuldade especial para tolerar, em geral, são aqueles que também temos mais dificuldade em tolerar se ainda não tivermos curado essa área.

Expandir o seu repertório (um exercício)

- Quais das emoções a seguir são as mais difíceis para você aceitar e expressar?
  - mágoa
  - tristeza
  - alegria
  - raiva
  - medo
  - vulnerabilidade
  - orgulho
  - espanto
  - ódio
  - desejo
  - amor
  - deslumbramento
  - desapontamento

(continua)

---

2 Bradshaw, *Homecoming*, p. 71.
3 Ibid., p. 72.

> ## Expandir o seu repertório (um exercício)   (continuação)
>
> - ◦ remorso
> - ◦ inveja
> - ◦ ciúmes
> - ◦ confiança
> - ◦ felicidade
> - Quais eram os mais difíceis para cada uma de suas figuras paternas?
> - Usando essa lista como ponto de partida, faça uma lista das emoções que você deseja adicionar a sua paleta emocional.
> - Para cada uma das emoções que você acabou de relacionar, escreva o que o ajudaria a desenvolvê-la.

Do mesmo modo como podemos ser proativos com os outros déficits identificados neste capítulo, podemos ser proativos ao afirmar ou recuperar emoções que não pudemos expressar facilmente. Por exemplo, talvez em sua família de origem não houvesse espaço para que você mostrasse desapontamento e observe que ainda é tímido ao expressá-lo. Pode ser útil escolher uma pessoa de confiança, compartilhar alguns desapontamentos e pedir validação. Peça para ter o desapontamento espelhado e normalizado. Um exemplo de normalização poderia ser: "É claro que seria difícil! Eu também me sentiria desapontado". Se você foi envergonhado por mostrar desapontamento, essa pode ser uma poderosa experiência de correção.

Estilo emocional e padrões de cuidado

Lembre-se de que muitos que receberam maternagem inadequada vão precisar trabalhar para entrar em contato com seus sentimentos. Quando a Mãe não nota nem responde aos sentimentos, muitas vezes não temos uma conexão forte com eles também. Podemos até mesmo ter aprendido a desligá-los a fim de manter esse fiapo de conexão que sentimos com a Mãe.

Nosso estilo individual, quer nossa tendência seja suprimir os sentimentos ou exagerá-los para chamar atenção, em geral se desenvolve em resposta ao estilo de nosso cuidador. Faz sentido que, quando os cuidadores estão consistentemente desinteressados pelos sentimentos de uma criança ou agem punitivamente com a criança por expressar sentimentos, as crianças aprendam a suprimir suas emoções. Nós também podemos ver como e quando os cuidadores algumas vezes são responsivos de uma maneira sintonizada e outras vezes simplesmente não entendem, e as crianças tendem mais a exagerar os sentimentos a fim de conseguir ajuda. Foi isso que uma pesquisa revelou.[4]

Pare por um momento para refletir sobre isso.

- Você tende mais a ocultar seus sentimentos por medo de rejeição ou "brandi-los" quando deseja uma resposta de alguém?
- Se você faz um pouco de cada, quais sentimentos ou em que circunstâncias você tende a ocultar seus sentimentos, e quando você realmente os exagera? O que você espera que aconteça quando exagera seus sentimentos?

Acolher suas necessidades

Quando se trata de nossas necessidades, temos tendência a adotar a atitude que nossos pais tinham em relação a elas, pelo menos inicialmente. Assim, por exemplo, se sua mãe era impaciente com suas necessidades ou rejeitadora, você tenderá a também ter pouca tolerância. Lembro de uma vez, em minha própria terapia, em que eu tinha expressado uma boa quantidade de carência e, de repente, me senti obrigada a pedir desculpas. Eu estava, em essência, agindo como se dissesse: *Isso foi demais!* Felizmente, notei isso e reconheci que era algo que tinha herdado dos meus pais. "Estou feliz por você ter percebido", disse minha terapeuta, "porque não me sinto nem um pouco assim".

---

4 Gerhardt, *Why Love Matters*, p. 26.

Para muitas pessoas cujas necessidades não foram satisfeitas no início da vida, as necessidades parecem humilhantes e perigosas. Uma mulher revelou que colocar-se em uma posição de dependência diante de outra pessoa parecia com dar-lhe uma faca para cortar sua garganta. Sentir-se dependente estava associado com sentir-se nua e desprotegida, e prestes a ser agredida.

Não é fácil mover-se no meio disso. Precisamos aprender que não é mais perigoso e que existem pessoas que *querem* satisfazer nossas necessidades! Aprender isso envolve algum risco porque não saberemos antes de tentar. Esse risco pode ser difícil de tolerar.

As crenças não vão mudar sem novas informações. Quando nossas necessidades são ignoradas quando somos pequenos, muitas vezes nos sentimos rejeitados por ter necessidades. Isso pode levar a uma crença de que nossas necessidades são demais ou que elas irão afastar as outras pessoas. As crenças são desarmadas quando mostramos nossas necessidades e elas são satisfeitas.

É bom se você puder começar procurando pessoas que sejam seguras para coisas pequenas. Assim, o risco é menor e você pode aumentar aos poucos sua tolerância para a vulnerabilidade, bem como ampliar um reservatório de experiências nas quais você tem sucesso.

Para aqueles que têm um estilo autossuficiente, é uma longa jornada do "Deixa que eu faço sozinho" para "Estou tão feliz por sua ajuda". Isso significa aprender que suas necessidades podem ser, na verdade, o lugar em que os outros são responsivos para você.

Conhecer suas necessidades e ser capaz de expressá-las é uma importante conquista de desenvolvimento que sustenta a intimidade e que os autores Jett Psaris e Marlena Lyons reconhecem em seu livro *Undefended Love* (Amor sem defesas). No entanto, isso não é tudo. Queremos nos sentir bem mesmo quando nossas necessidades não são satisfeitas por nossos parceiros. Como Psaris e Lyons comentam, "Quanto mais precoce for a necessidade insatisfeita, menos capazes somos, quando adultos, de sustentar nosso senso de bem-estar quando essa necessidade não é suprida por outra pessoa".[5] Quando nossas necessidades iniciais de dependência não foram

---

5 Jett Psaris, PhD, e Marlena S. Lyons, PhD, *Undefended Love* (Oakland, CA: New Harbinger, 2000), p. 141.

satisfeitas quando éramos bebês, nossa consciência frequentemente se rompeu nesse momento. Não tínhamos os recursos nem a maturidade para "segurar a barra", o que significa sustentar a nós mesmos. Essa nudez e sensibilidade intolerável ao redor da necessidade vêm desses ferimentos muito precoces.

Pode ser constrangedor expor esses aspectos não polidos de nós mesmos, mas isso é parte do processo. Trazemos para nossos relacionamentos íntimos tudo que não elaboramos nem completamos na infância. Da perspectiva daqueles que veem o relacionamento como um caminho para o crescimento, isso é uma bênção.

Para explorar em que ponto você está em sua jornada de cura, considere as perguntas a seguir:

- Como você se sente em relação a ter necessidades? Você pode ver como isso espelha o modo como os primeiros cuidadores se sentiam a seu respeito e respondiam a suas necessidades?
- Você geralmente espera que os outros estejam disponíveis quando você precisa deles ou você carrega mais um senso de privação em relação a isso?
- Qual de suas necessidades é mais difícil expressar?
- Você pode expor uma necessidade, tê-la apenas parcialmente satisfeita e ficar bem com isso? Você tem espaço para, em essência, "segurar" suas necessidades em vez de passá-las adiante como uma batata quente ou de suprimi-las completamente?

Cultivar uma capacidade de intimidade

A intimidade exige abertura emocional, uma disponibilidade para ver e ser visto, e deixar que suas necessidades estejam em um lugar no qual você possa ser encontrado. Isso será desafiador se você não elaborou os resíduos deixados por práticas de criação não responsivas, mas vale a pena trabalhar nisso. Embora você possa ter carregado uma profunda decepção sobre os relacionamentos durante muitos anos, provavelmente também carrega um profundo anseio e pode usar esse anseio para ajudar a impulsioná-lo para a frente quando estiver se segurando, preso em uma postura autoprotetora.

Um modo de trabalhar proativamente com isso é pensar sobre o que você faz para cultivar a intimidade. Quais são os "comportamentos de apego" que fazem parte de seu repertório, e como aumentá-los? Pense no seguinte:

- Você consegue aceitar conforto em momentos de ameaça ou quando está perturbado? (Isso é um "comportamento de apego".)
- Como você responde quando alguém o procura? Você pode permitir que alguém precise de você?
- Você consegue tocar de uma maneira carinhosa? Você sustenta o contato visual íntimo?
- Durante o ato sexual, você consegue manter contato emocional?
- Quais medos e defesas surgem quando você se aproxima de fato de um parceiro?

Uma terapeuta relata que, quando um casal é capaz de aumentar seu vínculo de apego, isso ajuda cada parceiro a se autorregular e a resolver parte de seus problemas individuais. Para aqueles com um estilo autossuficiente, a tarefa é despertar o sistema de apego, que pode então funcionar mais normalmente, como a natureza pretendia. Pense no que você pode fazer para cultivar as capacidades que possibilitam a intimidade.

Receber bom toque

O toque carinhoso muitas vezes traz o calor pelo qual se ansiava. Existem muitas situações em que o toque seguro está disponível — mais do que geralmente imaginamos. Pense nas diversas formas de dança, movimento interativo, esportes, massagem ou trabalho corporal e, é claro, abraços!

Se você quer ficar mais à vontade ao tocar os outros, pode ter como modelo alguém que toque fácil e naturalmente, pois muitas vezes isso é mais uma questão de permissão do que qualquer outra coisa. Assumir responsabilidades de cuidados de crianças ou brincar com crianças também traz oportunidades, embora seja preciso ter certeza de que não estamos impondo nossos desejos, mas respondendo à criança. Isso vale para outros tipos de cuidados também, como o cuidado de idosos, de doentes e de pessoas que estejam de luto.

Sair da consciência de privação

A mãe é nosso primeiro ambiente, e o modo como a experimentamos tem grande impacto em como experimentamos posteriormente o mundo e o que esperamos dele. Se a Mãe não foi responsiva às nossas primeiras necessidades, geralmente não esperamos que o mundo o seja. Se a Mãe não foi acolhedora, não percebemos o mundo como acolhedor. De fato, uma importante parte da cura é ver que o mundo não é igual à Mãe, mudando nossas percepções e nosso relacionamento com ele.

Encontrei muitas pessoas que tiveram maternagem inadequada quando crianças e que têm o que se pode chamar de *consciência de privação*. É um senso de ausência carregado internamente e que se torna o filtro inconsciente por meio do qual recebemos a experiência. Podemos até dizer que alguns de nós criam uma "história de privação" que se torna o tema repetido da vida. Uma história de privação é preenchida com pensamentos como "Nunca há o suficiente para mim" ou "Nunca vou conseguir o que eu quero". Muitas vezes isso estará em contraste com o modo como você vê os outros. É como se você fosse o último bebê na fila de um orfanato, e tudo sempre acabasse antes de chegar até você.

Se esse senso de privação ressoa dentro de você, considere o seguinte:

- Qual é o sabor da privação que você sente? Há uma imagem ou metáfora que o expresse?
- Você pode ver como esse sabor está presente em toda a sua vida?

Só depois de metabolizar a dor nas experiências que geraram essa história é que você será capaz de, por fim, deixar ir a história e ter uma experiência diferente.

Como parte desse processo, você também pode fazer alguma exploração das barreiras que podem impedi-lo de ter uma experiência diferente agora. Experimente imaginar como seria a abundância. Onde existe atrito entre ela e as autoimagens que a bloqueiam? Como sentir que há abundância em vez de insuficiência mudaria seu senso de si mesmo?

Quando experimentamos algo totalmente desconhecido, isso pode provocar um senso de choque, a princípio. Se você essencialmente nunca teve bom apoio e, então, tem alguém que se comporta de uma maneira totalmente sustentadora com você, é possível que se sinta bem desorientado, imaginando se isso é real. Pense nas pessoas que ganham na loteria, ficam ricas instantaneamente, mas algum tempo depois estão de volta ao nível em que estavam antes. Essa mudança instantânea e drástica nunca foi integrada.

- Você consegue pensar em um tempo em que seu senso de privação foi desafiado por algo muito contrário a ele?
- Faça uma lista com cinco exemplos de vezes em que você tinha tudo de que precisava ou mais do que poderia desejar. Qual foi a sensação?

Algumas vezes, o senso de privação está profundamente gravado em nossa psique, mas tentamos deslocá-lo mergulhando em símbolos de abundância. Isso pode ser melhor do que a experiência anterior, mas o melhor é quando a impressão antiga se dissolve e deixamos completamente a consciência de privação. Então, mesmo em meio a uma vida bem comum, nós nos sentimos ricos.

Aceitar o bom

Uma prática que pode ajudar a dissolver os efeitos da privação é aceitar conscientemente as experiências positivas. Esse tem sido o foco na psicologia positiva, que é apoiado pela moderna neurociência. Meu principal recurso nesse campo é o psicólogo Rick Hanson, cuja escrita é muito acessível.[6] O cérebro é como velcro para as experiências negativas e teflon para

---

6 Em rickhanson.net, você encontrará todo tipo de programas e pode fazer assinatura da *newsletter* dele.

as positivas, diz ele, e assim, se sua vida está cheia de experiências positivas agora, elas passarão direto, sem nutri-lo, se você não aprender a fazer uma pausa e absorvê-las.

Hanson criou um modelo sobre o qual escreveu extensamente. Ele o chama de processo HEAL (CURA) e escreve frequentemente sobre ele como "aceitar o bom". Ele começa com notar deliberadamente uma experiência positiva e, depois, permanecer com ela. Você deve mergulhar nela, dando atenção especial ao que lhe traz uma boa sensação. Você até pode acentuar ou enriquecer deliberadamente a experiência, incluindo todos os sentidos possíveis e também acrescentando emoções e significado pessoal. Este ato de saborear a experiência, de se demorar com ela, é o que permite que ela realmente nos modifique.

Descobriu-se que as emoções positivas têm efeitos de longo alcance: melhoram o humor, aumentam o otimismo e ajudam a desenvolver a resiliência que é um antídoto ao colapso emocional que tantos adultos, filhos da negligência e do abuso emocional, sentem.[7]

Outra prática apoiada pela pesquisa é trabalhar com a gratidão.[8] O exercício a seguir é um lugar para começar:

---

7 Rick Hanson, "Taking in the Good", *Greater Good Science Center*, 1 de novembro de 2009, greatergood.berkeley.edu/article/item/taking_in_the_ good.

8 Alex Korb, PhD, "The Grateful Brain: The Neuroscience of Giving Thanks", *Psychology Today*, 20 de novembro de 2012, psychologytoday.com/blog/prefrontal-nudity/201211/the-grateful-brain; "Thanks! The Beneficial Effects of Expressing Gratitude", *Positive Psychology Program*, 23 de março de 2014, positivepsychologyprogram.com/beneficial-effects-expressing-gratitude.

Contar suas bênçãos (um exercício)

No início do capítulo, eu disse que entre os buracos existe terra seca; entre os déficits e os lugares que não se desenvolveram existem lugares em que temos aquilo de que precisamos.

Parte da capacitação e de sair da consciência de privação é estar solidamente ancorado em nossas forças e recursos. Vamos examinar isso como três listas diferentes, uma tratando das capacidades que você desenvolveu, a segunda com os ativos ou bênçãos em sua vida e a terceira (talvez a mais difícil) com os fatos positivos sobre a sua infância.

Faça uma lista de 20 capacidades que você desenvolveu.

Aqui estão alguns exemplos:

- Sei como ser uma boa amiga e dar apoio aos outros.
- Sou engenhoso e sei como conseguir a informação de que preciso.
- Sou compassivo comigo e também com os outros (talvez não o tempo todo, mas uma boa parte do tempo).
- Aprendi a reconhecer meus sentimentos e posso verbalizá-los em vez de simplesmente atuá-los.
- Sou capaz de sentir meu próprio valor. (...)

Faça uma lista de pelo menos 20 coisas em sua vida que você poderia considerar como bênçãos. Por exemplo:

- Moro em uma área que tem pouca violência e na qual meus vizinhos me conhecem e gostam de mim.
- Judy tem sido muito generosa comigo, me emprestando equipamentos para que eu não tenha sempre de comprá-los.
- Durmo bem de noite.
- Tenho uma ótima massagista terapêutica. (...)

(continua)

> ### Contar suas bênçãos (um exercício) (continuação)
>
> Faça uma lista de 20 coisas positivas sobre sua infância. Pelo menos metade dessas coisas devem ser sobre sua mãe: Por exemplo:
>
> - Meu irmão me protegia na escola quando eu era pequena.
> - Minha mãe me levava ao médico quando eu precisava e era pro-ativa em relação às minhas dores de cabeça.
> - Meu pai nos levou para áreas remotas na natureza.
> - Costumávamos cantar no carro quando estávamos na estrada, e isso era divertido.
> - Minha mãe cuidava da minha aparência sem ser controladora demais. (...)

Se você mantiver essas listas disponíveis para referência, então, quando um senso penetrante de privação começar a dominar, você tem algo a opor a ele.

Praticar bom autocuidado

Como mencionei anteriormente, tendemos a nos tratar como fomos tratados. Para alguns isso leva a uma marcante falta de bom autocuidado. Muitas vezes, isso vem da falta de percepção. Adultos com mães emocionalmente ausentes não têm um modelo de como é um cuidado sintonizado e atento e, muitas vezes, aprenderam a compensar os sinais de perturbação. Lembro de uma mulher que veio ao consultório sem meias em um dia com neve. Ela não notou que seus pés estavam frios.

Com menos frequência, essa falta de autocuidado é uma expressão de aversão e de autorrejeição. Uma mulher me disse que tinha a sensação nítida de "Odeio cuidar de você" quando começou a dar atenção a sua pele. Ela esperava até que a pele estivesse rachando antes de passar um hidratante.

Outras vezes, não queremos cuidar de nós mesmos porque secretamente queremos que os outros cuidem de nós. Já ouvi a crença de que *Se eu cuidar das minhas necessidades, aí ninguém mais vai cuidar e nunca serei cuidado por outra pessoa.* Uma mulher me disse que só seria abraçada se desmoronasse (então, satisfazer suas próprias necessidades estava em oposição com ser abraçada).

Não é verdade que satisfazer nossas próprias necessidades significa ter as necessidades satisfeitas pelos outros. Percebo que, em meu círculo social, prefiro satisfazer as necessidades de amigos que demonstram que cuidam de si mesmos. Satisfazer parte de suas próprias necessidades torna você menos dependente e agarrado. Isso modela como você quer que os outros o tratem.

Um cliente com uma história de negligência emocional olhou para mim, sem expressão, e perguntou: "O que cuidar de si mesmo? Não sei mesmo o que isso significa. Comer bem, dormir e se exercitar?" Sim, e muito mais.

- O bom autocuidado é ser responsivo a suas necessidades em vez de deixar de lado qualquer coisa que seja dolorosa ou inconveniente e fique no caminho do funcionamento normal. Seus sentimentos e necessidades são importantes e merecem ser tratados com respeito e cuidado amoroso.
- O bom autocuidado é encontrar atividades (saudáveis) que lhe deem um momento de prazer, ou seja, um momento longe do que é estressante.
- O bom autocuidado não é se pressionar para funcionar no seu nível ótimo quando você está passando por um momento difícil.
- O bom autocuidado é sustentar com compaixão a pessoa que está sofrendo e que sofreu tanto. Neste caso, essa pessoa é você. Você pode ter essa compaixão por si mesmo como teria por seu melhor amigo se ele estivesse passando pelo que você está enfrentando?
- O bom autocuidado é ser gentil consigo mesmo. Você pode falar consigo mesmo com tanta empatia e cuidado como falaria para uma pessoa amada? Você pode tocar seu rosto ou braço com ternura? Você pode dar um tempo a si mesmo quando precisar?

- O bom autocuidado é encontrar coisas que tragam uma sensação boa a seu coração, quer seja segurar uma pedra favorita, ouvir uma música, sentar-se em um lugar especial ou ligar para alguém especial.

Cuidar de alguém que se recupera de uma doença muitas vezes significa levar alimento e ajudar para que a pessoa possa descansar e se curar. De um modo similar, cuidar de si mesmo ao se recuperar de uma dor emocional significa fornecer nutrição e fazer o que puder para facilitar a sua vida. Isso significa que *você* — e seu bem-estar — vêm em primeiro lugar e são mais importantes do que satisfazer expectativas. É bom fazer o melhor que você puder, mas isso não é tão importante quanto seu processo de cura.

Do mesmo modo como você poderia proteger um dedo machucado com um curativo, o bom autocuidado fornece um amortecedor para seu sistema nervoso. Isso significa dar atenção a todas aquelas coisas que o afetam: som, temperatura, luz, o efeito de diferentes bebidas e comidas sobre seu sistema digestivo, o efeito de várias pessoas sobre seu sistema emocional. Quando estamos curando as feridas emocionais, nosso sistema nervoso está fazendo trabalho extra e começa com a desvantagem de já estar comprometido.

Sabendo disso, dê a si mesmo uma "margem" maior do que o usual: uma hora a mais na cama, tempo para escrever no diário em vez de seguir a lista de tarefas, a opção de sair de reuniões sociais obrigatórias (ou de nem ir) porque você só quer ficar sozinho.

Praticar o bom autocuidado dá uma mensagem importante para seu sistema. Isso diz: "Eu me importo com você. Você é importante". Para uma criança que enfrentou negligência ou abuso emocional, essa mensagem é um remédio.

Quais são as maneiras pelas quais você negligencia seu bem-estar físico ou emocional? (Seja o mais detalhado que puder.)

- O que você está disposto a fazer para mudar esse padrão? Você também pode pensar de que maneiras pode fazer um trabalho melhor nas áreas que não está negligenciando atualmente.

- Crie uma lista de coisas que você pode fazer quando precisa se sentir cuidado. Procure coisas saudáveis, talvez coisas que uma Boa Mãe iria sugerir ou oferecer, como um banho quente, uma massagem nos pés, aconchegar-se em uma poltrona confortável com um edredom e um bom livro, ou fazer um prato de sopa ou uma bebida quente reconfortante.

O autocuidado é uma prática na qual continuamos a crescer. Embora você possa começar sentindo-se deficiente, lembre-se de que você recebe *feedback* nesse processo. Quando você sente seu corpo relaxar ou tem um pouco mais de espaço emocionalmente, seu autocuidado está funcionando. Continue!

Tônicos gerais

Existem algumas coisas que são curativas, independentemente do déficit ou dano específico. Elas são "tônicos gerais" que fortalecem o sistema, incluindo coisas como praticar a criatividade e autoexpressão, cultivar um relacionamento amigável com seu corpo, cultivar o autodiálogo e passar algum tempo na natureza. Muitos encontraram na Mãe Natureza a sustentação que faltava antes.

Dê atenção ao que é um "bom remédio" para você. Do mesmo modo que a Boa Mãe permanece sintonizada com as necessidades de seu filho, o seu trabalho é estar sintonizado com suas necessidades e fornecer o que é nutritivo.

Neste capítulo, eu o incentivei a assumir a responsabilidade por suprir alguns dos déficits de sua infância. Em combinação com os quatro capítulos anteriores, ele lhe dá material suficiente para trabalhar por muito tempo. Suficiente para mudar toda a sua experiência e transformar sua história.

14

Mudar a história

A palavra *história* pode ser usada de várias maneiras diferentes. Uma é para se referir ao relato que fazemos de algo, a história que contamos a nós mesmos sobre o evento. Essa história que contamos a nós mesmos pode ser muito diferente dos fatos objetivos e, muitas vezes, torna difícil enxergar os fatos objetivos. Presos em uma história de privação, por exemplo, deixamos de ver como temos aquilo de que precisamos.

A palavra *história* também pode ser usada para se referir a um relato mais objetivo dos eventos, como quando pensamos sobre a narrativa de vida de uma pessoa. Aqui, estamos olhando para a sequência de eventos que compõem aquela vida.

Neste capítulo, examinaremos a história de nossa mãe (com o segundo significado) e veremos como isso afeta a nossa história (primeiro significado). Veremos como essas influências são passadas para a próxima geração. Também vamos considerar o que todo esse trabalho de reparação significa para nossos relacionamentos reais com nossa mãe agora, como adultos, e a natureza contínua da cura.

A história da sua mãe

Nossa própria história subjetiva, mantida por nossos sentimentos da infância, é autocentrada por natureza. Interpretamos o mundo segundo nossa experiência. Conhecemos a Mãe por quem ela é para nós.

Quando paramos aí – quem ela foi e ainda é para nós – perdemos muitas coisas. Se você tem filhos, consegue se imaginar ser conhecido apenas por meio de suas interações com um de seus filhos? Existem tantos outros aspectos em você, tantas outras partes da sua vida que influenciam profundamente quem você é como pai ou mãe.

Uma grande parte da cura é sair da história limitada que repetimos sobre nossa mãe e realmente permitir que ela surja como uma pessoa. Precisamos ver a vida dela como foi. Este exercício pode ajudar.

Contar a história da sua mãe (um exercício)

Existem várias maneiras pelas quais você pode fazer este exercício. Um modo é pedir a um amigo que ouça enquanto você conta a história de vida de sua mãe. Outra opção é colocar no papel. Você pode fazer isso com os detalhes e o tamanho que desejar. Você pode fazer isso sem a ajuda das perguntas a seguir ou pode usá-las como um gatilho. Nem todas as perguntas serão relevantes ou poderão ser respondidas.

- O que você sabe sobre a infância de sua mãe, incluindo as circunstâncias da família? Ela era próxima dos pais dela? Como eles eram? Quantos irmãos ela tinha e onde ela se situava entre eles? Ela tinha alguma responsabilidade, como cuidar dos irmãos mais novos?
- A infância dela foi feliz? Como você acha que ela experimentou isso?
- O que parecia importante para ela quando era uma jovem adulta? O que ela queria da vida?
- Você acha que ela "se encontrou" antes de iniciar uma família?
- Como ela negocia os relacionamentos íntimos?
- Por que ela teve filhos?
- Como era para ela ser mãe de crianças pequenas? O que nesse aspecto pode ter sido especialmente difícil para ela? Que tipo de apoio ela tinha?

(continua)

Contar a história da sua mãe (um exercício)   (continuação)

- O que mais estava acontecendo na época? O que estava acontecendo em casa e no mundo? Quais estresses sociais e econômicos estavam presentes?
- O que você sabe sobre a saúde dela e seu nível de energia em geral?
- Quais foram as circunstâncias de seu nascimento? Como essas circunstâncias afetaram seu vínculo com a sua mãe?
- Se ela trabalhava fora de casa, como era o trabalho dela? Ela gostava de trabalhar? Ela se sentia capacitada lá?
- Como foi para ela ser mãe de adolescentes?
- Houve alguma idade ou estágio da infância que pareceu mais difícil para ela atuar como mãe? O que você relaciona com isso?
- Quais outros eventos no início da vida adulta e na meia-idade dela foram importantes?
- Quais eram os maiores trunfos dela? E os maiores déficits?
- Quais você acha que foram as maiores lutas na vida dela?
- Você acha que ela se sentiu satisfeita com o modo como criou você?
- Quais aspectos da vida dela foram os menos realizados?
- Que arrependimentos ela poderia ter, se fosse totalmente sincera?
- Agora pense em um título para a história da vida dela. O que resumiria a essência dela?

Os pontos de apoio da vida da sua mãe (um exercício)

Aqui está um modo alternativo (ou suplementar) de pintar a história da sua mãe com pinceladas amplas. Ele se baseia em uma técnica de escrever no diário, desenvolvida por Ira Progoff, inventor do *Intensive Journal* (Diário intensivo), e se chama uma lista de pontos de apoio. Progoff usou a expressão pontos de apoio para se referir aos principais marcadores da vida, embora nem sempre eles sejam eventos em si. Um item em uma lista de pontos de apoio pode se referir a um período inteiro da vida que tenha uma certa atmosfera ou qualidade.

Progoff sugere limitar as listas de pontos de apoio a 8 ou 10 itens e nunca mais de 12. Não é necessário colocá-los em ordem cronológica nem mesmo em ordem de importância. Criar uma lista de pontos de apoio é simplesmente um processo de deixar esses marcadores virem à mente e escrevê-los no diário. Um estado tranquilo e receptivo pode facilitar isso mais facilmente do que pensar demais.

Tendo essa instrução em mente, faça uma lista de oito a doze marcadores significativos na vida de sua mãe.

Uma carta da Mãe (um exercício)

Aqui está outro exercício que pode ser revelador. Escreva uma carta para si mesmo como se fosse da sua mãe. Não importa se sua mãe está viva ou se já morreu, ou mesmo se você ainda tem contato com ela. Imagine o que ela poderia dizer a você se fosse capaz de se abrir de verdade. A carta pode ser sobre seu relacionamento, um problema, o que ela quer para você... qualquer coisa que venha à sua mente como algo que talvez não tenha sido dito. Observe como se sente depois desse exercício.

Existem também técnicas terapêuticas para assumir a perspectiva da Mãe. Em Gestalt-terapia, dramatização, psicodrama e trabalho de Constelação Familiar, você ou outra pessoa pode assumir a perspectiva da Mãe, falando e agindo como ela, embora às vezes de uma perspectiva da alma mais profunda do que a persona mostrada ao mundo. Em uma dessas experiências de atuação, uma "mãe" revelou que estava vazia e não tinha nada a dar. Era doloroso para ela olhar para a filha porque reconhecia que a filha tinha precisado demais.

É importante entender a experiência da Mãe. Isso ajuda você a não levar tanto os comportamentos dela para o lado pessoal. Você pode sair mais facilmente do sentimento de não ser digna de amor, por exemplo, quando vê que a Mãe tinha limitações em expressar amor. Em vez de simplesmente se sentir perdida e sem proteção, você pode ver que a Mãe não tinha nenhuma experiência em guiar alguém e provavelmente também não tinha recebido nenhuma orientação.

Quanto mais enxergamos nossa mãe com clareza, mais fácil é encontrar alguma compaixão por ela.

Sua história

"Desenvolver compaixão pela mãe ferida não impede de honrar a dor da criança ferida em seu interior", escreveu a terapeuta e autora Evelyn Bassoff.[1] A história da Mãe é só parte do quadro. Existe também a história daquilo que nós passamos.

Como mencionei no último capítulo, nossa história nem sempre é plenamente consciente, embora possamos torná-la consciente. Como eu convidei você no primeiro exercício do capítulo a contar a história de sua mãe, agora lhe convido a contar a sua história, para outra pessoa ou no papel. Pode ser a versão longa ou a breve. Uma vantagem da versão breve é que muitas vezes fica mais fácil ver os temas. O que se destaca quando você pensa em toda a sua experiência de vida?

Quando comecei a trabalhar com a minha história, foi difícil demais para mim iniciar pela infância. Ela era cativante demais, trágica demais, triste demais, e eu achei difícil começar por aí. Decidi começar pelo ponto em que saí de casa aos 18 anos e continuar a história do passado para o presente e para o futuro, e essa história me fez sorrir. Gostei do final e pude sentir minha capacitação e cura. Acho que agora poderia voltar e começar pela infância, admitindo sua verdade, mas sem ser capturado por sentimentos ocultos.

Conforme você se cura, sua história muda. À medida que você entende mais objetivamente por que sua mãe falhou com você, como isso aconteceu, e conforme você assume a responsabilidade por sua maternagem enquanto aceita a maternagem dos outros e cuida para que suas necessidades sejam satisfeitas, você transforma a sua vida.

A dança entre vocês

A interseção das duas histórias, a de sua mãe e a sua, cria uma dança entre vocês. É muito importante ter isso em mente, pois ajuda a explicar

---

[1] Evelyn Silton Bassoff, PhD, *Mothering Ourselves: Help and Healing for Adult Daughters* (Nova York: Dutton/Penguin Group, 1991), p. 175.

como seus irmãos podem ter experiências tão diferentes da sua. Os irmãos têm sensibilidades diferentes, necessidades diferentes e se relacionam de modo diferente com a Mãe. Quanto mais resistente o bebê e mais próxima a correspondência, mais fácil será, mantendo todo o resto igual. Mas todo o resto não é igual. Por exemplo, uma criança que tenha 12 meses vai experimentar o luto da Mãe pela perda de um pai ou esposo de um modo diferente do de uma criança de 6 anos. Assim, a dança entre cada criança e sua mãe é única.

- Quais adjetivos descrevem seu relacionamento com sua mãe? É frio? Antagonista? Existem pontos específicos de conflito? É superficial e obrigatório? Existem pontos na dança em que há proximidade? Se sim, como você se sente nesses momentos? Você gosta da proximidade ou ela é desconfortável, de algum modo, e difícil de aceitar plenamente?

Usamos os pontos de apoio quando olhamos para a vida da Mãe. Agora, vamos fazer uma lista de pontos de apoio para seu relacionamento com ela. Limite sua lista a 8 ou 12 itens e observe os principais marcadores nesse relacionamento.

Avaliar o que é possível

Pode ser chocante considerar que seu relacionamento atual com sua mãe pode estar muito separado de sua jornada para curar suas feridas maternas. Seria um erro pensar: *Não posso curar esta carga que carrego a menos que ela possa entender os meus sentimentos e compensar os erros do passado*. Isso representa um problema por três razões:

1. Você dá a ela poder sobre o seu processo de cura. Não é verdade que você precisa dela para se curar.
2. Você provavelmente não conseguirá estabelecer um novo relacionamento com sua mãe a partir de uma posição franca e aberta se ainda estiver mergulhado em tristeza, ressentimento ou raiva. É importante que você faça progresso com os sentimentos difíceis.

3. Você não pode avaliar do que ela é capaz se a sua criança interior ainda estiver muito misturada com a maternagem inadequada. Você vai precisar de seu adulto forte para lidar com isso e deve estar preparado para qualquer trabalho de confronto ou reparação.

Ao considerar seu próximo passo nessa dança com a Mãe, é importante perguntar a si mesmo o que você deseja, avaliar objetivamente o que é possível, e saber que tipo de riscos você está disposto a assumir. Aqui estão algumas perguntas que podem ajudá-lo:

- O que você deseja? Você tem alguns "deverias" em mente? Por exemplo, que você deveria ser próximo de sua mãe? E se você deixá-los de lado por um momento? Conforme você contempla diversas possibilidades, alguma lhe traz uma sensação de alívio?
- Como seria se as coisas nunca melhorassem?
- O que você pensa da capacidade de sua mãe para ter um relacionamento mais caloroso e genuíno? (Baseie a resposta naquilo que você vê nos outros relacionamentos dela.)
- A partir da perspectiva dela, qual seria um relacionamento desejável entre vocês? (Fatores geracionais e culturais também têm um papel nas expectativas, desejos e capacidades dela. Proximidade, para ela, tem mais a ver com aparecer em um feriado ou com partilhar sentimentos e estar presente um para o outro?)
- Qual é a sua capacidade para mais intimidade emocional com ela? O que precisaria ser diferente dentro de você?
- Você tem medos de que o relacionamento se torne mais real?
- Se ela às vezes responde a suas aberturas e em outros momentos não, como é isso para você?
- Como é essa sincronia? Vocês têm a energia emocional e ela cuida desse relacionamento?

Não existe um modelo para um relacionamento ótimo entre filhos adultos e suas mães. Tem a ver com uma correspondência que leve em conta as personalidades, capacidades, história, necessidades e a situação atual das duas pessoas.

Manter um relacionamento civilizado, mas distante

O mais comum, parece, com as mães que são emocionalmente fechadas e distantes, é simplesmente dar continuidade a um relacionamento superficial. Esse é um relacionamento com mínimo contato, que permanece na superfície, nunca foi nem nunca será próximo. Esse tipo de relação funciona para aqueles filhos adultos que não querem ferir a mãe nem perder o contato com a família, e que não estão sendo ativamente feridos desde que mantenham uma distância emocional.

Com mães invasivas ou enredadas, ou abertamente incapazes, passar para um relacionamento mais limitado, com menos contato, pode ser um novo movimento com o objetivo de protegê-lo do ferimento contínuo que você vivencia no relacionamento. É um tipo de rebaixamento para a Mãe, pois isso a tira de seu círculo interno onde ela tinha muita influência.

Fortalecer limites

Ter boas habilidades de limite nos ajuda a sentir que não precisamos desistir de nós mesmos para estar em um relacionamento. Sendo capazes de dizer "Não", podemos ficar mais livres para dizer "Sim".

O tipo de limite que será necessário com mães idosas vai depender do tipo da mãe. Vamos começar com as mães que agem como desamparadas. As mães desamparadas dependem de seus filhos adultos para todo tipo de ajuda. Elas podem ligar frequentemente pedindo conselhos, mas raramente os seguem. Elas não querem tanto o conselho, mas o contato. Essas mães podem ser irritantes, pois ultrapassam continuamente os limites de seus filhos adultos. Diga a ela para não ligar para o seu trabalho, e ela o perturbará repetidamente com uma crise percebida após a outra.

Em *Understanding the Borderline Mother* (Entendendo a mãe *borderline*), o conselho de Lawson para lidar com a Criança Abandonada é amplamente aplicável quando o desamparo é o trunfo da Mãe (ver p. 128). O conselho de Lawson é dar uma mensagem consistente de que a Mãe pode e deve resolver sozinha. Você poderia dizer: "Sinto muito não poder ajudar; sei que você pode lidar com isso". Não deixe que o desamparo geral e a necessidade dela controlem você, mas force-a a pedir diretamente aquilo que deseja. De modo geral, acho que essa é uma boa orientação. Quando a solicitação é feita de um modo muito específico, você pode decidir se quer satisfazê-la e não é arrastado para assumir e resolver todos os problemas da Mãe.

Com muitas dessas mães, é importante mostrar que você não será manipulado (a culpa é uma estratégia importante) e nem permitirá invasões. Lawson aconselha seus leitores a advertir e a aplicar as consequências naturais lógicas para o comportamento inapropriado. Exatamente como fazemos com as crianças.

É muito diferente com uma mãe que assume o papel de Rainha. De muitas maneiras, ela é mais frágil, então, embora você precise indicar cada vez que ela viola os seus limites, é preciso dizer isso de modo muito cuidadoso. Tenha cuidado se ela se sentir responsabilizada! A mãe abusiva mais perigosa, a "Bruxa" de Lawson, é parecida com a narcisista vingativa, e ouvi conselhos similares. Afaste-se o mais depressa possível. Qualquer defesa verbal ou revide apenas provocará mais abuso. Isso não significa que você tem de se fingir de morto, mas é preciso que você não alimente o fogo de modo algum.

Com mães emocionalmente ausentes menos prejudiciais, você não tem de ser excessivamente cuidadoso, mas ainda é bom não tornar nenhuma situação mais cheia de antagonismo do que o necessário. Tenho uma cliente cuja mãe morava a 30 minutos de distância e que começou a exigir que a filha adulta a levasse para algum lugar no sábado. Quando a filha aprendeu a dizer: "Sábado não vai dar, mas posso fazer isso na sexta-feira à tarde", ela reparou que a mãe pareceu tratá-la com mais respeito. Ensinamos as pessoas como nos tratar com o modo como respondemos a elas.

Definir um limite pode ser tão simples quanto dizer "isso não vai funcionar para mim". Você não precisa se justificar e certamente não precisa se sentir mal por dizer não.

Nossos limites são parte da criação de um senso de estar intacto e ser responsável pela própria vida. Quanto mais você sentir um limite energético e souber que pode manter esses limites comportamentais externos, mais fácil será se sentir relaxado e não ameaçado perto de pessoas que sejam insensíveis ou mesmo abusivas.

Muitas vezes, estabelecer limites é um estágio importante para se separar de membros invasivos da família. Ter sua própria voz é importante para estabelecer um senso de ser responsável por si mesmo e de ter direitos. Contudo, você precisa estar pronto para lidar com a mágoa e a raiva que provavelmente surgirão se sua família não respeitar esses limites. Infelizmente, as pessoas com quem você mais precisa determinar limites são aquelas que não estão acostumadas a respeitá-los, assim, você precisa estar pronto para aplicar sua consequência natural. Se você disser a sua mãe que vai desligar se ela não parar de gritar, e ela continuar a gritar, você deve desligar.

Falar sua verdade

Conheci muitos adultos que querem desesperadamente que a Mãe saiba como se sentiram abandonados, incompreendidos ou negligenciados quando eram crianças. Eles querem, enfim, poder falar sua verdade.

Algumas vezes, falar sua verdade e pedir aquilo que você deseja leva a uma maior compreensão que, então, permite que mais afeto flua entre vocês. Se feito corretamente, o confronto é um ato de engajamento e de intimidade. É deixar que outra pessoa penetre seu interior vulnerável.

A maioria de nós não tem muita prática em confronto e tende a iniciar pelas queixas. Os outros respondem defensivamente a isso porque não querem sentir que estão errados. Minha melhor regra prática ao confrontar as pessoas é lhes dizer como você está satisfeito em vez de martelar com o que elas estão fazendo de errado. Dê-lhes um modo de se sentir bem consigo mesmas, sair do castigo e voltar a suas boas graças.

Infelizmente, as mães menos amorosas não conseguem ouvir você independentemente de você apresentar seu caso com habilidade. Em minha prática de terapia, vi como é doloroso quando a Mãe não pode se mover em sua direção. Você pode chorar, implorar, sugerir e dizer a ela aquilo de que você precisa e, na maioria dos casos, você ouvirá respostas como "Você está tendo um mau dia?" Não há aceitação de seus sentimentos e de sua experiência. Eles atingem uma parede e ricocheteiam de volta. Nos piores casos, eles são materiais para um ataque.

Acho que a maioria de nós não entende como nossas defesas psicológicas são fortes. É preciso um ego flexível para aceitar o que nos deixa mal. No caso de mães que não são saudáveis, o que você receberá em vez de aceitação é negação (isso não aconteceu), subestimação (não foi tão ruim), fazer-se de vítima ou passar ao ataque.

Ao optar por falar sua verdade você precisa ser sincero consigo mesmo sobre sua motivação. É a motivação para curar e obter proximidade? Ou existe uma raiva oculta, ou nem tão oculta, querendo ferir a Mãe como você foi ferido? O ponto do qual você parte internamente será crucial para o resultado.

Infelizmente, se você aborda a Mãe a partir de sua criança interior, existe uma boa chance de que ela responda a você como fazia quando você era criança. É claro que sua criança interior é quem realmente deseja saber que a Mãe sente muito e que ela se importa, mas é arriscado levar sua criança para os confrontos em que ela pode ser traumatizada novamente por outra resposta de abandono ou de ataque. É melhor deixar sua criança interior falar em particular e na terapia, onde ela pode encontrar empatia. Se você decidir expressar algumas verdades inconvenientes para a Mãe, deixe que seu adulto fale.

Deixar a Mãe

Alguns autores e terapeutas usam a palavra *divórcio* quando falam de deixar o relacionamento. Essa palavra pode parecer mais acertada quando havia um intenso conflito ou um relacionamento emaranhado do que quando nunca houve muito relacionamento. Dá para ouvir alguns de vocês resmungando. "Divórcio? Mas nós nunca estivemos juntos!"

Em geral, deixar o relacionamento é visto como o último recurso e segue-se a muito trabalho de cura individual e também a muitas tentativas fracassadas de "fazer dar certo". Quando você não consegue fazer a Mãe respeitar seus limites ou parar de feri-lo, algumas vezes você precisa partir para que possa continuar a criar a vida que deseja.

Como no divórcio, pode haver várias tentativas de partir antes de conseguir. Como aponta Peg Streep, autora de *Mean Mother* (Mães malvadas), você pode retornar para o relacionamento quando sua carência emocional e seu pensamento carregado de desejo mascararem aquilo que você sabe que é verdade: sua mãe não pode lhe dar aquilo que você deseja dela.

Escrevendo sobre sua própria experiência, ela compartilha um *insight* crucialmente importante: "Não me ocorreu até anos mais tarde que minha mãe nunca tinha iniciado uma reconciliação, e agora eu entendo o porquê: ela estava aliviada com a minha ausência. Do ponto de vista dela, eu era o espelho que refletia seu maior medo e seu maior fracasso: sua própria natureza não amorosa como minha mãe. Acredito que manter esse segredo era mais importante para ela do que eu."[2]

Susan Forward, PhD, autora de grandes sucessos, em *Mothers Who Can't Love* (Mães que não podem amar), aconselha aqueles que querem deixar o relacionamento a escrever uma carta curta e muito direta, e enviá-la pelo correio para sua mãe. Essa carta simplesmente afirma que você não deseja mais contato, o que inclui uma solicitação para que seu desejo seja respeitado. Essa não é uma carta emotiva, não menciona os problemas nem despeja culpa. Só afirma os novos fatos da vida. Usar uma carta como meio ajuda você a evitar um confronto imediato e a não ser puxado de volta. Trabalhei com clientes que preferiram não enviar uma carta, mas depois do estabelecimento repetido de limites simplesmente pararam de responder a qualquer contato.

É um passo difícil deixar a Mãe, e a maioria das pessoas vai se sentir culpada por algum tempo, embora quase todos também sintam um senso de alívio por estar livres do relacionamento. É certamente um passo para a própria independência, embora também possa envolver pesar pela perda de qualquer esperança de obter o amor que você queria.

Uma preocupação que ouvi muitas vezes é como essa mudança vai reverberar na família. Não é incomum que mães mais narcisistas e não saudáveis divulguem seu lado distorcido da história, em busca de simpatia e

---

2 Peg Streep, *Mean Mothers: Overcoming the Legacy of Hurt* (Nova York: William Morrow, 2009), p. 28.

para punir ou culpar o filho adulto que as deixou. Você não pode controlar o que a Mãe fará. Isso é parte do ato realmente difícil de deixar de tentar administrar o que a Mãe, ou qualquer outra pessoa, pensa ou sente. A Mãe fará o que fará, e aqueles que tenham olhos para ver colocarão isso na devida perspectiva. Você também pode contar o que fez àqueles membros da família de quem é mais próximo, embora seja melhor garantir a eles que não está tentando enredá-los na situação. Alguns podem se tornar uma fonte de validação ou apoio.

Sentir-se internamente separada

Se a Mãe não está nos prejudicando atualmente, deixar a Mãe, no sentido de cortar o relacionamento, pode ser menos importante do que se separar dela internamente. Muitas pessoas, por mais insatisfeitas que estejam com o relacionamento, ainda estão negativamente fundidas com a Mãe. Elas ainda estão lutando internamente, ainda se enfrentam, presas em uma contracorrente nesse senso onipresente da Mãe de quem querem se afastar.

Um exercício que dou aos clientes que estão preocupados em ser iguais à Mãe ou que estão presos no roteiro dela é fazer uma lista das maneiras como você e a Mãe são diferentes. Isso se transforma numa lista de contrastes, e esses contrastes têm o efeito de revelar que "a Mãe e eu não somos iguais". Isso costuma ser um grande alívio.

A partir desse momento de separação, e com limites protegendo você de invasão e enredamento, você pode ser mais livre para estabelecer um relacionamento mais curado ou, pelo menos, mais pacífico. O mais importante é que você tem mais de si mesmo.

Em direção a um relacionamento mais curado

Entre as pessoas em meu grupo de entrevista inicial, cujo relacionamento com a mãe melhorou, notei que era geralmente o filho adulto que iniciava as mudanças. Isso parecia ter a ver com a capacidade do filho adulto de estender afeto à mãe que, na maior parte do tempo, tinha fracassado em estender afeto a seu filho. Isso aconteceu conforme esses filhos adultos foram capazes de entender as limitações da Mãe, perdoar e quiseram incluir a Mãe em sua vida.

Nosso entendimento de reconciliação é muito expandido por Laura Davis, uma das duas autoras do best-seller *The Courage to Heal* (A coragem para curar) e que depois escreveu *I Thought We'd Never Speak Again: The Road from Estrangement to Reconciliation* (Pensei que nunca nos falaríamos de novo: a estrada do afastamento para a reconciliação). O livro se baseou não só em sua própria reconciliação com a mãe depois de 8 anos de afastamento, mas também de 100 entrevistas com outras pessoas que tinham restaurado relacionamentos rompidos ou alcançado um senso de paz interior quando a reconexão não era possível. É um bom livro que eu recomendo. Ele nos ajuda a ir além da ideia de uma única conversa de coração para coração que tornará as coisas boas de novo, e a ver a reconciliação como um processo que acontece no decorrer do tempo. Geralmente existem contratempos. O progresso é lento enquanto a confiança é restabelecida. Davis descobriu que, para alguns, falar sobre as feridas do passado era essencial, enquanto para outros, não.

Davis considerou sua cura individual como o elemento mais crucial em sua reconciliação com a mãe. Ela tinha trabalhado com as feridas e superado. Essa superação envolve uma "autonomia merecida", poderíamos dizer, na qual você está verdadeiramente desapegado do resultado e não precisa de nada de sua Mãe. Isso só ocorre quando você aceita que "Nunca vou ouvir um pedido de desculpas. A Mãe talvez nunca saiba pelo que passei, mas eu sei o que suportei, estou seguro nisso e não preciso da sua validação. Essa cura vem do meu trabalho duro e não depende dela".

"Quando você está desesperado pelo relacionamento, não consegue isso", escreveu Davis. "Você tem de se soltar disso e, então, pode descobrir que isso reaparece depois pela porta dos fundos."

Já vi a reconciliação acontecer com esse "deixar de lado as contas antigas". A história de Julie é um bom exemplo. Julie cresceu com uma mãe narcisista que, como a maioria dos narcisistas, não podia ir além de si mesma. Tudo sempre tinha a ver com a Mãe. O relacionamento de Julie com ela era do tipo civilizado, mas distante, descrito anteriormente. É difícil chegar perto quando não existe espaço para você no relacionamento.

Quando a mãe de Julie foi diagnosticada com melanoma e ficou doente em seus últimos anos, Julie cruzava o país frequentemente para ajudar a cuidar dela. Essas viagens começaram como obrigatórias, mas depois de três ou quatro anos, elas se tornaram mais gratificantes conforme a mãe se abriu para ela. Julie ficou chocada na primeira vez em que a mãe se levantou quando ela estava indo embora e pediu um abraço. "Você é a única pessoa que sempre esteve presente para mim", confidenciou a mãe. Embora possamos ter ouvido esse tipo de coisa com mães manipuladoras, Julie ouviu como sendo vulnerável e sincero. No contexto mais amplo do tempo que passaram juntas, Julie vivenciou isso como "a mãe me deixando chegar perto". Conforme ajudava a mãe em níveis práticos, Julie também ouvia. Quanto mais ela entendia a experiência de abandono inicial da mãe, mais fácil foi sentir compaixão por essa mulher idosa e doente. Conforme a mãe ficava mais vulnerável, foi seguro para Julie abaixar a guarda e se abrir mais. Neste caso, a abertura de Julie levou-a a ser vista de um modo apreciativo. Um momento muito valioso para Julie foi quando a mãe disse: "Você é a pessoa mais gentil que já conheci". Agora, Julie verdadeiramente sente falta da pessoa que descobriu nos últimos anos da vida da mãe.

Devo perdoar?

A maioria de nós tem consciência de um *deveria*, que diz que devemos perdoar qualquer dano feito a nós. Certamente ouvimos isso nos ensinamentos religiosos e morais em que o perdão é consistentemente apresentado como o caminho elevado. Com tanto apoio social em relação ao perdão, ele promete, no mínimo, ajudar os outros a se sentirem bem a nosso respeito. Você talvez tenha notado como muitos estão desconfortáveis com a profundidade de sua dor. Eles esperam que, se você puder perdoar, tudo isso simplesmente desapareça.

Nós também podemos ter essa fantasia. A ideia de banir todos os sentimentos ruins por meio de um ato simples de perdão parece um movimento bem inteligente.

Infelizmente, não funciona desse jeito. Como Susan Forward relatou em *Toxic Parents* (Pais tóxicos), ela notou que perdoar não criou nenhuma mudança significativa nem duradoura para seus clientes, e eles não se sentiram melhor sobre si mesmos. De fato, como a culpa quer ir para algum lugar, muitas vezes ela se volta para dentro, se essa for a única direção disponível, fazendo com que você se sinta pior sobre si mesmo.

Isso evoca a questão do que exatamente é o perdão e de onde ele vem. Ele vem de tentar ser bom, de desejar desesperadamente ir além de sua dor, ou de aceitar *o que é*?

Minha própria visão se alinha com aqueles que veem o perdão menos como algo que fazemos do que como algo que evolui sob determinadas condições quando fizemos nosso trabalho. É superar as contas antigas e permitir que alguém entre de novo em nosso coração, em geral depois de termos elaborado nossa raiva, mágoa e decepção. Quando trabalhamos tudo isso, a culpa é interrompida e só queremos concluir. Os sentimentos que antigamente nos consumiam agora são difíceis de manter. Estamos indo para coisas mais interessantes.

Outros veem o perdão como algo que acontece por meio da graça. De qualquer maneira, quando o perdão acontece, o que perdoamos é o ser humano com defeitos que fez coisas muito ruins como uma consequência de suas próprias feridas. Isso não quer dizer que o que eles fizeram era correto, e não quer dizer que eles não agiram errado. O perdão é simplesmente o reconhecimento: "Sim, você agiu errado, e eu ainda tenho um lugar no meu coração para você".

Parte do que torna isso possível é entender por que as pessoas magoaram você desse jeito. Laura Davis explica: "Quando aceitamos as inadequações de outra pessoa, surge a compaixão. Em vez de ver as fraquezas dela como *algo malvado dirigido para nós*, começamos a reconhecê-la pelo que as pessoas são: fragilidades humanas" (grifos da autora).[3]

Essa é uma mudança significativa em relação ao ponto em que começamos. É natural ver o que as pessoas fizeram a nós como maldade, especialmente quando somos crianças. As crianças não têm a sofisticação de saber que esse comportamento que fere acontece por causa da quebra do Outro. É ao curar nossas próprias quebras que vemos como é difícil ser

---

3 Laura Davis, *I Thought We'd Never Speak Again* (Nova York: HarperCollins, 2002), p. 213.

saudável e inteiro, como é penoso estar com uma dor emocional intensa, como somos imperfeitos.

Também muito tocante no livro de Davis foi a admissão de uma mãe que sempre desaparecia quando seu filho adulto estava em um momento realmente ruim e precisava dela. A mãe disse: "Não aguento quando você está sofrendo". Então, quando o que seria naturalmente visto como uma indiferença sem coração e egoísmo pode ser visto no contexto mais amplo, o que passa a ser visto é a falta de capacidade da mãe, não um maldoso "Não me importo a mínima com você".

O perdão vem com a maturidade, com uma abertura do coração que surge conforme elaboramos nossa dor. Sim, algumas vezes seres jovens inocentes parecem perdoar porque essa é uma capacidade latente em todos nós; no entanto, quanto mais existe algo a perdoar, mais cura é necessária para retornar a essa abertura do coração. Minha experiência é que, quando o perdão vem, ele acontece lentamente, e você só percebe em retrospecto.

Talvez, neste ponto, seja útil mais um esclarecimento. Ter elaborado um processo em que você venha a perdoar alguém que o prejudicou profundamente não garante que você nunca retornará aos sentimentos mais antigos. Por exemplo, depois da lembrança de um trauma, você pode sentir raiva intensamente. Isso faz parte da resposta de fuga ou luta que é suprimida quando entramos no que a literatura de trauma chama de estado congelado ou estado de imobilidade. É isso que um animal selvagem faz quando é capturado por um predador. Ele se finge de morto. Muitas vezes ao sermos atacados por outra pessoa, não podemos lutar nem fugir e o melhor que podemos fazer é ficar inertes e, muitas vezes, dissociar – parar o filme, por assim dizer. Mas quando esse filme começa de novo, quando o estado de imobilidade se desfaz, o que estava ali imediatamente antes – embora suprimido – está ali de novo. A raiva que era parte da resposta de luta agora é acessada. Essa raiva é natural tanto de uma perspectiva fisiológica como de uma perspectiva psicológica. A raiva é uma resposta saudável à violação e está integrada em nós.

Tanto em termos da elaboração de experiências traumáticas anteriores quanto pelo fato de sermos feitos de partes internas que, muitas vezes, são dissociadas, podemos em qualquer momento nos fundir com uma parte mais jovem de nós que esteja presa no passado que não sente o perdão, embora nosso eu adulto tenha chegado a algum tipo de perdão.

Por esses motivos complexos, é importante manter uma visão aberta e fluida em relação ao tópico do perdão.

Posso ser um bom pai se não tive bons pais?

Embora seja verdade que a maioria dos pais que são emocionalmente negligentes ou abusivos repassa a maternagem inadequada que vivenciaram, fiquei comovida no decorrer dos anos ao ver que meus clientes que receberam maternagem inadequada se tornaram bons pais.

Entre as mulheres que optam por não ter filhos, a maioria teve maternagem inadequada e teme que não saberá ser mãe. Algumas vezes, elas temem que vão "estragar" seus filhos como sentem que foram estragadas (embora não devamos esquecer que existem outras razões importantes pelas quais alguém pode escolher não ser pai).

O que eu diria a mulheres que se preocupam com isso é que elas podem fazer diferente. Primeiro, parece haver um instinto materno que é ativado se não houver interferência. Conheci mulheres que se maravilharam com a energia da Boa Mãe que fluía e com o amor que as envolveu quando elas se tornaram mães.

Em segundo lugar, você provavelmente é mais sensível do que a sua mãe, no bom sentido. Muitos daqueles que são pais muito melhores do que os que tiveram quando crianças são mais sensíveis e mais sintonizados por causa do que passaram. Eles querem que os filhos tenham o que lhes faltou.

Em terceiro lugar, você pode aprender. E eu o incentivo. A boa criação infantil requer muita compreensão dos níveis de desenvolvimento e de como lidar com centenas de eventos novos. Por que não consultar os especialistas, quer sejam autores, clínicos ou aqueles que se especializaram em cuidar de crianças, como pais ou como babás? Esse é provavelmente o trabalho mais importante no planeta, como observei no início, então não faz sentido conseguir ajuda?

Com certeza, a criação infantil requer que você cuide bem de si mesmo e que permaneça alerta e não aja no piloto automático. É nessa situação que tendemos mais a repetir o legado da família, agindo de maneiras que juramos que não faríamos. Quanto mais nos curamos de nossas famílias disfuncionais, mais desconstruímos aquela velha gravação.

Embora eu tenha ouvido dizer que dar a nossos filhos o que você queria ter tido é curativo para você, nem sempre funciona desse modo. Já mencionei algumas vezes que pode ser mais difícil oferecer o que cria atrito contra suas próprias feridas, e ativa a dor latente. Também já vi muitas mulheres fazendo um ótimo trabalho com seus filhos sem ter alcançado muita cura para as feridas que carregam em relação a sua mãe. Isso é, em parte, devido à nossa organização complexa – partes infantis feridas encapsuladas que não são curadas até que assumamos a tarefa de criá-las diretamente. Então, embora ser um bom pai para seus próprios filhos seja, é claro, algo que apoia o crescimento de sua própria estrutura saudável, isso é só parte do quadro.

Embora, eu tenha aqui falado diretamente para as mulheres, isso também é verdade para os homens que se tornam bons pais.

Manter seu processo/manter seu eu

Se você está trabalhando nesse processo, se você está nessa jornada de cura, já sabe que é um trabalho árduo. É uma grande reconstrução. Estamos nos retrabalhando em tantos níveis a partir da estrutura do cérebro límbico até nossas crenças centrais, de nosso autoconceito para como nos relacionamos com os outros, da ansiedade em nosso peito à nossa capacidade de amar, ganhar dinheiro e ter uma boa noite de sono.

O mais provável é que esse processo leve vários anos, ou até mesmo décadas. Hesito em dizer isso por me preocupar que você se sinta desencorajado. Mas você também pode ficar desanimado se pensar que vai ser um processo rápido e não for assim. Não conheço ninguém que tenha trabalhado essa ferida e que isso tenha sido rápido.

Portanto, é importante que você respeite seu ritmo, faça pausas, seja capaz de reconhecer seu progresso e se orgulhe dele. Você não quer imitar a mãe que nunca via suas realizações, nem muito menos as celebrava.

O processo de crescimento não é uma linha reta, mas uma espiral. Você muitas vezes passará por questões semelhantes. Se vivenciar cada ciclo sem mudança, esse é um sinal para buscar mais ajuda, mas de outro modo espere a necessidade de lamentar o que faltou, sentir pesar pelas injustiças e satisfazer várias vezes as necessidades insatisfeitas. Não será para sempre. Existe graça no processo de cura, então, embora não baste um bom choro para compensar anos de tristeza reprimida, isso pode ajudá-lo a avançar mais do que você poderia pensar.

Uma Boa Mãe entende que o processo de crescimento é desigual e não envergonha nem ridiculariza sua filha quando ela regride. É importante ter esse tipo de compaixão e paciência conosco mesmos. Estamos fazendo o melhor que podemos, e alguns dias simplesmente são mais difíceis do que outros.

Será que a cura um dia termina?

Embora o processo de cura realmente nunca termine, a ferida pode acabar, e o sentimento de ser uma criança sem mãe pode desaparecer completamente. A razão de a cura não terminar é que estamos sempre mudando. Até mesmo a simples passagem do tempo muda nossa perspectiva, uma vez que tenhamos nos desvencilhado do passado. Como nos sentimos um ou dois anos depois da maior parte de nossa cura ter acontecido será diferente 10 anos depois, quando o passado parecer ainda mais distante.

Quando houve ferimentos significativos, nunca é como se não tivessem acontecido. Sempre existe pelo menos a lembrança da ferida, e talvez alguma sensibilidade remanescente; mas o poder dessa ferida diminui com a cura, e nossa resposta a qualquer toque nessa área muda. Em vez de sermos presos pelos sentimentos da infância que são desencadeados, podemos aprender a voltar nossa atenção levemente e perguntar para a criança interior o que ela precisa agora. Podemos *responder* aos sentimentos em vez de ficarmos presos neles.

Conforme trabalhamos com essas feridas, nossa identidade muda lentamente. Depois de tudo, nossa história mudou. Nossa vida mudou. E é hora de a narrativa interna mudar também. Como uma pessoa me disse:

"Ainda existe uma ferida, mas ela não dirige a minha vida. Isso não define quem eu sou".

Para aqueles que são capazes de receber o cuidado de alguém na posição da Boa Mãe, ou que são capazes de se tornar a Boa Mãe para sua própria criança interior, o sentimento de não ter mãe pode ser substituído por um sentimento de ter uma boa maternagem. Você pode se sentir amado, apoiado e cuidado. Não, você não pode voltar no tempo e mudar o passado, mas você pode ter agora aquilo que merecia ter tido no passado. Como disse o escritor Tom Robbins: "Nunca é tarde demais para ter uma infância feliz".

Apêndice

Três mães, três mensagens: uma visualização guiada

Para ter uma ideia de como os vários tipos de mães moldam poderosamente a experiência de uma criança, vamos ter uma amostra de três tipos de mães: a mãe de pavio curto, a mãe emocionalmente ausente e nossa arquetípica Boa Mãe. Sua primeira tarefa é elencar os três personagens. Isto pode ajudar.

Para o primeiro personagem, todos nós tivemos experiências com alguém que tem pavio curto, então não deve ser difícil de imaginar. As pessoas com pavio curto são críticas, se irritam rapidamente e são ásperas. As mães de pavio curto, aliás, se encaixam no perfil da mãe emocionalmente abusiva, descrita no capítulo 7. Para a mãe emocionalmente ausente, pense na sua se ela se encaixar, ou imagine o melhor que puder. E para o último personagem, a Boa Mãe, você provavelmente experimentou uma pessoa amorosa em algum ponto de sua vida que pode usar como modelo. Se não experimentou pessoalmente isso, você pode ser capaz de se lembrar de uma mãe amorosa que viu em um filme.

Isso funciona melhor como um exercício de imaginação guiada, que exige que você se coloque em um estado relaxado desde o início. Você pode pedir a alguém que leia as instruções para que você possa mergulhar mais profundamente na experiência. Outra opção é gravar as instruções em uma fita e tocá-la, e uma terceira possibilidade é simplesmente alternar entre o livro e sua experiência interior. Algumas pessoas conseguem ler, fechar os olhos e se sentir na situação.

Este exercício pode evocar alguns sentimentos fortes, então é melhor escolher um momento que permita um tempo de reflexão posterior. Certamente, você precisa garantir que não haja interrupções no ambiente, então desligue o telefone e avise as outras pessoas de que não estará disponível por pelo menos meia hora. Depois de cada pergunta deve haver uma pausa suficiente para que sua experiência se desenrole sem ser apressada. Imaginamos cada tipo de mãe a partir da perspectiva de três idades diferentes, começando com a mãe com pavio curto.

Encontre uma posição em que você esteja confortavelmente apoiado. Você pode se deitar, se quiser. Faça algumas respirações profundas, sentindo seu corpo relaxar conforme você solta cada expiração. Desfrute a sensação de relaxamento que surge conforme você dá a si mesmo esse momento para se aquietar. Permita que seus olhos se fechem suavemente se isso for confortável.

Este não é um exercício em que você precise fazer nada. É uma chance de relaxar e seguir, permitindo que sentimentos, imagens e sensações surjam conforme você entra em um estado cada vez mais profundo de relaxamento e bem-estar.

Vamos começar com a mãe de pavio curto. Sintonize quaisquer sentimentos e imagens que você associe a esta mãe. Tenha uma boa impressão da energia dela.

Imagine que você está deitado em um cobertor em um quarto ensolarado. Você tem uns seis meses e ouve os passarinhos cantando ao fundo. Observe as cores das paredes e do cobertor e a temperatura do quarto. Sua mãe entra para alimentá-lo. Como você se sente enquanto ela se aproxima? Como é a voz dela? Como ela se movimenta? Como é quando ela o pega no colo? Como ela interage com você? O que você nota no seu corpo? O que acontece com sua respiração? (pausa longa)

Agora imagine ter entre 4 e 6 anos. Você está em casa, brincando? O que você está fazendo? O que ela está fazendo? Ela brinca com você? Observe a qualidade da voz dela, os movimentos e as expressões no rosto dela. Qual é a sensação de tê-la aqui? O que você nota no seu corpo? Dê muita atenção a seu estado interior agora. De quais pensamentos, imagens e sensações você está consciente? Quais emoções? (pausa longa) Adiante o tempo até uma idade entre 8 e 10 anos. Imagine que você está em um ambiente que escolheu, e a Mãe não está muito longe. O que você está fazendo? A que distância está a Mãe, e qual é a sensação de tê-la nesta cena com você? Observe qual é a sensação no seu corpo.

Volte ao presente por um momento. Pode ser útil escrever algumas palavras para se lembrar dessa experiência.

Agora vamos passar por essa sequência com a mãe emocionalmente ausente. Pare por um momento para sintonizar qual é a sensação dela.

Primeiro, imagine-se aos seis meses, deitado no quarto ensolarado. Essa mãe entra para alimentá-lo. Observe as qualidades que estão presentes nas interações dela com você e, especialmente, como você sente em seu corpo e suas emoções. Como é esse momento com sua mãe? (pausa longa)

Agora imagine ter entre 4 e 6 anos. Você está em casa, brincando, com a Mãe não muito distante. O que você está fazendo? O que ela está fazendo? Ela brinca com você? Observe a qualidade da voz dela, os movimentos e as expressões no rosto dela. Qual é a sensação de tê-la aqui? O que você nota no seu corpo? Dê atenção cuidadosa a seu estado interior. (pausa longa) Adiante o tempo até uma idade entre 8 e 10 anos. Imagine que você está em um ambiente que escolheu, e a Mãe não está muito longe. O que você está fazendo? A que distância está a Mãe, e qual é a sensação de tê-la nesta cena com você? Observe qual é a sensação no seu corpo, (pausa).

Volte ao presente e escreva algumas palavras para se lembrar desta experiência.

Vamos fazer isso mais uma vez, com a Boa Mãe. Veja-se no quarto de bebê. Ouça a voz dela conforme ela se aproxima. Quais sons ela faz? Como ela olha para você? Qual é a expressão no rosto dela? Note como ela estica a mão para tocar você e quais qualidades existem nos movimentos dela. Observe qual a sensação do toque dela e como você se sente com ela. Como você sente isso em seu corpo? (pausa longa)

Agora imagine ter entre 4 e 6 anos. Você está em casa, brincando. Pode ser em qualquer lugar que você queira, dentro ou fora de casa, com a Mãe no ambiente. Quando você quer estar com ela, ela está ali. Como ela brinca com você? Observe a qualidade da voz dela, os movimentos e as expressões no rosto dela. Qual é a sensação de ter a Mamãe brincando com você? O que você nota no seu corpo? Dê muita atenção a seu estado interior agora. (pausa longa)

Agora, você vai experimentar mais uma idade com a Boa Mãe. Desta vez, você tem entre 8 e 10 anos. Observe onde vocês estão e o que você está fazendo. A que distância está a Mãe, e qual é a sensação de tê-la nesta cena com você? Observe qual é a sensação no seu corpo.

Volte ao presente e escreva algumas palavras para se lembrar desta experiência.

O que você notou? Como se sentiu ao estar perto de cada uma dessas figuras maternas?

Muitas vezes, as mães com pavio curto (e pessoas assim de modo geral) nos fazem tensionar os músculos e segurar nossa espontaneidade. Como quase tudo que fazemos pode ser errado, ficamos mais inibidos perto delas. A expressão *pisar em ovos* descreve como muitos de nós se sentem perto de alguém com essa disposição. É frequente que prefiramos não tê-las por perto.

Em contraste, gostamos de estar perto de mães carinhosas. Isso evoca nosso lado afetivo. Sorrimos e nos sentimos felizes, e temos muita permissão e apoio para experimentar coisas novas e sermos tolos.

As mães emocionalmente ausentes muitas vezes nos fazem sentir ausentes. As pessoas podem se sentir sem chão, desconectadas e menos presentes com esse tipo de mãe. Você pode se descobrir mais sério e sozinho nas cenas imaginárias com ela. Alguns descobrem que ficam com raiva e querem fazer algo grande para chamar a atenção dela.

Existe mesmo alguma dúvida de que a disposição básica e a energia da mãe afetam profundamente seu filho?

Referências

Curar as feridas da mãe

Mothers Who Can't Love: A Healing Guide for Daughters
Susan Forward, PhD, com Donna Frazier Glynn (Nova York: Harper Collins, 2013)
Usando muitas descrições de casos, a Dra. Forward descreve cinco tipos de mães prejudiciais, os efeitos dessas mães sobre seus filhos e oferece sugestões para lidar com mães difíceis quando somos adultos, além de conselhos de autocuidados, incluindo o trabalho com a criança interior ferida.

Mean Mothers: Overcoming the Legacy of Hurt
Peg Streep (Nova York: William Morrow, 2009)
Um livro bem pesquisado que inclui histórias pessoais tocantes coletadas fora do contexto da terapia.

Difficult Mothers: Understanding and Overcoming Their Power
Terri Apter (Nova York:W. W. Norton & Company, 2013)
Descreve vários tipos de mães difíceis e oferece sugestões.

Adult Children of Emotionally Immature Parents: How to Heal from Distant, Rejecting, or Self Involved Parents
Lindsay C. Gibson, PsyD (Oakland, CA: New Harbinger, 2015)
Descreve características de imaturidade emocional e oferece estratégias para lidar com pais que se encaixam nesse padrão.

Running on Empty: Overcome Your Childhood Emotional Neglect
Jonice Webb, PhD, com Christine Musello, PsyD (Nova York: Morganjames, 2013)
Descreve tipos de pais negligentes, efeitos da negligência emocional e estratégias de autoajuda focalizadas em sentimentos. Muitas histórias de caso.

Warming the Stone Child: Myths and Stories About Abandonment and the Unmothered Child
Clarissa Pinkola Estés, PhD (Louisville, CO: Sounds True [audiolivro], 2004)
Terapeuta junguiana, autora de best-sellers e poeta, a Dra. Estés é uma habilidosa contadora de histórias, e muitos acharão este audiolivro encantador. Focalizado na necessidade de orientação da criança que recebeu maternagem inadequada.

I Am My Mother's Daughter: Making Peace with Mom — Before It's Too Late
Iris Krasnow (Nova York: Basic Books, 2006)
Focado no reparo do vínculo entre filhas adultas e a Mãe; inclui um grande número de entrevistas.
Nota: existem muitos livros (com frequência em formato de ebook) que são memórias de mães disfuncionais. Eu não os incluí aqui, mas você pode encontrá-los facilmente por meio de uma pesquisa em sites de venda de livros.

Pais *borderline*

Understanding the Borderline Mother: Helping Her Children Transcend the Intense, Unpredictable, and Volatile Relationship
Christine Ann Lawson, PhD (Northvale, NJ: Jason Aaronson, Inc., 2000)
Além de descrever a personalidade borderline, Lawson delineia quatro tipo de mães borderline, detalha os efeitos de cada tipo e oferece orientações de como lidar melhor com elas.

Surviving a Borderline Parent: How to Heal Your Childhood Wounds and Build Trust, Boundaries, and Self-Esteem
Kimberlee Roth e Freda B. Friedman (Oakland, CA: New Harbinger, 2004)

Fornece informações úteis e orientação sobre como superar os efeitos devastadores de crescer com pai ou mãe que sofre de transtorno de personalidade *borderline*.

Pais narcisistas

Will I Ever Be Good Enough?: Healing the Daughters of Narcissistic Mothers
Dra. Karyl McBride, PhD (Nova York: Atria/Simon & Schuster, 2009)
Livro bem estruturado sobre como reconhecer a mãe narcisista e ter ferramentas para lidar com ela quando adulto.

Children of the Self Absorbed: A Grown-up's Guide to Getting over Narcissistic Parents
Nina W. Brown, EdD, LPC (Oakland, CA: New Harbinger, 2ª edição, 2008)
Depois de descrever o narcisismo e seus efeitos sobre os filhos, este livro focaliza as estratégias de cura. Contém um teste para transtorno de personalidade narcisista e uma escala útil para avaliar sua separação da Mãe.

daughtersofnarcissisticmothers.com:
Muitos leitores vão considerar que esta é uma boa fonte de informação. Danu Morrigan começou esse site e, depois, escreveu *You're Not Crazy — It's Your Mother!: Understanding and Healing for Daughters of Narcissistic Mothers* (Londres: Darton, Longman & Todd Ltd, 2012), disponível apenas no Kindle.

Criança interior

Recovery of Your Inner Child: The Highly Acclaimed Method for Liberating Your Inner Self
Lucia Capacchione, PhD (Nova York: Simon & Schuster, 1991)
Prático, encantador e tocante, este guia vai ajudá-lo a trabalhar com sua criança interior. Inclui mais de 40 exercícios.

Homecoming: Reclaiming and Healing Your Inner Child
John Bradshaw (Nova York: Bantam, 1992)

Um guia para trabalhar com a criança interior ferida. Além de uma descrição geral do processo, inclui os estágios de desenvolvimento e as necessidades em cada um deles. Também existem vídeos e audiolivros do trabalho de Bradshaw que podem ser encontrados online.

Reconciliation: Healing the Inner Child
Thich Nhat Hahn (Berkeley, CA: Parallax Press, 2006)
Quem ama Thich Nhat Hahn ou tem uma perspectiva budista vai gostar da compaixão com que ele trata criança interior ferida.

Apego, início da vida

Why Love Matters: How Affection Shapes a Baby's Brain
Sue Gerhardt (Nova York: Routledge, 2.ed., 2014)
Este livro torna acessíveis os mais recentes achados na neurociência do apego. Altamente recomendado.

Becoming Attached: First Relationships and How They Shape Our Capacity to Love
Robert Karen, PhD (Nova York: Oxford University Press, 1998)
Um livro interessante e bem escrito que detalha a história e as ideias da pesquisa do apego. Mais para profissionais.

Mothering Without a Map: The Search for the Good Mother Within
Kathryn Black (Nova York: Penguin, 2005)
Um livro excelente para as mulheres que tiveram maternagem inadequada e que são mães ou estão pensando em engravidar. Inclui entrevistas com mulheres que cresceram sem maternagem adequada e uma revisão da pesquisa do apego. Existe um grupo de discussão no Yahoo!: groups.yahoo.com/group/ mothering_without_a_map.

Growing Up Again: Parenting Ourselves, Parenting Our Children
Jean Illsley Clarke e Connie Dawson (Center City, MN: Hazelden, 2.ed., 1998)

Este é um livro de autoajuda relativamente curto e escrito em estilo simples e direto. Pode ser útil para qualquer pai ou mãe que recebeu maternagem inadequada.

Apego, relacionamentos com parceiros

Attached: The New Science of Adult Attachment and How It Can Help You Find — and Keep — Love
Amir Levine, MD, e Rachel Heller, MA (Nova York: TarcherPerigee, 2012)
Concentra-se nos dois estilos de apego inseguro e no apego seguro, ajuda você a identificar seu estilo e o de seu parceiro, oferece orientação para trabalhar os conflitos e se mover em direção à saúde. Nota: muitas pessoas com abuso e negligência emocional mais grave podem ter um estilo de apego desorganizado que não está incluído neste livro.

Wired for Love: How Understanding Your Partner's Brain and Attachment Style Can Help You Defuse Conflict and Build a Secure Relationship
Stan Tatkin, PsyD, MFT (Oakland, CA: New Harbinger, 2012)
Baseado na neurociência, na teoria do apego e na regulação das emoções, este livro apresenta dez princípios orientadores que podem melhorar qualquer relacionamento.

Insecure in Love: How Anxious Attachment Can Make You Feel Jealous, Needy, and Worried and What You Can Do About It
Leslie Becker-Phelps, PhD (Oakland, CA: New Harbinger, 2014)
Focaliza o estilo de apego ansioso (preocupado) em relacionamentos com parceiros e usa a autopercepção compassiva e habilidades de relacionamento para melhorar os relacionamentos.

Hold Me Tight: Seven Conversations for a Lifetime of Love
Sue Johnson (Little, Brown and Company, 2008)
Sue Johnson é a desenvolvedora da *Emotionally Focused Couples Therapy* (terapia de casais focalizada emocionalmente). Este guia, um adjunto à terapia (ou, talvez, um substituto), ensina aos casais como entender os confli-

tos comuns que acontecem nos relacionamentos e identificar as necessidades de apego subjacentes.

The Journey from Abandonment to Healing: Surviving Through and Recovering from the Five Stages That Accompany the Loss of Love
Susan Anderson, CSW (Nova York: Berkeley Books, edição revisada e atualizada, 2014)
Um livro revelador sobre como nossa necessidade de apego molda nossos relacionamentos íntimos e o processo doloroso que ocorre quando esses relacionamentos fracassam e a ferida do abandono é estimulada.

Autoavaliação

Você pode encontrar testes (formais e informais) online para todo tipo de assuntos, de estilos de apego a negligência emocional e a transtornos de personalidade ou a condições identificadas informalmente, por exemplo, como ser uma pessoa muito sensível. Alguns desses recursos de autoavaliação são mais confiáveis do que outros. Lembre-se de que muitos transtornos se sobrepõem. Leve os resultados a seu terapeuta, se tiver um.

Agradecimentos

Todos os livros, como todas as crianças, precisam de um bom lar. Meus agradecimentos mais sinceros para Matthew Lore e The Experiment por oferecer um lar tão acolhedor e um cuidado tão especializado. Fiquei empolgada quando, em 2016, eles me convidaram para fazer uma edição expandida do livro. Eu tinha aprendido tanto nos oito anos desde que a primeira edição tinha sido publicada e, por isso, sou grata pela oportunidade de compartilhar mais desse conhecimento nesta segunda edição. Obrigada a Batya Rosenblum por orientar esta nova edição no decorrer do processo de produção do livro e a Ana Ban por ajudá-lo a ter um alcance mais amplo por meio das diversas traduções e formatos de audiolivro.

Senti-me honrada em todos esses anos por ter muitas pessoas que compartilharam sua vida interior comigo, incluindo as alegrias e decepções de sua infância. Obrigada aos clientes, alunos e amigos que me contaram suas histórias e a aqueles que generosamente doaram seu tempo para serem entrevistados para este livro. Que seu sofrimento e as lições duramente aprendidas enriqueçam as vidas dos outros nesta jornada. Cresci por meio de meu trabalho com clientes nos anos que separam as duas edições, e meu respeito e agradecimento por aqueles que escolheram trabalhar comigo é enorme. Obrigada! Vocês me ensinam e me inspiram.

Obrigada a aqueles que ajudaram na primeira edição: Sara Lynn Swift, Willow Arlenea e Betsy Kabrick, que ofereceram *insights* e *feedback* valiosos; Raji Raman pelas sugestões de edição; e Amber Vallotton pelo entusiasmo e ajuda com o grupo de apoio online inicial (agora fechado).

Finalmente, sempre sentirei gratidão profunda por Konstanze Hacker, minha terapeuta por muitos anos, que me ofereceu uma experiência da Boa Mãe, ajudou a criança meiga dentro de mim a se desenvolver e a emergir, e que de modo tão paciente e capaz me guiou pelo processo de cura.

Sobre a autora

JASMIN LEE CORI, MS, LPC, é psicoterapeuta com consultório particular no Colorado, EUA, cuja especialidade é o trabalho com adultos que viveram abuso e negligência emocional na infância.

Educadora experiente, Jasmin lecionou em diversos cursos de psicologia em várias universidades e escolas profissionais, inclusive treinando terapeutas em habilidades de aconselhamento. Também trabalhou em órgãos de bem-estar social.

Jasmin é a autora de *Healing from Trauma: A Survivor's Guide to Understanding Your Symptoms and Reclaiming Your Life* (2008), *The Tao of Contemplation: Re-Sourcing the Inner Life* (2000), *The Tarot of Transformation* (com Willow Arlenea; 2002), *The Magic of Your True Nature: A Sometimes Irreverent Guide to Spiritual Development* (2013), além de um livro de poesia mística. Escreveu artigos que foram publicados em vários meios impressos e on-line, em blogs e em seu site: jasmincori.com.

Em seu tempo livre, Jasmin gosta de caminhadas, grupos de movimento expressivo, integração com a natureza e o espírito, ativismo político e criatividade e convívio com amigos.

Índice remissivo

A

Abandono 12, 45, 50, 54, 103, 120, 260
Abuso 48, 84, 134
   emocional 102, 103, 119
   físico 85, 129
   sexual 134
Aceitar o bom 238
Acolher suas necessidades 233
A criança como mãe para o eu 174
Adoção 19
Adultos com maternagem inadequada 179
Adverse Childhood Experiences (ACE
    – Experiências Adversas na
    Infância) 113
A história da sua mãe 245, 246, 247
Ajuda calibrada 31, 90
Alienação do corpo 112
Ambiente sustentador 185, 199, 226
American Psychological Association 104
Amnésia 118
Ansiedade 60, 112
Apego 37, 38, 40, 42, 56, 57
   desorganizado 48, 49
   inseguro 41, 43, 44
   seguro 57
Apoiar sua criança interior 222
Arnie Mindell 181
Arquétipos 156-8, 174
   da criança natural 174
   do órfão 98
Ashley Montagu 68
Assumir uma atitude proativa 217

Ausência da Mãe 76
Autocrítica 111, 116
Autocuidado 241
Autonomia 34, 259
Autorrejeição 241
Avaliar o que é possível 251

B

Benefícios fisiológicos 68
Boa Mãe 17, 36, 155, 156, 263
Boa Mãe portátil 168
Boa Mãe protetora 227
Buraco, sensação de ausência de apoio da
    mãe 12, 36, 73, 74, 200, 219, 220

C

Carl Jung 174
Cesarianas 38
Christine Ann Lawson 129
Cicatrizes profundas 75
Codependência 141
Complexo de órfão 98
Comportamentos de autoflagelação 117
Comportamentos dependentes 109
Comportamentos sociais 39, 42
Conexão 228
Confiança 223, 224
Connie Dawson 218
Consciência de privação 237
Corrigir problemas 62
Cortisol 41, 42
Crenças 234

Cuidador primário 37
Cuidar da sua criança 190
Cura xvii, 215, 244
Cura da criança não amada 194

D

Daniel Stern 77
Dano emocional 103
David Wallin 201
Defensividade tátil 68
Degradação da saúde 113
Deixar o passado 152
Dependência 109
Dependências ligadas à alimentação 110
Depressão 79, 109, 122, 131
Descobrir a ferida 140
Desconexão 8, 103, 181, 229
Desenvolver apegos seguros 51
Desenvolvimento 31
Desenvolvimento do ego 180
Diana Fosha 7, 46
Diane Dweller 130
Diane Poole Heller 210
Diário 60
Dissociação 68, 77, 117, 118, 181
Divórcio 256
Doença mental 125, 129
Dons e fardos 178
D. W. Winnicott 199

E

Elisabeth Kübler-Ross 150
Emoções 230
Encontrar o seu poder 225
Energia da Boa Mãe 155
Eremita 129
Erik Erikson 39
Escrever um diário 60, 139, 144
Espectro de autismo 120
Espelhamento verbal 27
Esquizofrenia 130, 131, 133
Estado congelado 262
Estados infantis 161, 172, 174, 179, 180,
        187, 191, 193, 194
Estilos de apego 43, 53, 55, 210, 232

Estilo de cuidador 47, 48
Estrutura de defesa 161
Evelyn Bassoff 250
Evitação 112
Excesso de empatia 120
Experiência de repadronização de apego
        212
Experiências no útero 9, 84, 184
Experiências positivas 238
Experimento do rosto imóvel 78, 79

F

Falar sua verdade 255
Falso *Self* 8
Falta de supervisão 94
Família 64, 65, 93, 228, 229, 230
Fantasia da mãe 150
Fardo 190
Fari Amini 198
Fome de amor 74, 98, 107
Fome emocional 99
Formar o apego seguro 50
Fúria 130

H

Harville Hendrix 29
Helen Hunt 29
Hormônios 6, 41, 68

I

Identificar "buracos" específicos 215
Imaginação, atingir nova experiência com
        65
Imago Relationship Therapy 164
Imaturidade emocional 124
Incapacidade de regular 24
Incubadora no nascimento 74
Intimidade emocional 228

J

Jean Illsley Clarke 218
Jett Psaris 234
John Bradshaw 142
Jonice Webb 101

K

Karyl McBride 212

L

Lar feliz 61, 62
Laura Davis 259, 261
Limites 226, 227, 253, 254
Lindsay Gibson 124
Louise Kaplan 31
Lucia Capacchione 173

M

Mãe 88
  biológica 6
  como a primeira pessoa a responder 21
  como espelho 26
  como fonte 18, 19
  como líder de torcida 29
  como moduladora 23
  como nutridora 25
  como porto seguro 35
  como protetora 34
  como um lugar de apego 20
  como uma bússola 28
  de pavio curto 269
  Divina 158, 159
  emocionalmente ausente 77, 89, 95, 100, 176
  imatura 124
  perturbada 83
  ruim 157
  suficientemente boa 6, 7
Maldade 130
Mamãe, onde você estava? VI
Marion Woodman 187
Marlena Lyons 234
Maternagem superprotetora 34
Mensagens da Boa Mãe 8, 9, 11, 12, 15, 192, 193, 194
Mentoria 89, 92
Michael Singer 144
Mudar a história 245
Mudar os padrões de apego 57
Mulheres que optam por não ter filhos 263

Mundo perceptivo 17

N

Nancy Napier 191
Necessidades 216
Necessidades de desenvolvimento e capacidades 32
Negligência 104
  emocional 95, 101, 103, 105, 106
  intencional 102
Nutrição emocional 99
Nutrientes 64

O

Obesidade 99
Omissão *versus* comissão 101
Oxitocina 6, 38

P

Padrão na escolha dos relacionamentos 164
Pai 6, 82, 87, 93, 189
  amoroso 190
  cuidador 181
Papel de Rainha 254
Peg Streep 257
Perdão 260
Perpetradores internos 116
Personalidade *borderline* 126
Perspectiva infantil 180
Pesar 143, 149
Pessoa altamente sensível 120
Poder curativo da raiva 146
Práticas devocionais 159
Processo de cura 139
Processo HEAL 239
Proteger o que é precioso 226
Proximidade 256
Psicodinâmica 203
Psicose 131

R

Raiva limpa 147
Raiva poderosa 148

Recontextualizar "defeitos" como déficits 141

Regulação límbica 24

Rejeição 75, 84, 100, 116

Relacionamento de "fusão" 163

Rematernagem 204

Repressão 119

Responsabilizar a Mãe 51

Resposta de estresse 41

Ressonância límbica 24

Reunir-se com um eu perdido 184

Reviver problemas anteriores 182

Richard Lannon 198

Richard Schwartz 181

Rick Hanson 238

Robert Karen xiv

Robert Scaer 113

Rose-Emily Rothenberg 98

S

Satisfação da mãe 75

Sensível 119

Senso de conexão 230

Senso de confiança 132, 223

Senso de escassez 109

Senso de pertencimento 63, 228

Senso de privação 235

Senso de ser visto 228

Senso de valor 126

Senso do eu 64, 73, 76, 100, 103

Sentir-se como uma criança órfã 98

Sentir-se impotente 110

Separação da mãe 258

Shel Silverstein 3

Síndrome de Asperger 133

Síndrome de retardo do crescimento pôndero-estatural 67, 109

Sintonia 22

Solidão 74, 108

Soltar-se da Mãe 183

Soonja Kim 204

Sue Gerhardt 79

Susan Anderson 40, 165

Susan Forward 260

T

Terapeuta como "Mamãe que ensina" 210

Terapia de casais com foco emocional 164

Terapia orientada de apego 201

Tetos internos 115

The Giving Tree 3

Thomas Lewis 198

Tirar a máscara da Mãe 87

Tom Robbins 266

Tornar-se sua própria melhor mãe 187

Trabalho com a criança interior 162, 171

Trabalho com a dor original 142

Trabalho com imagens e símbolos 157

Trabalho com partes 175

Transtorno bipolar 130

Transtorno de apego reativo (TAR) 49

Transtorno de estresse pós-traumático (TEPT) 130

Transtorno de personalidade *borderline* 128

Transtorno de personalidade narcisista 275

Transtorno dissociativo 118

Transtorno dissociativo de identidade 175

Tratamento desigual, entre irmãos 84

Tratamento igual, entre irmãos 83

Trauma relacionado ao apego 50

Três mães, três mensagens 269

Troca amorosa entre pai e filho 163

U

Útero 18

V

Virgem Maria 156, 158

Visualização guiada 269

Voice Dialogue Method 172

Vulnerabilidade 54, 59, 202